챔피언처럼 생각하고 거래하라

주식시장의 마법사가 지닌 비밀, 원칙
그리고 있는 그대로의 진실

챔피언처럼
생각하고
거래하라

THINK & TRADE LIKE A CHAMPION

마크 미너비니 지음 | 송미리 옮김 | 김대현 감수

 이레미디어

챔피언처럼 매매하라
사용설명서

"나는 만 가지 킥을 연습한 사람은 두렵지 않지만,

 한 가지 킥을 만 번 연습한 사람은 두렵다."

-브루스 리Bruce Lee

내 침대 머리맡에는 단 한 권의 책이 늘 놓여져 있다. 그 책은 바로
『Think & Trade Like a Champion』으로 이 책의 원서이다.『챔피언처럼
생각하고 거래하라』는 독서백편의자현讀書百遍義自見, 아무리 어려운 책
이라도 백 번 되풀이해서 읽으면 저절로 그 뜻을 알게 된다는 뜻이 가장
잘 어울리는 책이라고 말할 수 있다.

이 책을 비단 나뿐이 아니라, 수많은 트레이더가 항상 곁에 두고 수
백 번을 반복해서 읽는 이유는 무엇일까? 이 책의 어떤 점이 수많은 트
레이더를 매료시킨 것일까?

이 책에는 기존의 투자서들에서 볼 수 없었던 것이 세 가지 있다.

1. 최고의 종목을 발견하는 방법
2. 언제 매수해야 하는지
3. 언제 팔아야 하는지

이 세 가지는 실전에서 바로 써 먹을 수 있는 트레이딩의 정수라고 할 수 있다. 이 책에서 '듣기에는 그럴싸한' 모호한—예를 들면 '좋은 기업을 발견해서 신뢰를 갖고 장기 보유하면 부자가 된다'와 같은—내용은 찾아볼 수가 없다. 오히려 마크 미너비니는 끊임없이 자신이 보유한 기업을 의심하고, 수익을 확정하고, 손실을 줄이라고 말한다. 기존의 투자서들이 정성적인 노력을 강조한 반면, 이 책은 정량적인 데이터를 근거로 한 연구 결과를 수치로 제시하면서 이를 실전에서 활용하는 방법을 알려 준다. 매우 실질적이고 바로 써 먹을 수 있는, 보석과 같은 전략들을 책을 읽으며 발견할 수 있을 것이다.

이 책은 한두 번 읽고 책장에 꽂아 놓을 책이 아니다. 늘 머리맡에, 책상 위에, 모니터 옆에 두고 읽어야 하는 책이다. 이 책을 수십 번 읽었다고? 아직 멀었다. 전미투자대회 우승자들은 이 책을 수백 번 읽었다.

독서할 시간도 없는데 어떻게 한 책만 수백 번을 읽느냐고 반문하는 사람이 있을 것이다. 나는 그들에게 지금 서재의 투자서들을 모두 분리수거함에 갖다 버리고 이 책 한 권만 놓고 보라고 말하고 싶을 지경이다. 마크 미너비니는 투자서를 두 권 냈는데, 두 책 모두 필수적으로 읽어야 한다. 만약 내게 "미너비니의 두 책 중 어느 책이 더 낫느냐?"고 묻는다면 나는 주저 없이 이 책을 얘기할 것이다.

출판사를 통해 낸 『초수익 성장주 투자』와 달리 이 책은 미너비니가 독자 출판했기 때문에 계약하는 데 어려움이 있었다고 들었다. 이것이 번역본이 늦게 나온 이유이기도 하다. 이런 어려움에도 불구하고 이 명저가 드디어 한국에도 출간되었다는 점은 매우 고무적이다.

- **김대현**, 『돌파매매 전략』 저자

지속적으로 성공할 수 있는
진정한 '챔피언'이 되는 방법

이 책 역시 두 번째 책이 첫 번째 책보다 훌륭한 경우다

두 번째 책이 첫 번째 책보다 훌륭한 경우는 많이 있다. 마크 미너비니의 『챔피언처럼 생각하고 거래하라』도 예외가 아닌 듯하다. 물론 미너비니의 첫 책인 『초수익 성장주 투자』도 모든 트레이더가 읽어야 하는 필독서이지만, 이번 책에서 미너비니는 한 단계 더 나아가서 트레이더들이 실전에서 활용하기 좋은 방법들을 공개했다.

미너비니는 1990년 중후반부터 약 30년간 꾸준히 수익을 낸 트레이더로서 그가 수많은 경험을 통해 얻은 지식과 통찰력을 이 책에 녹여 냈다. 그는 무엇을 사야 하는지, 언제 사야 하는지, 언제 팔아야 하는지, 리스크 관리를 어떻게 하는지 등 트레이딩의 기술적인 요소는 물론이고, 성공적인 트레이딩에 꼭 필요한 심리적 요소와 철학적인 접근까지 다루고 있다. 독자가 단순한 트레이더가 아닌, 시장에서 지속적으로 성공할 수 있는 진정한 '챔피언'이 되도록 이끌어 주자고 하는 저자의 취지가 엿보인다.

투자와 심리

나는 늘 심리가 투자 성공에 미치는 영향이 80% 이상이라고 강조하는데, 미너비니도 나와 생각이 비슷한 것 같다.

미너비니는 본인의 경험을 통해 얻은 심리적 통찰을 공유하며, 독자들이 트레이딩 과정에서 필수적으로 겪는 감정적 문제에 대처하는 방법을 구체적으로 제시한다. 이 책의 첫 챕터는 자기계발서 느낌도 나는데, 본론으로 들어가기 전에 꼭 읽어 보기를 바란다! 절대 후회하지 않을 것이다.

좀 더 상세하게, 친절하게

『초수익 성장주 투자』가 트레이딩의 기본적인 원칙과 전략을 소개하는 데 중점을 두었다면, 『챔피언처럼 생각하고 거래하라』는 이를 더 구체적이고 실전적인 사례로 설명한다. 보통 저자는 첫 책에서 본인의 노하우를 충분히 공개한다. 하지만 책이 나온 후 독자들의 피드백을 받는 과정에서 '아니, 이게 궁금하다고?', '이것도 모른다고?', '아, 이건 내 설명이 좀 부족했구나' 하는 생각을 하게 된다. 대부분 저자가 독자보다 전문성이 높아서 벌어지는 일이다.

미너비니도 책을 낸 후 수많은 피드백을 받은 것이 틀림없다. 그의 트레이딩 철학은 변하지 않았으나, 독자들이 궁금해 하거나 더 알고 싶어 한 부분을 중심으로 새로운 내용을 추가하고 기존 내용을 보완했다. 이를 통해 독자들은 더욱 완성도 높은 정보를 얻을 수 있으며, 미너비니의 지식과 경험을 보다 깊이 있게 배울 수 있다. 이 책은 첫 책보다 더 상세하고 친절해서, 더 알기 쉬운 버전이라고 봐도 무방하다.

내 생각대로 안 풀리면

이 책에서 무엇이 가장 중요할까? 미너비니는 이 책에 본인의 노하우를 상세하게 공개하는데, 예를 들면 주식을 살 때 어떤 지표를 봐야 하는지, 차트는 어떻게 보는지, 주식과 거래량과 변동성에서 어떤 정보를 뽑아낼 수 있는지 등이다. 그런데 가장 중요한 것은 이것들이 아니다. 이 모든 작업을 거쳐서 주식을 사도 미너비니의 승률은 50%를 크게 넘지 않는다. 아마 여러분도 나름대로 열심히 연구하고 주식을 사면 승률이 50% 정도는 될 것이다. 그런데 왜 여러분의 포트폴리오는 처참한 반면, 미너비니는 거의 매년 돈을 버는 것일까? 그는 '그가 산 주식이 그가 원하는 대로 움직이지 않으면' 어떻게 대응해야 할지 정확히 알고 있다. 그렇다. 이것이 여러분과 미너비니의 실력 차이이다. 이에 대한 해답은 책에 상세히 적혀 있다. 바로 이것, '내가 산 주식이 내가 원하는 대로 움직이지 않을 때' 어떻게 해야 하는지 알게 되면 여러분의 포트폴리오는 수직 상승할 수 있을 것이다.

- 강환국, 『거인의 포트폴리오』 저자

차 례

================ 들어가며 ================

챔피언처럼 생각하고 거래하기, 그 첫 번째 단계

================ Chapter 1 ================

항상 계획을 갖고 들어간다

챔피언처럼 생각하고 거래하기,
그 첫 번째 단계

사람은 하루 종일 생각한 그대로가 된다.

- 랄프 왈도 에머슨Ralph Waldo Emerson

이 책은 시간을 뛰어넘는 원칙과 증명된 기술을 따르며 트레이딩을 통제할 수 있도록 도와줄 것이다. 여러분은 이 책을 통해 장기적인 수익을 위해 단기적으로 이익을 내고 있는 주식들을 얼마나 오래 보유할지, 주가가 스톱[특정 가격대에 매도(때로는 매수) 주문을 내는 것—감수자 주]에 이르기 전이라도 손절매를 해야 할 때는 언제인지, 최적의 포지션 규모를 구축하는 방법은 무엇인지, 어떻게 또 언제 사고팔아야 하는지 그리고 트레이딩에서 성공하기 위해 약점을 보완하고 기초를 다지려면 매매 후 분석에서는 정확히 무엇을 검토해야 하는지 등 어렵고 헷갈리는 문제들에 대한 답을 얻을 수 있을 것이다.

나의 첫 책『초수익 성장주 투자』에서 나는 SEPA 방법론 SEPA® **Methodology: Specific Entry Point Analysis®**(저자가 개발한 트레이딩 전략으로 특정 진입 시점을 분석하는 방법—역주)을 배우고자 하는 이들을 위해 기본적인 내용을 소개했다. 두 권의 책을 연재물로 쓰려던 것은 아니었지만 이 책에는 분량 제한으로 첫 책에 넣지 못했던 것들 중 상당 부분을 담고 있다.

여러분이 앞으로 넘길 책장에는 33년간의 내 경험과 실제 사례를 바탕으로 한 나의 개인적인 트레이딩 비결이 담겨 있다. 나는 이 소중한 노하우들 덕분에 미국투자대회 챔피언이 될 수 있었고, 몇 천 달러의 자금을 몇 백만 달러의 부로 변환시킬 수 있었다.

여러분은 나만큼 오랜 경력을 쌓지 못했을 수도 있다. 하지만 여러분에게는 학습곡선을 극적으로 단축할 매우 소중한 것이 있다. 바로 나의 지식을 여러분의 출발점으로 쓸 수 있는 기회다. 여러분 앞에는 나보다 훨씬 위대한 성공을 이룰 수 있는 기회가 있다.

*"마크는 트레이딩이 더 쉬웠을 때 챔피언 투자자가 되었잖아"*라든지 *"마크는 소질을 타고났거나 성장 환경이 유리했을 거야"*라고 말할지도 모르겠다. 그러나 이는 전혀 사실과 다르다. 나는 교육을 잘 받지 못했고 자본도 거의 없는 상태로 매우 열악하게 출발했다. 지금 5달러 또는 10달러인 수수료는 내가 트레이딩을 시작했을 때 거래당 몇 백 달러였다. 지금은 페니 수준인 매수 매도 호가 스프레드도 2, 3달러일 때가 많았다. 무엇보다 그때는 고급 지식에 대한 접근이 거의 불가능했다. 오늘날 여러분은 한때 월가의 엘리트 프로들에게만 주어졌던 도구와 지식 등 필요한 모든 것에 접근할 수 있다. 지금은 주식 투자를 하기에 정말 좋은 시기다.

하지만 올바른 지식, 노력, 연습만으로 성공에 가까워질 수 있는 게 아니라는 점도 알아야 한다. 잘못된 방법으로 열심히만 하는 사람들은 나쁜 습관과 잘못된 매매 기법을 깊게 새기게 될 뿐이다. 이 책에서 여러분은 연습해야 할 올바른 방법—정확히 무엇을 해야 하고 무엇을 피해야 하는지—을 배우게 될 것이다.

나는 여러분이 가진 능력이 여러분이 상상하는 최대치보다 훨씬 뛰어나다고 말하고 싶다. 여러분이 진정한 잠재력의 극히 일부만 발휘하고 있다고 장담할 수 있다. 인생에서도 그렇고 트레이딩에서는 특히 그렇다. 확신하건대 누구든지 주식으로 탁월한 성과를 거둘 수 있다. 다만 그러기 위해서는 올바른 지식, 학습에 대한 스스로의 약속 그리고 끝까지 지속할 의지가 필요하다. 하룻밤 사이에 일어날 일은 아니지만 적절한 도구와 올바른 태도면 할 수 있다.

성공할 결심

주식시장에서 그리고 삶에서 우리는 성공을 선택하고 또 패배를 선택한다. 그렇다! 우리는 실패하기로 선택했기 때문에 실패하고, 승자가 되기로 결정하면 승자가 된다. 이 말이 틀렸다거나 억울하다고 생각할 수도 있지만 나는 이 말이 맞다는 걸 안다. 30년 넘게 전업 트레이더로 활동하면서 나는 의식적이든 무의식적이든 실패를 원했기에 손실을 보는 사람들을 목격했다. 성공하겠다고 단호하게 결심하고, 그저 그런 평범한 사람에서 비범한 사람으로 변신한 경우도 보았다. 성공은 선택의 문제다! 의심의 여지가 없다.

이를 받아들이지 않는다면 자신의 운명을 스스로 전혀 통제할 수 없다고 믿는 채로 시작하는 것이다. 그렇다면 성공하려고 노력하는 것이 무슨 의미가 있을까? 운이 좋은지 확인해 보려는 것인가?

우리는 모두 우리 안에 챔피언 트레이더를 품고 있다. 지식, 욕망, 꼭 하겠다는 스스로에 대한 약속에만 차이가 있을 뿐이다. 무엇보다도 자신의 능력을 믿어야 한다. 트레이딩에서 여러분은 훨씬 더 적은 위험으로 훨씬 더 많은 것을 성취할 수 있다. 하지만 성공이 선택이라는 것을 받아들이기 전까지는 모든 잠재력을 발휘할 수 없을 것이다. 여러분의 운명도 통제할 수 없을 것이다. 결과에 대한 책임을 전적으로 지지 않았고, 결과적으로 스스로에게 전적으로 통제할 힘을 부여하지 않았기 때문이다. **성공을 선택한 사람은 성공의 본보기를 찾고, 성공을 향한 구체적인 계획을 세우며, 좌절을 귀중한 가르침으로 삼는다. 계획을 실행하고 결과에서 배우고 승리를 쟁취할 때까지 적절히 계획을 조정한다.**

성공하는 사람은 성공하지 못하는 걸 못 참는다. 처음부터 이런 사람들도 있고, 그저 그런 평범한 수준에 머무는 것을 참지 못하고 자신의 꿈에 못 미치는 현실을 더 이상 받아들이지 않기로 결심하는 사람들도 있다. 이런 태도는 아마 어릴 때 들었던 *"패배했다고 마음에 담아 두고 속 쓰려 하지 않는다"* 같은 말과는 상반될 것이다. 내 경험으로 말하는데, '마음 좋은' 패배자를 데려오면 나는 누가 패배할 확률이 높은지 바로 보여 줄 수 있다. 챔피언처럼 트레이딩하고 싶다면 챔피언처럼 생각해야 한다. 우승이 선택이라는 것을 스스로 믿을 때까지 여러분은 패배한 승자다. 여러분이 패배자라는 것이 아니라, 승리에 대한 진리를 아직 깨우치지 못했거나 받아들이지 못했다는 뜻이다. **챔피언은 위대함을 우연에 맡기지 않는다. 그들은 승자가 되겠다고 결심하고 그 목표를 향해 하루하루 나아간다.**

1990년, 나는 주식 투자의 챔피언이 되기로 결심했다. 첫 거래를 하고 7년 후였다. 그렇다, 7년이다! 트레이딩에 손을 대고 거의 10년에 맞먹는 세월 동안 그냥 해 보기만 한 것이다. 여러분도 예상할 수 있듯이 그때까지는 한 번 해 보는 사람이 낼 만한 결과밖에 맛보지 못했다. 그러다가 1990년 3월, 나는 세상에서 가장 잘하는 주식 트레이더가 되기 위해 전념하겠다고 결심했다. 그리고 이를 위해 노력했고, 이후 얘기는 말 안 해도 잘 알 것이다.

두 늑대 이야기

여러분과 나 그리고 모든 사람은 두 종류의 트레이더를 품고 있다. 하나는 원칙을 지키고 과정에 충실한, 내가 건설가builder라고 부르는 트레이더다. 건설가는 절차에 집중하고 방법을 완성하는 데 초점을 둔다. 그는 과정을 제대로 수행하면 결과는 따라온다고 믿는다. 실수를 귀중한 가르침을 주는 선생님으로 여긴다. 건설가는 실수를 하면 *'반복하지 말아야지'* 하며 고무되곤 한다. 낙관적인 건설가는 과정은 끊임없이 나아질 것이기 때문에 좋건 나쁘건 간에 결과를 얻을 날을 고대한다.

다른 하나는 내가 난파공wracking ball(기중기, 굴착기 등에 장착해 철거용으로 사용하는 거대한 쇠공—역주)이라고 부르는 트레이더다. 자아중심적인 그는 결과에 매여 있어서, 결과가 당장 나타나지 않으면 실망한다. 실수하면 난파공들은 과도하게 본인을 질타하거나 다른 사람 혹은 다른 곳에 책임을 돌린다. 전략이 금방 성공적인 결과를 내지 못하거나 어려운 시기를 겪을 때면 난파공들은 해당 전략은 옆으로 제쳐 놓고 새로운 전략을 찾으며, 과정에 전혀 전념하지 않는다. 여러분이 추측하듯이 난파공은 수많은 변명을 늘어놓으며 결과에 책임을 지지 않는다. 그리고 오래 지속되거나 뛰어난 것을 만들어 내지 못한다.

그러나 내가 처음에 말한 것을 기억하자. 여러분은 이 둘 중 하나에만 속한 사람이 아니다. 모든 사람이 사랑과 측은지심, 증오와 상처를 주고 싶은 마음을 가진 것처럼 여러분의 내면에는 건설가와 난파공 모두가 있다. 자, 그러면 어떤 것이 여러분의 결과를 결정할까? 건설가일까, 아니면 난파공일까?

이에 답하기 위해 페마 초드론Pema Chodron(티베트 불교를 설파하고 있는 미국의 첫 여성 불교 승려. 다수의 책을 썼고 영적 지도자로서 불교의 가르침을 서구 세계에 전하고 있다—역주)이 쓴 『잠시, 멈춤』에 실린, 내가 좋아하는 이야기들 중 하나를 인용한다.

미국의 원주민 할아버지가 그의 손자에게 세상의 폭력과 잔인함 그리고 그것이 어떻게 생겨나는지에 대해 얘기해 주고 있었다. 할아버지는 그것이 마음속에서 두 마리의 늑대가 싸우는 것과 같다고 했다. 한 늑대는 복수심과 분노를 품고 있었고, 다른 늑대는 이해심과 친절함을 갖고 있었다. 청년은 할아버지에게 어떤 늑대가 마음속 싸움에서 이길 것 같느냐고 물었다. 그러자 할아버지는 "내가 먹이를 주려고 선택한 늑대가 이긴 늑대일 게다" 하고 답했다.

결국 여러분에게 달려 있는 것이다. 나는 내가 깨달음을 얻은 트레이더라고 생각한다. 첫째, 나는 내 안에 건설가와 난파공이 모두 존재한다는 것을 깨달았다. 나는 건설가에게는 먹을 것을 주고 난파공은 굶주리도록 선택했다. 매일 이를 상기하는 것이 전략이나 트레이딩의 기계적인 부분보다 훨씬 더 중요하다. 여러분이 난파공에게 먹이를 준다면 아무리 좋은 전략도 아무런 효과를 내지 못할 것이다.

나는 〈투 포 더 머니〉의 한 장면을 매우 좋아한다. 뉴욕에서 스포츠 도박 정보를 제공하는, 쇠락 일로에 있는 도박사 월터 에이브람스(알 파치노 분)가 도박 중독자 치료 모임에서 뛰어난 재능의 스포츠 도박 예측가인 브랜든 랭(매튜 매커너히 분)을 만나는 장면이다. 월터는 다른 도박꾼 리온이 하는 말을 듣고 다음과 같이 웃기고 재미있지만 매우 진실된 일장 연설을 한다.

당신이 왜 이런 얘기를 하는지 압니다. 정말이에요. 내가 잘 알아요. 당신 얘기는 저도 공감할 수 있거든요. 제가 하나 깨달은 게 있다면, 도박이 당신의 문제가 아니라는 것입니다. 문제 근처에도 못 가죠. 무례하게 들리지 않게 어떻게 말해야 할지 모르겠는데, 리온, 당신은 빛 좋은 개살구예요! 겉만 번드르르한 중고차처럼 본질적인 게 잘못되어 있어요. 당신과 저 그리고 이 방에 있는 모두가요. 우리는 모두 빛 좋은 개살구들입니다. 다들 겉으로는 남들과 같게 보이는데 그들과는 달리 결함이라는 게 있어요.
생각해 보세요. 도박사들이 게임을 하러 갈 때는 돈을 따려고 갑니다. 그런데 우리는 돈을 잃으러 가요. 무의식적으로, 저는… 저는 그들이 내 칩을 거두어 갈 때만큼 기분이 좋고 살아 있음을 느낄 때가 없습니다! 칩을 나한테 갖고 올 때가 아니에요. 이 방에 있는 모든 사람은 제가 무슨 말을 하고 있는지 알고 있을 겁니다. 우리가 돈을 땄을 때 다시 뱉어 내는 건 시간문제예요. 그런데 우리가 잃을 때, 그건 또 다른 얘깁니다. 우리가 잃을 때는 여러분 항문이 소수점만 하게 조여들 때까지 잃는 경우를 얘기하는 거예요, 아시겠어요?

여러분은 악성종양 같은 악몽을 20번 재현하는 겁니다! 그리고 갑자기 깨달아요. 엇, 나 아직도 여기 있네. 아직 살아 있네. 우리 빛 좋은 개살구들은 항상 뭣 같은 상황을 만들어요. 왜냐하면 끊임없이 내가 살아 있다는 걸 스스로 깨우쳐 주어야 하거든요. 리온, 당신 문제는 도박이 아니에요. 당신이 존재한다는 걸 스스로 확인시키려는 바로 이 뭣 같은 무언가를 느껴야만 하는 욕구라고요. 그게 문제인 거라고요.

이 책에서 여러분은 성공적인 트레이딩 가도에 올라서는 데 필요한 중요한 도구들에 대해 배우게 될 것이다. 하지만 현실 세계에서 성공이 나타나기 전에 우선 성공적인 마음부터 가져야 한다. 안다. 나도 경험을 했다. 교육을 제대로 받지 못한 채 가난하게 성장했고, 쓸 수 있는 자원은 실질적으로 전무했다. 그래서 나는 정신적인 가난—내가 무언가를 하지 못하도록 방해하는—을 딛고 올라서는 방법을 배워야 했다. 물질적으로 가난하지 않아도 정신적으로 가난할 수 있다. 많은 사람이 결핍에 대한 두려움에 갇혀 있거나 과거 혹은 진짜라고 믿는 허상 때문에 부족함을 느낀다. 심지어 부가 있어도 삶의 여정을 즐기지 못한다. 열정이 부족하면 삶이 미미하게 느껴질 수 있다. 이런 불행감은 정신적인 가난 때문에 생긴다.

마음을 다해 무언가를 할 거라면 큰 성공을 위해 할 수 있는 모든 것을 해 보는 게 어떨까? 열심히 노력하고 지식을 갖고 트레이딩에 접근하면 마땅히 성공할 것이다. 그러나 그러고자 한다면 끈기와 올바른 정신이 필요하다. 여러분의 금전적인 운명을 완전히 통제하고자 하는 마음이 없다면 이 책을 읽을 필요가 없을지도 모르겠다. 왜일까? 이 책은 여러분이 트레이딩과 삶에 대해 주인의식을 갖고, 결과에 대해 전적으로 책임을 지는 것에 관해 쓰여졌기 때문이다. 100%의 책임을 지지 않으면서 효과적으로 문제에 대응하는 능력을 배양할 수 있는 방법이 있을까?

이 책에 담긴 성공에 대한 청사진은 나를 비롯해 나의 발자취를 따른 많은 사람에게 성공을 가져다주었다. 새로운 생각에 마음이 열려 있고, 트레이딩 챔피언이 되는 것이 재능이나 아이비리그 학교에서 재무학 학위를 받는 것과는 무관하다는 사실을 받아들인다면 이 책이 여러분에게 성공을 가져다줄 것이다. 그리고 그 시작은 성공이 의심의 여지없이 선택에 달려 있다는, 우리에게 힘을 주는 이 믿음부터다. 믿는다면 여러분은 '리온 같은 사람이 되지 말 것'이라는 첫 번째 가르침을 벌써 배운 것이다.

내 안의 나침반을 맞춘다

"왜소한 노부인에게서 돈을 빼앗는 행위만으로 초고수익 트레이더가 될 수 있다면 그렇게 하겠는가?" 전혀 생각지도 못한 깜짝 놀랄 질문일 것이다. 그런데 내가 진짜 묻고 싶은 질문은 따로 있다. "그렇게 하지 않을 이유는 무엇인가?"이다. 이 질문에 대한 답은 '신념 체계, 즉 가치와 기준에 반하기 때문'일 것이다.

무엇을 하건 성공을 이루는 데 있어 핵심은 자신의 능력에 대한 믿음을 갖고, 그 신념 체계와 행동을 조화시키는 것이다. 신념에 맞추어 행동하는 법을 배우기 전까지 여러분은 잠재력의 최대치에 절대로 도달하지 못할 거라고 장담할 수 있다. 큰 수익을 얻으려면 큰 위험을 감수해야 한다는 믿음을 갖고 있는가? 그렇다면 저위험 고수익 전략에 공감하지 못할 수도 있다. 트레이딩에서는 신념과 전략이 일치하지 않으면 내 안의 갈등이 나를 제약할 것이기 때문에 성공은 거의 불가능해진다.

예를 들어 내가 크게 손실을 보는 종목을 계속 보유하면서 드물게 발생하는 큰 수익으로 손실을 상쇄하는 방식을 시도한다면 (이런 식으로 수익을 내는 사람들도 있겠지만) 나는 확실히 실패할 것이다. 나는 이런 방식을 장기간 끌고 갈 수 없는 사람이다. 이런 방식은 위험에 대한 나의 신념에 어긋나기 때문에 손실이 난 종목을 오래 보유할 수가 없다.

여러분이 나의 전략이 합리적이라고 생각한다면, 좋다! 내 전략을 가져가면 된다! 내 전략은 분명히 여러분에게 바른 방향을 제시하고, 여러분 스스로 옳은 규칙을 갖추고 트레이딩을 하도록 이끌어 줄 것이다. 단, 행동을 취하고 적절한 판단을 내리는 것은 여러분의 몫이다. 어떤 전략을 취하든 전념할 수 있으려면 자신의 행동에 믿음을 가져야 한다. 무언가를 하고 나서 '도대체 나는 뭐가 문제지? 하면 안 되는 걸 알면서 왜 하는 거야?' 하고 혼잣말을 해 본 적이 있다면 신념에서 벗어났다는 빨간불이 켜진 것이다. 장기적으로 보면 결국 신념 체계가 이기게 되어 있다. 초고수익을 거두려면 행동과 신념이 일치해야 한다. 일관성을 목표로 하자.

성공의 모범 사례

나의 첫 책을 읽은 이라면 이미 알 테지만, 특정 진입 시점 분석SEPA®

전략은 전망이 밝은 주식 후보를 발굴하기 위해 리더십 프로필Leadership Profile®을 기준으로 쓴다. SEPA®는 멀게는 1800년대 데이터까지 이용해서 우량 수익을 냈던 종목들의 청사진을 그린다. SEPA®는 과거에 가장 성공한 종목 대부분의 속성과 특징을 식별하기 위한 계속적인 노력을 바탕으로 미래에 동일 종목군 대비 특출한 수익을 보이는 주식을 가려내기 위해 만들어졌다. 간단히 말해, 나는 SEPA®를 통해 과거 성공 사례들의 표본을 만들었다.

오래전 나는 잘 알려진 동기부여 강연가 중 한 명이며 인간 행동에 대한 전문가인 앤서니 로빈스Althony Robbins의 강의를 들으러 간 적이 있다. 나는 그곳에서 매우 소중한 교훈을 얻었다. **레오나르도 다빈치처럼 그리고 싶으면 레오나르도 다빈치처럼 생각하는 법부터 배워야 한다는 것이다. 정신이 가는 곳에 나머지는 결국 따라오기 마련이기 때문이다.** 나는 역사적으로 위대한 트레이더들의 발자취를 따라가고자 그들처럼 생각할 수 있을 때까지 그들에 대해 할 수 있는 한 모든 것을 배웠다. 책을 읽었고, 전설적인 트레이더들에 대해 연구했다. 그들의 성공을 본뜰 수 있도록 그들 머릿속으로 들어가서 그들처럼 생각하고 싶었다. 나는 책 속의 정보를 완전히 습득하기 위해 반복해서 읽었다.

다른 누군가를 모방해야 성공한다는 뜻은 아니다. 하지만 개념을 통달하려면 그에 관한 지식을 완전히 꿰고 있어야 한다. 쓸 수 있는 지식 체계가 존재하고 이를 더 발전시키면 되는데, 굳이 발명해 보겠다고 시간을 낭비할 필요가 있을까? 1677년 아이작 뉴턴 경이 한 유명한 말이 있다. "내가 더 멀리 보았다면 그것은 내가 다른 거인들의 어깨에 서서 보았기 때문이다." 입체파의 선구자 중 한 명인 피카소를 생각해 보자. 그가 아버지에게 사사한 것과 예술학교에서 공부한 것은 고전 기법이다. 그 결과 그는 원리를 진정으로 이해하고 깨우친 후 기존의 틀을 깰 수 있었다.

오래전 대런이라는, 캐나다에서 온 제자가 있었다. (독자들 중에는 내 마스터 트레이더 워크숍에서 대런을 만난 분도 있을 것이다.) 대런은 내게 제자 그 이상이었다. 나보다 몇 살 어렸지만 아들 같은 존재였다. 대런은 나의 트레이딩 접근법을 배우고 싶어 했고, 내 수익률만큼의 결과를 얻기 위해 나의 신념 체계를 그대로 따르는 데 전념했다.

대런은 한동안 내 집에서 지냈다. 집에 있는 동안 처음에는 가만히, 나중에는 눈에 띄게 나의 습관을 공부하고 받아들였다. 나는 한때 보디빌딩을 이유로 식단을 엄격하게 유지했는데, 대런은 비교적 마른 체형에 중량 훈련도 하지 않았지만 나와 같은 식단으로 식사했으며, 심지어 내가 복용하던 비타민과 단백질 파우더도 먹기 시작했다. 처음에는 대수롭게 생각하지 않았는데 그가 나의 다소 개인적인 습관을 받아들이자 그런 모습이 자꾸 눈에 들어오기 시작했다.

당시 나는 보디빌딩을 했기 때문에 정기적으로 제모와 면도를 했다. 하루는 거실에 있는데 윙윙 소리가 들리길래 그 소리를 따라 화장실로 가서 문을 두들기고 대런에게 뭘 하고 있는지를 물었다. 대런이 문을 열었을 때 그는 창백하고 마른, 털이 하나도 없는 다리로 서 있었다. "뭐 하는 거야?" 내가 물었다. "너는 보디빌더가 아니잖아!" 그러자 대런이 대답했다. "상관없어요. 선생님이 제모하면 저도 제모할 겁니다. 선생님이 무얼 하든지 저도 할 거예요. 선생님이 녹색 의자에 앉으면 저도 녹색 의자에 앉습니다. 선생님처럼 트레이딩하고 싶으면 선생님처럼 생각해야 해요. 그러려면 선생님이 하는 모든 걸 해야 합니다!"

처음에는 '얘가 정신이 나갔구나' 하는 생각이 들었다. 그러나 잠시 후에는 '대런은 천재구나!' 하고 깨달았다. 대런은 내가 그때 막 깨닫게 된 개념, 즉 누군가의 신념 체계를 모방하는 것의 중요성에 대해 직관적으로 파악한 것이다. '그 사람의 신발을 신고 걸어 보라walk in the person's shoes'(역지사지를 의미하는 영어권 속담—역주)는 말처럼 누군가를 진정으로 이해하고 싶으면 그 사람처럼 되어야 한다는 것을 그는 알았던 것이다. 배울 수 있는 건 모두 배우겠다는 신념으로 나의 전략뿐만 아니라 생활 속의 원칙까지 배우게 된 것이다. 대런은 곧 체력단련장에 정기적으로 다니고 중량 훈련도 시작했다.

시간이 지나면서 대런의 원칙이 빛을 발했다. 그는 나와 트레이딩을 함께한 첫해에 160%의 수익률을 거두었고, 이후 수년간 혼자서 세 자릿수 수익을 올리며 큰 성공을 거둔 주식 트레이더가 되었다. 그의 성공은 그의 흔들리지 않는 집중력 덕분이었다. 그에게는 내가 다른 사람에게서 보지 못했던 목표 지향적인 성실함을 갖추고 기꺼이 모든 것을 걸 의지가 있었다. 그의 인식은 모든 것을 결정했다.

과정을 받아들인다

머리말을 쓰려고 앉았을 때 마침 내 첫 책을 읽은 트레이더에게 전자우편을 받았다. 그는 책 내용에 대해서는 매우 좋은 평을 했지만 트레이딩에 어려움을 겪고 있다면서 '종합적으로 적용하는 방법을 모르겠다'고 했다. 그러고는 자신은 트레이딩에 맞는 사람이 아니라며 스스로를 책망하기 시작했다. 크게 성공하는 건 남의 얘기지, 자신은 절대 못할 거라는 확신이 그의 글에서 읽혔다.

나는 이 사람의 말을 마음에 담았다. 가장 좋은 방향으로 말이다.

나는 이 사람 그리고 이런 사람들이 '나는 트레이딩에는 맞지 않는 사람'이라는 생각을 내던져 버렸으면 한다. 자신의 능력을 의심하는 단계에 다다랐다면 지적 능력, 적성, 재능 등의 능력이 모자라다는 그 확신을 떨쳐 버려야 한다. 이런 생각은 그 '능력을 갖는 데' 방해가 된다. 하나만 할 의향이 있다면 (여러분이나 나처럼) 이 독자는 성공하는 데 필요한 모든 것을 가진 것이다. 그 하나가 무엇인지 여러분은 예상하고 있을 것이다. 그렇다. 모든 것의 바탕이 되는, 성공은 선택이라는 강력한 믿음을 갖는 것이다. 이 믿음을 갖기 전에는 성공은 어쩌다 될 수도, 안 될 수도 있는 운에 달린 게임의 결과이고 결국 여러분을 비껴 갈 것이다.

꼭대기부터 시작하는 사람은 없다. 인간 게놈에 존재하는 특정 DNA 가닥 같은, 신이 내린 특별한 트레이딩 능력이라는 건 없다. '타고난' 주식 투자자도 없다. 나는 사실 트레이딩은 우리가 할 수 있는 가장 *후천적*인 것들 중 하나라고 말하고 싶다. 나 혼자만의 생각이 아니다. '왠지 모르겠지만 투자에 맞게 태어난 사람들이 있는 것 같아' 하고 생각하는 사람들에게 스타 투자자인 피터 린치Peter Lynch(미국의 투자자이자 펀드매니저. 1977년부터 13년간 피델리티사의 마젤란 펀드를 1800만 달러에서 14조 달러로 키웠다—역주)는 그의 책 『전설로 떠나는 월街의 영웅』에서 '내 요람 위에 주식현황표가 달려 있었던 것도 아니고, 아기 때 이앓이로 신문의 주식 시세표를 씹었던 것도 아니다'라고 했다.

1990년대 초 독일 베를린에서 심리학자들이 바이올린 전공 학생들을 대상으로 한 연구에 대해 들어 봤는지 모르겠다. 학생들의 아동기, 청소년기, 성년기의 연습 습관을 조사한 연구다. 대상 학생들은 모두 대략 5살부터 바이올린을 시작했고, 시작할 때의 연습 시간도 비슷했다.

하지만 8살 때부터 연습 시간이 달라졌다. 12살이 되면 잘하는 수준의 학생들의 평균 연습 시간은 4,000시간인 데 반해, 최상위 학생들의 평균 연습 시간은 1만 시간이었다. 흥미롭게도 '천부적인 소질'의 연주자는 나타나지 않았다. 만약 천부적인 소질이 작용했다면 비교적 더 적은 시간을 연습한 학생들 중에서 최상위 집단 학생들의 상위로 부상한 학생이 있었을 것이다. 심리학자들은 연습 시간과 성취도가 통계로 봤을 때 직접적으로 연관되어 있다는 것을 발견했다. 지름길은 없었다. 천부적인 소질도 없었다. 엘리트들의 연습 시간은 실력이 떨어지는 연주자들에 비해 두 배 이상이었다.

결국 트레이딩을 잘하고자 한다면 노력을 해야 하고, 그 결과는 시간이 걸리겠지만 쏟은 노력을 충분히 보상하고도 남을 것이다. 시장에서의 성공은 타고난 소질과 능력을 막론하고 잘 조화된 노력 그리고 얼마나 시간이 걸리든 간에 학습곡선이 뻗어 나가도록 정진하는 의지에 달려 있다.

성공하기 위해 마냥 시간만 들이라는 것이 아니다. 자신의 투자 결과를 철저히 검토하고, 접근법을 개량하고, 점진적으로 과정을 완성하며 개선하는 끈기가 있어야 한다. 『탤런트 코드』에서 대니얼 코일(Daniel Coyle)은 이 과정을 '심층 연습deep practice'—같은 것을 반복하는 것이 아니라 결과치에 대한 의견을 반영해서 연습을 더 의미 있게 만드는 방법—이라고 한다.

훌륭한 의사 결정을 내린다고 해서 훌륭한 결과를 즉각적으로 맛볼 수 있는 건 아니다. 법대에서 몇 달 공부했다고 전혀 혹은 거의 경험 없는 상태로 법정에 걸어 들어가 소송을 진행할 수 있을까? 만약 그랬다고 했을 때 패소했다고 놀랄 일일까? 또 의학 전문 대학원을 준비하면서 생물 두 과목을 들었다고 환자를 수술할 수 있을까? 만약 그랬다면, 있어서는 안 될 일이지만, 환자의 치료가 실패했다고 놀랄 일일까? 둘 다 물론 완전 말도 안 되는 얘기다. 그런데 내가 맥도날드 매장 주방에 들어가서 튀김기를 쓰려는 것도 이와 다르지 않다. 나는 튀김기를 켜지도 못할 것이다. 왜일까? 내가 지능이 모자라거나 특별한 소질이 없어서가 아니라 단지 필요한 지식과 경험을 갖추지 못했기 때문이다.

증권 계좌를 열고 곧바로 빛나는 성과를 거둘 거라고 예상하는 사람들이 있다. 이들은 뜻대로 되지 않으면 변명하거나 포기하거나 큰 위험을 감수한다. 전문 지식과 이를 습득하기 위한 인내가 필요하다는 생각은 거의 하지 않는다.

나는 시작할 때만 해도 형편없는 트레이더였다. 내가 이룬 성공은 선천적인 재능에서 비롯된 것이 아니다. 무조건적인 끈기와 훈련으로 오늘날의 내가 되었다. 원칙을 어겼을 때, 바로 오늘이라도 성공이 실패로 쉽게 바뀔 수 있다는 것을 나는 안다.

어떤 분야든 간에 크게 성공하는 사람들은 모두 같은 태도를 갖고 있다. 될 때까지, 혹 안 된다면 죽을 때까지 노력한다. 그만두는 것은 그들의 선택지에 없다. 이런 태도로 임하지 않으면 힘든 상황이 닥칠 때 포기할 가능성이 높다.

나를 정의한다

나에게 맞는 전략은 매번 성공하는 전략이 아니라 시간이 지나면서 유효한 전략이다. 그러기 위해서는 남녀 간의 관계에 들이는 것 같은 노력과 헌신이 필요하다. 부부 중 누군가 외도를 했다면 결혼 생활이 좋을 수 있을까? 트레이딩 전략도 마찬가지다. 전략에 충실해야 돌아오는 것이 있다.

가치주 투자, 성장주 투자, 스윙 트레이딩, 데이 트레이딩을 모두 잘할 가능성은 매우 낮다. 즉 모두를 하려 한다면 그저 그런 수준의 팔방평인이 되고 말 것이다. 전략 하나의 이점을 누리고 싶다면 다른 전략들은 포기해야 한다. 특정 방식으로 다른 방식들을 능가하는 트레이딩을 할 수 있을 때 시장의 모든 주기를 누릴 수 있다. 어려운 시장 환경에 놓일 때마다 다른 트레이딩 방식을 적용한다면 불리한 국면에 처했을 때 이를 극복할 수 없다. 어떤 방식을 택하든 잘하기 위해서는 집중과 전문화가 필요하다. '스타일 표류Style Drift'라는 것을 피해야 한다.

스타일 표류는 자신의 전략과 목표를 명확하게 정의하지 못해서 발생한다. 결과적으로 상황이 좋을 때나 나쁠 때나 같은 접근 방식을 고수하지 못하는 것이다. 여러분이 단기 트레이더라면, 짧은 기간에 주식을 팔아 이익을 남겼는데 주가가 계속 올라 두 배가 되는 것을 지켜보게 되더라도 내가 신경 쓸 일이 아니라는 자세를 취해야 한다. 가격이라는 연속선 위에서 내가 한 구역에서 거래하는 동안, 다른 누군가는 내 영역과 완전히 다른 곳에서 거래할 수 있다. 그리고 둘 다 수익을 낼 수 있는 것이다! 한편 장기 투자자의 경우 적절히 단기 이익을 취했는데 더 큰 수익을 좇다가 이를 모두 다시 내어주는 경우도 허다하다. 따라서 가장 중요한 건 한 방식에 집중하는 것이다. 투자 방식과 목표를 정하고 계획대로 거래하는 것이 더 쉽고 결국 성공에 이룰 수 있는 길이다. 시간이 지나면 다른 방식을 포기한 만큼 내가 택한 방식의 전문성으로 보상받게 될 것이다.

보상의 순서를 정한다

인생의 모든 다른 문제들과 마찬가지로 트레이딩에서 가장 중요한 것은 내가 원하는 것이 무엇인지를 깨닫는 것이 아니라 무엇을 '우선' 원하는지를 깨닫는 것이다. 성공의 비밀은 욕망의 우선순위를 정하는 것이다. 사랑, 행복, 자유, 우정, 존경, 경제적인 보상 등 일반적으로 사람들이 원하는 것은 같다. 모든 사람은 삶에서 좋은 것들을 원한다고 해도 과언이 아닐 것이다. 여기서 내가 말하는 건 성공적인 트레이더가 되는 것, 미식가들이 찾는 요리사가 되는 것, 테니스 챔피언이 되는 것 같은 구체적인 목표다.

인생에서 모든 것을 갖기 위한 묘책은 한 번에 하나씩 목표를 좇는 것이다. 원하는 것을 우선 정하고, 그 목표를 달성하기 전까지 다음 목표로 넘어가지 않아야 한다. 왜 그럴까? 내 능력을 여기저기 분산해 놓으면 어느 하나에도 큰 성공을 거둘 수 없고, 어떤 것 하나 오롯이 경험할 수 없기 때문이다. 다방면에 얕은 지식을 가진 사람들이 파티에서 좋은 대화를 나누고 있을 때 전문가들은 높은 보수를 받는다.

숙련은 희생을 필요로 한다. 그러므로 어떤 것은 다른 것보다 우선되어야 한다. 목록을 만들고, 우선순위를 정하고, 그에 맞추어 목표를 추구하라. 집중해서 하나를 달성한 후에 다음 목표로 넘어가는 것이다.

나는 균형을 버리라고 조언한다. 제대로 본 것이 맞다. 균형을 찾는 게 아니라 버리는 것이다. 어떤 분야에서 성공하려면 균형이 깨져야 한다. 일과 가족이라는 측면에서 균형이 중요한 요즘 통념과는 정반대 개념이다. 일과 가족의 균형도 당연히 목표로 삼아야 한다. 나 또한 삶에서 내 아내와 딸보다 우선시하는 것은 없다. 하지만 주식에서 초고수익을 추구할 때는 부분적인 노력은 부분적인 결과밖에 낳을 수 없다.

트레이딩을 처음 시작했을 때 나의 삶에는 균형이 없었다. 의도적으로 그랬다. 나는 하루에 열두 시간 훈련하는 올림픽 출전 선수같이 지냈다. 트레이딩을 먹고 마시고 호흡했다. 나의 머릿속에는 오직 트레이딩만 있었다. 한마디로 일차원적인 생활이었고 완전한 몰입 상태였다. 내 얘기가 무섭게 들린다면 여러분은 진정으로 최상의 수익률을 올리는 트레이더가 되는 것을 원하지 않는 것이다. 그렇다고 틈새 일로 트레이딩을 한다고 해서 트레이딩을 향상시키지 못하거나 결과를 누릴 수 없다는 것은 아니다. 훈련 과정 동안 균형 깨진 생활을 해야 하는 전문 직업군은 의외로 많다. 응급실에서 쪽잠을 자며 하루 열여섯 시간을 쏟아붓는 병원 레지던트를 생각해 보자.

평범한 노력으로는 숙련된 수준에 이르지 못한다. 여러분의 전부를, 할 수 있다면 그보다 더 쏟아야 한다. 물론 항상 그렇게 해야 하는 건 아니다. 하지만 트레이딩처럼 꽤 도전적인 일에 전념할 때는 초기에 노력을 들여야 하고, 칼날을 갈 때의 집중력이 반드시 필요하다. 주식시장에서 큰 수익을 원한다면 반드시 트레이딩을 우선순위에 놓아야 한다.

행동을 취한다

목표를 달성하려 할 때 최악의 행동은 미루는 것이다. 사람들은 모든 것이 '완벽해지면' 하려고 한다. 나 역시 할 수 있는 한 모든 것을 배우라고 응원하는 쪽이다. 배우는 과정을 미루는 것이라고 생각하지 않는다. 하지만 '언젠가 시작해야지. 지금 당장이 아닐 뿐이지, 곧 시작할 거야'

하고 그냥 돌아다닌다면 이건 미루는 것이라고 생각한다.

내 첫 책을 읽고 내 방법을 따라 할 '준비 중'이라며 전자우편을 보내온 사람이 있었다. 그는 처음에는 데이 트레이딩을 하려고 했는데 제대로 훈련할 때까지 실수를 더 해야 할 것 같다고 했다. 실수를 어느 정도 하고 나면 나의 방법을 따라 할 수 있을 것 같다고 했다. 나는 이게 무슨 의미인지 전혀 이해하지 못했다. 제대로 연습할 결심을 하지 않았다는 것만은 확실히 이해했다.

무언가를 해야겠다는 약속은 미룰수록 더 쉽게 미루게 된다. 어려운 것에 가까워질수록 미뤄야 한다는 목소리가 더 커지기 마련이다. 미루는 습관에 반격하려면 행동을 해야 한다. 행동을 취하지 않으면 아무것도 실현되지 않는다. 완벽한 때 혹은 모든 답을 다 알 때를 기다리면 시작조차 못 할 수 있다. 아무것도 안 해서 아무것도 잘못한 것이 없는 것보다 불완전하게나마 무언가를 하는 것이 더 낫다. 그럴 때 꿈을 꾸고, 긍정적으로 생각하고, 계획과 목표도 세울 수 있다. 반면 행동하지 않으면 아무 일도 일어나지 않는다. 지식, 꿈, 열정을 갖는 것만으로는 충분하지 않다. 아는 것을 바탕으로 행동을 해야 한다. 지금이 가장 시작하기 좋은 때다!

안전지대를 벗어난다

인생에는 내가 CLUM 원리라고 부르는 어떤 보편적인 법칙이 있는 것 같다. 편안하면Comfortable 덜Less하고 있는 것이고, 불편하면 Uncomfortable 더More 하고 있는 것이다. 잠재력과 가능성은 미지의 비옥한

땅에 있다. 안전지대 밖으로 움직인다는 것이 꼭 큰 위험을 감수한다는 건 아니다. 나를 확장시키면서, 처음에는 부자연스럽거나 직관에 반한다고 느껴질 수 있는 것을 해야 한다는 의미다. 다행히 편안하고 익숙한 일에서 완전히 불가능하게 느껴지는 일로 바로 넘어가지 않아도 된다. 수영을 아직 배우는 중이라 아카풀코의 높은 절벽에서 바다로 뛰어드는 일 같은 건 하지 않아도 된다는 뜻이다. 안전지대를 벗어나는 것은 기량을 습득하는 그리고 편안함을 얻는 과정이며, 그 여정 중에 나의 안전지대 또한 확장된다.

여러 개의 동심원을 머릿속에 그려 본다. 중심에는 현재의 안전지대가 있다. 나에게 익숙한 중심의 '1번 원'에서 시작한다. 초기 단계인 1번 원에서는 경험을 쌓으며 자신에 대해 배우고 원칙과 기준을 연마한다. 하지만 1번 원은 시작점일 뿐이다. 트레이딩에서 의미 있는 결과 내지는 엄청난 성공을 거두고 싶다면 이 원 안에 영원히 머무를 수 없다.

악기나 운동을 잘할 때까지 들여야 하는 엄청난 노력을 생각해 보자. 수많은 연습 시간이 필요하고, 기술적인 면을 개선하도록 도와줄 훌륭한 코치와 선생님의 의견도 들어야 한다. 헌신적인 노력과 시간을 들이면 베토벤의 곡을 연주하고 펜스를 향해 공을 날리는 정상급 타자들 사이에 들어갈 정도로 기량이 향상된다. **트레이더로서 편안한 것에 안주하지 않고 불편한 것을 배우며 도전할 때 여러분은 초고수익을 낼 수 있는 능력을 얻을 수 있다.** 다만 1번 원에서 4번 원으로 바로 건너뛸 수는 없다. 능력과 자신감을 얻고자 한다면 시간과 노력을 들여야 한다. 기술과 경험을 쌓지 않고 서두르다 보면 스스로 재앙을 불러들이게 된다.

어떤 일이건 초급에서 상급으로 올라가다 보면 1번 원에서 2번 원으로 자신을 확장하게 된다. 자, 이제 2번 원이 새로운 혹은 확장된 안전지대가 되었다. 2번 원 안에 있는 여러분은 종목 선택 기준을 더 다듬었을 것이고, 과도한 위험을 감수하지 않고도 더 큰 포지션을 취할 수 있을 것이다. 여기서 경험과 정보가 더해지면 3번 원으로 옮겨 가고, 이제 다음 목표는 4번 원이 된다. 그렇게 다음 원으로 이어진다.

랄프 왈도 에머슨Ralph Waldo Emerson(19세기 미국 초월주의, 자연주의 사상가―역주)은 "정신은 새로운 생각이 들어와 한 번 확장되면 절대로 본래 크기로 돌아갈 수 없다"고 했다. 그의 말처럼 이전의 한계를 성공적으로 넘어서면, 원래의 생각이 머물던 작은 공간으로 돌아가고 싶지 않을 뿐만 아니라 돌아갈 필요도 없다. 과거를 돌아보면서 여러분은 트레이딩이 그동안 많이 성장하고 성숙해졌음을 깨닫고 놀라며 기분 좋아질 것이다. 어렵고 불가능해 보였던 것들이 이제 내 손 안에 있고 새로이 확장된 안전지대의 일부가 된 것이다. 연습과 훈련을 통해 이 새로운, 확장된 수준이 본래의 나였던 것처럼 변하지 않는 나의 기본값이 된 것이다. 이것이 한 단계씩 쌓아 가며 숙련의 단계에 이르는 방법이다.

지식의 세 번째 단계를 추구한다

지식을 습득하는 데는 기본적으로 세 가지 단계가 있다. 첫 번째 단계는 다른 누군가가 나에게 생각을 제시하는 경우다. 다른 누군가가 나에게 무언가를 말할 때 나는 나의 의견에 비추어 이를 평가한다. 이 정보를 접했을 때 여러 정서가 혼재할 수도 있다. 동의할 수도 있고, 동의하지 않을 수도 있으며, 어떻게 받아들여야 할지 모를 수도 있다. 두 번째 단계는 들은 것이 옳다는 확신이 생기는 경우다. 이때 믿음이 생긴다.

믿음은 생각보다 강하지만 아직 가장 강력한 단계의 지식은 아니다. 세 번째 단계는 '앎'으로, 가장 강력한 형태의 인식이다. 나의 내면에 품게 되는 지식이며, 직접 경험했기 때문에 옳다는 것을 아는 그것이다.

이 책에서 여러분은 많은 생각을 접하게 될 것이다. 그 생각들을 두 번째 단계로 옮기고, 저자인 나의 생각이 옳다고 확신할 수도 있을 것이다. 나는 긴 시간 동안 시행착오를 겪고 땀과 눈물을 흘렸다. 이 생각을 받아들이고 체화하고 트레이딩에 적용한다면 그 지식은 사실상 본능적이며 자동적으로 작동하는, 여러분의 지식 체계의 일부가 될 것이다. 목표는 세 번째 단계의 지식, 즉 연습과 개인적인 경험을 통해서만 터득할 수 있는 앎의 단계에 도달하는 것이다.

속임수는 없다. 아무리 많은 책을 읽고 많은 수업을 들어도 경험은 저절로 생기지 않는다. 금방 큰 결과를 얻지 못한다고 실망하지 말자. 아무리 많은 지식을 흡수하고 똑똑한 사람이라고 해도 월스트리트라는 학교에서 일정 시간을 보내야 한다.

나는 처음 트레이딩을 시작하고 수익을 내기까지 6년이라는 긴 시간이 걸렸다. 어려웠던 그 기간 내내 나는 나의 전략을 고수했다. 마법 같은 비결이 있고 그걸 찾으면 해결될 것인 양 접근법을 바꾸지 않았다. 앞서 말했듯이 내가 합리적이라고 생각하는 전략을 고수하고, 그 전략을 실행하기 위해 필요한 능력을 갖추고자 노력했다. 그 길을 견디며 원칙을 확고히 지키고 규칙을 따랐다. 끈기는 지식보다 중요하다. 경험을 통해 계속해서 배우는 한, 승리는 끈기 있는 자에게 주어진다.

경험을 통해 올바른 지식을 습득하는 일이 어렵거나 스트레스를 주지는 않는다. 우선 과정을 받아들이고, 그 과정을 배우며 견고한 규칙과 전략을 갖되, 과정은 자연스럽게 흘러가도록 내버려 두면 된다. 정상적으로 진행되고 있다고 믿으면 모든 것이 잘 풀릴 것이다.

자, 이제 시작이다!

이제 들어가는 말의 마지막까지 왔다. 사실 이제 겨우 물에 발가락을 하나 담근 정도다. 여러분은 물에 뛰어들 준비가 되었는가?

얘기의 처음으로 돌아갈 때가 되었다. 여러분은 성공할 것인지 실패할 것인지를 결정해야 한다. 우선 나는 마땅히 성공할 것이라고 선언해야 한다.

성공할 자격이 없다고 믿고 자신을 깎아 내리는 사람들이 있다. 젊어서 한 행동 때문에 그렇게 생각하고 후회하는 것일 수도 있고, 어쩌면 그렇게 생각하도록 교육받아 왔는지도 모른다. 이유가 무엇이든 스스로 성공할 자격이 없다고 생각하는 사람들은 오류가 있는 신념 체계를 붙잡고 있는 것이다. 이런 말들이 익숙하다면 스스로를 용서하고 과거는 뒤로하고 앞으로 나아가야 한다. **여러분은 마땅히 인생에서 성공과 열정, 즉 헌신할 만한 가치 있는 큰 목표를 가질 자격이 있다. 흥미를 자극하고, 지적으로 도전하는 무언가를 마땅히 창조하고 수행해야 하는 사람이다.** 트레이딩은 그 도전 과제 중 하나다. 트레이딩에는 금전적인 보상을 넘어서는 무언가가 있다. 트레이딩은 나 자신과 두려움을 극복하는 평생에 걸친 수련 과정이다. 그런데 가정환경, 배경, 교육 혹은 '혈통'을 은근히 드러내며 나의 성공이 너무나 당연하다고 믿는 사람들이 있다. 시장은 이들에게 반대의 가르침—아마도 혹독한—을 줄 것이다. 성공에 이르는 방법은 노력과 겸손뿐이다. 주식시장에서 겸손하지 않은 사람은 결국 겸손해질 운명에 처하고 만다.

한편 변화는 순간적으로 일어난다. 흡연자가 마지막 담배 한 개비를 끄고는 금연자가 되고, 알코올중독자가 마지막 잔을 내려놓고는 다시는 한 방울의 술도 입에 대지 않듯이, 나를 제한하는 믿음과 행동도 순간적으로 바뀐다. 여러분은 오늘부터 책임감을 갖고 주도적으로 행동함으로써 꿈과 운명의 스위치를 켤 수 있다.

하지만 결정할 결심부터 해야 한다. 초고수익의 트레이더가 될 수 있는지 여부는 여러분의 선택에 달려 있다. 바로 지금이 결심할 때다. 더 좋은 때는 오지 않는다. 아마 그러려고 이 책을 펼쳐 들었을 것이다. 그러려고 지금까지 삶에서 일어난 것들과 앞으로 성취하고 싶은 모든 것이 지금 이 순간에 교차한 것인지도 모른다. 나의 삶을 사랑하지 않는다면 다른 누군가가 내 삶에 미치는 힘이 내가 내 삶에 미치는 힘보다 컸기 때문이다. 지금 결심하자! 그리고 책장을 넘기자!

MARK
MINERVINI

Chapter

1

항상 계획을
갖고 들어간다

THINK
& TRADE
LIKE A
CHAMPION

운동을 하건, 집을 짓건, 길을 파건, 선거에 나가건, 수술을 집도하건 실질적으로 모든 일을 착수하기 전에 계획은 필수다. 빌딩 공사의 기초를 닦을 때도 청사진 없이는 땅 파는 일을 시작할 수 없다. 여러분이 좋아하는 스포츠팀의 감독들은 모든 경기에 앞서 계획을 짜고 선수들에게 이를 설명한다. 외과의에게는 첫 메스를 대기 전에 검사 결과, MRI 사진, 집도안이 있다. 주식시장에서 성공을 원한다면 무언가를 시작하기 전에 반드시 계획을 짜야 한다.

　계획의 *어떻게* 부분에는 구체적인 행동을 지시하는 일련의 지침이 담겨 있어야 한다. 하지만 대부분의 투자자에게는 계획이란 게 없다. 더 심한 경우 그들은 오류 섞인 개념과 비현실적인 생각으로 만들어진 쓸모없는 계획을 갖고 있다. 증권사 영업 직원한테 정보를 받거나 TV에서 주워듣거나 또는 어떤 종목이 곧 뜨리라는 걸 아는 누군가를 아는 누군가가 떠드는 말을 들었을 수도 있다. 그렇게 수많은 돈의 향방이 무계획에 따라 결정된다. 이 얼마나 영리한 투자인가?

　트레이딩은 실제 돈이 달려 있는 진짜 비즈니스다. 구체적인 행동 계획 없이 트레이딩을 할 이유가 있을까? 당연히 없다. 그런데 대부

분은 그러고 있다. 자격증이나 교육 이수 없이 증권 계좌만 열고 시작하면 되는, 쉬운 진입 요건이 트레이딩이 쉽다는 잘못된 인상을 주는 모양이다. 어쩌면 깊게 생각하지 않고 성공할 확률이 실제보다 더 크다고 생각하는 것인지도 모른다. 이유가 무엇이든 간에 나는 800달러짜리 TV를 살 때만큼도 알아보지 않고 10만 달러를 주식에 투자하는 사람들을 종종 봤다. 그들은 종목을 알아보거나 계획을 세우는 데는 전혀 시간을 쓰지 않거나, 쓴다 해도 불충분한 시간을 쓰거나, 친구의 친구에게 받은 정보에 의존한다. 탐욕이 지배하는 순간 그들의 눈에 보이는 건 상승뿐이다. 하락 가능성이나 예상 불가능한 사건이 발생할 거라는 생각은 들지 않는 듯하다.

절차를 만든다

처음 트레이딩을 시작했을 때 내게도 계획 같은 건 없었다. 내 유일한 '전략'은, 만약 그렇게 부를 수 있다면, 이 오랜 격언을 따르는 것이었다. '낮은 가격에 사고 높은 가격에 판다buy low and sell high.' 나는 이 말을 '반드시 다시 오른다는 기대로 떨어진 주식을 사는 것'이라고 생각했다. "AT&T나 GE는 잘못될 수가 없어"라는 말도 들었다. 그래서 대기업 종목이 하락할 때마다 사곤 했다. 그때는 이런 종목들의 위험도가 낮고, 결국에는 다시 오를 거라고 믿었기 때문에 이렇게 매수하는 것이 훌륭해 보였다. 그러나 아니었다!

너무 늦지 않게 나는 안전한 주식이란 없다는 걸 배웠다. 안전한 주식이 있다는 건 안전한 경주용 자동차가 있다는 것과 다를 바 없었다.

경주용 자동차처럼 모든 주식은 위험하다. 누구나 아는 회사나 경험이 풍부한 경영진들이 운영하는 탄탄한 기업이 반드시 매수하기에 좋은 주식은 아니다. 심각한 약세장에는 '질 높은' 회사들도 투매의 대상이 되고, 심지어 부도가 나기도 한다. GE 주가는 2000년에 정점을 찍은 후 주당 60달러에서 6달러로 떨어졌다. 가치의 90%가 떨어진 것이다! 2016년에 하락폭의 반을 회복했지만, 결과적으로 블루칩 대기업을 산 투자자들은 16년 후 50% 손실을 떠안아야 했다. 이것이 세상에서 질적으로 가장 좋은 곳 중 하나라고 여겨졌던 회사에 투자해서 일어난 일이다.

'안전' 투자 등급의 대형 기업 중 사상 기업이 된 목록을 보자면 끝이 없다. 내가 트레이딩 초창기에 산 꽤 많은 저조한 실적의 주식들이 내 자본과 자신감을 상당 부분 훼손시켰고, 몇몇은 내가 링에 수건을 던지기도 전에 가루가 되기도 했다. 어디서 많이 듣던 얘기인가?

주식을 매수할 때 계획을 짜야 한다는 것을 깨닫는 데는 오래 걸리지 않았다. 더 중요하게는 모든 주식이 안고 있는 내재적인 리스크를 대할 계획이 필요했다. 계획에는 트레이딩의 기본 원칙이 포함된다. '무엇을, 왜, 언제 그리고 어떻게'가 들어가야 한다. 계획이 있다고 모든 거래에서 성공하는 것은 아니지만 적어도 위험을 관리하고, 손실을 줄이고, 이익이 있을 때 이를 확정하고, 예상치 못한 사건이 일어났을 때 결단력 있게 행동하는 데는 도움을 준다. 그리고 시간이 지나면서 트레이딩의 성공률을 극적으로 개선시키기도 한다. **미리 기준과 변수들을 정의하고, 계획이 잘 작동하고 있는지 여부를 알 수 있는 근거를 마련하는 것이다.** 그게 무엇이든 간에 절차라는 건 있어야 한다. 그래야 트레이딩을 수행하고 조정하고 완성시킬 바탕이 생긴다.

트레이딩 계획의 핵심 요소

- 무엇이 매수 결정을 유발하는가? 정교하게 매수 요건을 판단하는 진입 '메커니즘'
- 위험에 어떻게 대처할 것인가, 거래가 예상과 반대 방향으로 갈 때 혹은 매수를 결정한 요인이 갑자기 바뀌었을 때 무엇을 할 것인가?
- 수익을 어떻게 확정할 것인가?
- 포지션 규모를 어떻게 정할 것인가, 그리고 언제 자금을 재분배할 것인가?

희망은 계획이 아니다

트레이딩 계획은 앞으로의 일을 예상하는 기준이 된다. 계획에 따라 거래하면 거래가 잘 되고 있는지, 일이 잘못 돌아가고 있지는 않은지를 알 수 있다. 바람과 희망은 계획의 동의어가 아니다. 나의 '시장의 마법사들' 동료인 에드 세이코타 **Ed Seykota**는 이를 이렇게 말한다.

"'직관'과 '바람'의 세밀한 차이를 예민하게 볼 수 있어야 해."

바람은 전략이 아니다. **계획이 없으면 합리화밖에 할 게 없다. 팔아야 할 때 인내심을 갖자고 되뇌거나 당연한 주가 후퇴에 크게 당황하고 공포에 사로잡혀 거대한 주가 움직임을 놓칠 수도 있다.**

일어날 일을 예상해 보면 거래가 잘 되고 있는지, '정시에' 일어나야 할 일이 일어나고 있는지를 판단할 수 있다. 내가 좋아하는 비유인데, 열차 시간표를 보면서 다음 기차가 역에 언제 도착할지를 궁금해 하는 거나 마찬가지다. 매일 아침 6시 5분에 기차를 타는데 어느 날 6시 15분이 되었음에도 기차가 도착하지 않았다면 연착이라 생각하고 크게 개의치 않을 것이다. 하지만 7시 30분에도 기차가 오지 않는다면 이때는 정말 문제가 생긴 것이니 다른 교통수단을 찾아야 한다.

같은 방식으로 생각하면, 주식 트레이딩에서 예상은 '시간표'다. 계획이 있으면 무엇을 해야 할지 알 수 있다. 신중하게 설계한 계획이 있으면 기차가 예상대로 올 것인지 또는 우려할 정도로 일정에 혼란이 있는지를 판단할 수 있다. 반대로 계획이 없으면 더 좋은 기회들이 출몰하는 동안 몇 달이고 잠자는 돈을 붙들고 앉아 있을 수도 있다.

비상 계획

주식시장에서 성공 확률을 높이는 가장 좋은 방법은 다양한 가상의 사건을 상정해서 여러 전개 방식에 대비하는 대응책을 마련하고, 이를 모아 비상계획서를 만들며, 새로운 상황을 겪을 때마다 대응책을 추가하고 이를 계속해서 채워 나가는 것이다. 9/11 세계무역센터 테러 사태의 여파로 많은 금융 기관이 핵심 IT 시스템을 분산시켰다. 메릴린치는 한 지역에 모여 있을 때 발생할 수 있는 전력 손실로 인한 위험을 완화하기 위해, 주 데이터센터를 별도의 전력망을 운영하는 스테이튼 아일랜드로 옮겼다. 이로 인해 뉴욕 센터는 백업 기능을 하는 곳이 되었다.

주식 투자자로서 여러분은 갑작스러운 상황에도 놀라지 않고 거래할 수 있는 준비성을 갖춰야 한다. 그러기 위해서는 일어날 수 있는 모든 상황에 대처 가능한 방법을 개발해야 한다. 위험을 효과적으로 관리하고 자본을 늘리는 데 있어서 핵심은 사건과 상황을 예측하는 것이다.

적절한 준비는 전문가의 표식이다. **거래하기 전에 나는 상상할 수 있는, 모든 일어날 만한 상황에 대처할 방책을 마련해 놓는다.** 실제로 일련의 새로운 상황이 발생했을 때는 이를 비상 계획에 더한다. 예기치 못한 새로운 문제가 나타날 때마다 비상계획서가 두꺼워지는 것이다. 비상계획서가 있으면 포지션이 이상하게 돌아가거나 예상하지 못한 이벤트가 강타할 때 빠르고 결단력 있게 행동할 수 있다.

실망스러운 이유로 비상 계획이 시행될 때가 있는데, 손절매로 거래를 마감할 때나 수익을 보호해야 할 때가 그 예다. 이런 상황에 놓이면 재난 계획이 있어야 한다. 나의 재난 계획은 트레이딩 중 절대 일어나지 않았으면 하는 것들, 예를 들면 전기가 나간다거나 인터넷 연결이 끊어지는 등의 경우를 아우른다. 한 번은 내가 이용하는 증권 회사 시스템 전체가 다운된 적이 있다. 그래서 나는 같은 시나리오가 반복되었을 때 내가 보유하고 있는 포지션의 반대 포지션을 취할 수 있도록 다른 계좌도 하나 유지하고 있다. 재난 계획을 갖고 있으면 생각하지 못한 일이 발생했을 때 곧바로 어떻게 대응해야 하는지를 알기에 마음에 평화가 찾아온다.

다음과 같은 경우를 대비해 비상 계획을 갖추어 놓자.

- 포지션이 반대 방향으로 갈 때 어디서 나갈 것인가?
- 손절로 거래에서 나오게 된 경우 해당 종목의 재매수를 고려할 때 무엇을 볼 것인가?
- 주가가 강세일 때 적당한 이익을 실현하기 위한 구체적인 기준은 무엇인가?
- 주가가 약세일 때 이익을 보호하기 위해 언제 팔 것인가?
- 극도로 악화된 상황과 신속하고 결단력 있는 행동이 필요한 급작스러운 변동

에 어떻게 대처할 것인가?

비상 계획에는 다음 요소가 포함되어야 한다:

a. 첫 손절 가격

주식을 사기 전 나는 주가가 내 예상과 반대 방향으로 갈 때 거래를 빠져나오기 위한 최대 손절 가격을 정한다. 주가가 손절가에 이르면 나는 묻지도 따지지도 않고 매도한다. 포지션에서 나오고 나면 더 맑은 정신으로 상황을 판단할 수 있다. 첫 손절 가격은 특히 거래의 초기 단계에서 중요하다. 주가가 오르면 매도 가격을 높이고 트레일링 스톱 trailing stop(추적 손절매가 가능한 주문 방식. 일반 스톱 주문은 미리 설정한 특정 가격에 주문이 활성화되지만, 트레일링 스톱 주문은 주가를 따라다니면서 설정된 비율 혹은 금액 차에 따라 시장가 주문으로 활성화된다—역주) 또는 백 스톱 backstop(수익 안전장치를 의미한다. 저자가 사용하는 용어로 수익의 일부를 보호할 수 있는 가격에 스톱을 설정해서 수익을 확보하는 한편, 주가가 변동하면서 추가로 생길 수 있는 수익을 노리는 주문 방식—역주)으로 수익을 보호한다.

b. 재진입 조건

특정 거래 요건을 충족시키면서 매수자들을 끌어들였던 종목이 빠르거나 급격한 조정 pull back으로 인해 손절매를 일으켜서 거래가 종료되기도 한다. 이는 시장이 전반적인 약세나 높은 변동성을 겪을 때 주로 나타난다. 강한 펀더멘털 fundamentals(이익 창출 능력에 따라 결정되는 기업의 기본적인 내재적 가치와 관련된 재무, 산업, 경제적인 요소 혹은 이를 이용한 분석을 총체적으로 가리키는 말. 이와 대비해서 시장이 결정한 기업의 가치인 주가와 거래량을 바탕으로 하는 분석을 기술적 분석이라고 하고, 기술적 분석 혹은 기술적 분석의 요소를 총체적으로 테크니컬**technicals**이라고 한다—역주) 요건을 갖춘 종목들은 종종 조정 이후 베이스**base**(대개 U 자 또는 V 자 모양으로 기술적 분석의 기본 단위이다. 예를 들면 손잡이가 달린 컵에서 컵을 베이스로 보면 된다—감수자 주)를 형성하고, 거래 요건을 충족시켰던 초기 상태로 돌아간다. 두 번째로 매수 요건이 충족될 때는 종목이 반대 세력과 우열을 다투다 돌아왔고, 그 과정에서 단기 차익을 노리는 보유자들을 털어 낸 덕분에 처음보다 더 강력한 매수 환경인 경우가 매우 자주 있다.

손절되었다고 이 종목이 실패했다고 생각하면 안 된다. 항상 자신을 보호하고 손실을 줄이는 것을 잊지 말아야 하지만, 그렇다고 손절당한 해당 종목을 관심 종목 목록에서 지우는 일은 없어야 한다. 잠정적으로 큰 수익을 낼 수 있는 종목의 특징을 갖춘 주식이라면 오히려 재진입 시점을 찾아야 한다. 첫 진입 때는 타이밍이 어긋났으나 두 번째 또는 세 번째에 크게 수익이 터지는 경우도 있다. 이는 전문 트레이더들의 거래에서 보이는 특징 중 하나다. 일반인들은 한두 번 손절을 당하면 두려움을 느끼는데, 전문 트레이더들은 객관적이고 냉철하다. 그들은 거래별로 위험 대비 보상을 따져 가며 검토·평가하고, 거래 요건이 충족될 때마다 새로운 트레이딩의 기회로 취급한다.

c. 이익 실현 매도

매수한 종목이 괜찮은 수익을 내고 있다면 손절 스톱 주문 여러 개를 이용해 해당 포지션이 손실로 전환되지 않도록 한다. 예를 들어 손절가를 7%로 설정했다고 하자. 종목이 20% 수익을 보이고 있다면 이 포지션이 손실로 돌아서는 일은 없어야 한다. 따라서 손실을 방지하기 위해 손절 스톱 가격을 매입가 또는 수익의 대부분을 지킬 수 있도록 설정한다. 매입가에서 멈추거나 작은 이익만 취하는 것이 어리석게 느껴질 수도 있지만, 꽤 괜찮았던 수익이 손실로 바뀌도록 방치했을 때 기분은 더 안 좋다.

주식을 매수했다면 기본적으로 두 가지 방식에 따라 이익을 확정한다. 하나는 거래가 이상적으로 전개되었을 경우로 주가가 강세에 있을 때 매도하는 것이고, 다른 하나는 주가가 역방향으로 전환되어 지켜야 할 수익의 마지노선까지 내려가는 경우로 주가가 약세일 때 매도하는 것이다. (어디서, 언제, 어떻게 파는지에 관해서는 9장에서 자세히 논하겠다.)

강세에 매도하는 것은 전문 트레이더같이 매도에 어느 정도 정통했을 때 사용하는 방법이다. 주가가 너무 빨리 오를 때 그리고 상승세가 과도하게 확장되었을 때를 알아차리는 것이 중요하다. 보통 이런 때는 매수자가 많기 때문에, 가격 상승이 꺾이기 시작할 때 보이는 약세 신호에 쉽게 포지션을 줄일 수 있다. 강세 매도와 약세 매도, 둘 다 계획이 필요하다.

d. 재난 계획

여러분의 비상 계획에서 가장 중요한 부분이 될 수도 있다. 인터넷 연결망이 끊기거나 정전이 일어났을 때 할 일 등의 문제를 다루기 때문이다. 여러분은 비상 시스템을 갖고 있는가? 아침에 일어났더니 금융감독원의 조사가 시작되자 대표이사가 자금을 횡령하고 해외로 도피했다는 소식을 접했다. 어제 산 이 회사의 주식이 엄청난 갭 하락을 앞두고 있다. 이럴 때는 어떻게 반응할 것인가?

중요도에 따른 우선순위
- 손실을 제한한다. 얼마까지 위험을 감수할 것인지를 정하고 손절 가격을 설정한다.
- 주가가 상승한 뒤—피봇 포인트를 돌파한 뒤라는 의미—첫 조정 발생 이후 신고가를 갱신하면 손절가를 매입가까지 끌어올린다.
- 수익을 방어한다. 높은 수익이 빠져나가지 못하도록 한다. 트레일링 스톱이나 백 스톱을 이용한다.

새 포지션을 들어가기 전에 내가 가장 먼저 하는 일은 주가가 내 포지션의 반대 방향으로 갈 때 손실을 어디서 멈추게 할지를 정하는 것이다(〈그림 1-1〉 (a)). 만약 주가가 상승하면 매입가를 방어하는 것으로 우선순위를 바꾼다(b). 운 좋게 계속 수익을 내고 있다면 우선순위를 수익을 방어하는 것으로 전환한다(c).

비상 계획은 포탄이 쏟아질 때—비상 계획이 가장 필요한 때—올바른 결정을 하게 한다. 또한 즉각적으로 편견 없이 행동해야 할 때 대응할 수 있는 트레이딩 전략뿐만 아니라 탄탄한 심리적 전략도 제공한다. 이때 만약 무방비 상태라면 상충하는 생각들로 인해 혼란에 빠질 수 있다.

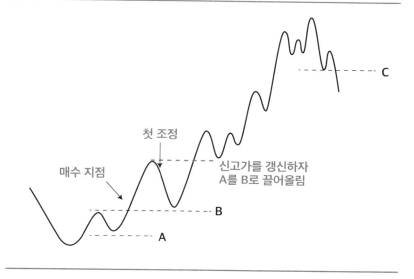

비상 계획을 짜는 일은 항상 진행형이다. 새로운 문제를 마주할 때마다 이에 대응하는 절차를 고안하게 되고, 이는 다시 비상 계획의 일부가 된다. 모든 문제에 대한 정답을 가질 수는 없지만, 보상이 위험을 초과하는 수준으로 대부분의 상황을 처리할 수는 있다. 이것이 핵심이다.

실제 상황에서의 계획

계획을 세우는 것은 몇몇 전략에만 국한되지 않는다. 가치 투자자건, 모멘텀 트레이더건, 데이 트레이더건 상관없이 공격 계획과 수비 계획이 필요하다. 절대 계획 없이 시장에 들어가지 않는다!

내가 트레이딩을 계획할 때 가정하고 기대하는 몇 가지는 다음과 같다. 주식을 살 때 나는 매수 이후 주가가 꽤 빨리 상승할 거라고 예상한다. 그럴 수 있는 이유는 나중에 논하겠지만 변동성과 거래량이 줄어들어 결과적으로 최소 저항선(매물이 더 이상 시장에 나오지 않을 때까지 충분히 소진된 가격 구간—역주)을 만들어 내는 변동성 수축 패턴, 즉 VCP**volatility contraction pattern**(주가와 거래량의 변동성이 감소하면서 최소 저항선을 만드는 과정—감수자주)를 사용하기 때문이다. 내가 쓰는 전략에 따르면 종목이 VCP를 뚫고 상승 방향으로 브레이크 아웃**break-out**(박스권에 있던 주가가 저항선 또는 지지선을 뚫고 상승하는 움직임—역주)을 만들면 긍정적인 신호다.

추세가 며칠간 지속되는가

브레이크 아웃이 발생한 후 거래가 계획대로 흘러가는지를 알아볼 수 있는 신호가 몇 가지 더 있다. 브레이크 아웃으로 트레이딩할 때는 지속적인 상승세인지 아니면 단기 상승 후 꺼질 거품인지를 판단하는 것이 핵심이다. VCP를 뚫고 상승 방향으로 브레이크 아웃이 발생하면 나는 추세가 향후 며칠간 지속되는지를 우선 살핀다. 지속 기간은 길수록 좋다. **최상의 거래들은 거래량이 증가한 채로 여러 날 가격이 상승할 때 나타난다. 이것이 기관 매수와 개인 매수를 구별하는 방법이다.** 대형 기관들이 포지션을 매집한다면 며칠에 걸쳐 꾸준히 매수할 가능성이 높다. 반면 더 작은 규모의 개인 매수는 브레이크 아웃을 만들 수는 있지만 상승세를 오래 지속시키기에는 충분하지 않다. 매수 직후부터 이익이 보이고, 많은 거래량과 함께 상승세가 여러 날 계속된다면 큰 수익을 안겨 줄 거래의 징후라고 볼 수 있다(〈그림 1-2〉).

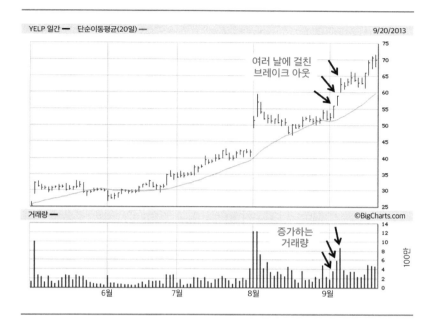

<그림 1-2> 옐프Yelp, YELP 2013년. 5주간 형성된 베이스를 벗어나
거래량 증가와 더불어 주가 상승세 지속. 기관이 매집하고 있다는 신호

나는 계란이 아닌 테니스공을 갖고 싶다

정상적인 가격 움직임과 비정상적인 가격 움직임을 구분하는 것은
중요하다. 이 둘을 구분할 줄 알아야 보유해야 할 때와 팔아야 할 때를
결정할 수 있다.

나는 1980년대에 윌리엄 버저William M. B. Berger(버저 펀드의 창업자)가 주
식 투자에 관해 얘기하는 것을 들을 기회가 있었다. "나는 계란이 아닌
테니스공을 갖고 싶다." 윌리엄은 일곱 마디의 말을 했는데, 알고 보니
100만 달러의 가치가 있는 말이었다.

주가가 피봇 포인트pivot point(손잡이가 달린 컵에서의 손잡이처럼 손익비가 가장 높은 이상적인 진입, 매수 지점이다—감수자주)를 적절히 지나 내가 매수한 가격에 이르면, 나는 종목이 어떻게 행동하는지를 면밀히 본다. **이 주식이 테니스공과 계란 중 어느 것인지를 파악해야 계속 보유할지 여부를 결정할 수 있다.** 주가는 상승한 후 어느 순간이 되면 단기 조정을 경험한다. 종목이 건강하다면 조정은 짧고 매수 세력이 종목을 다시 지지하면서 며칠 이내에 종목을 신고가로 밀어 올린다—주가가 테니스공처럼 다시 튀어 오른다—.

테니스공 움직임은 일반적으로 2~5일, 길게는 1~2주의 조정 기간 후에 나타나고, 최근의 고가들을 갱신한다. 적절한 베이스를 형성한 다음이라면 이는 매우 중요한 정보다.

거래량은 조정 기간 동안 줄어들어야 하고, 주가가 신고가를 향해 갈 때 다시 늘어야 한다. 이것이 주가가 *자연스러운 조정*을 겪는지 혹은 우려할 만한 비정상적인 움직임을 보이는지를 판단하는 방법이다. **기관의 수요가 강하게 매집될 때는 거의 항상, 며칠 내지 2주 사이에 발생하는 첫 조정 가격선에 지지선이 형성된다.**

종종 매수점을 뚫었다가 처음 나타났던 매수 지점, 선 혹은 이보다 약간 낮은 가격으로 후퇴하기도 한다. 40~50%는 이렇다. 만약 주가가 며칠 혹은 1~2주 이내로 빠르게 회복한다면 정상적인 경우라 할 수 있다. 이는 대수롭지 않거나 자연스러운 조정이며, 가격이 상승하는 과정에서 일어나게 되어 있다. 종목이 베이스를 나서자마자 시장의 전반적인 약세로 인해 하락할 수도 있는데, 이런 때가 주가가 테니스공처럼 튀어 오르는지(그림 〈1-3〉~〈1-5〉), 아니면 계란처럼 무참히 깨져 버리는지를 확인할 수 있는 시기다. 최고의 주식은 이럴 때 보통 가장 빨리 반등한다. 매수한 주식이 상승 기대치를 매우 빠르게 충족한다면—테니스 공 같은 움직임을 보여 주었다면—나는 더 오래 보유할 것이다. 이런 것은 임의로 결정하는 것이 아니다. 다 계획된 것이다.

〈그림 1-3〉 그린 플레인스Green Plains, GPRE 2013. 8개월 동안 150% 상승. 종목이 베이스 위로 떠오르고, 9일간 후퇴하고 자연스러운 조정 이후에 반등해서 신고가 형성

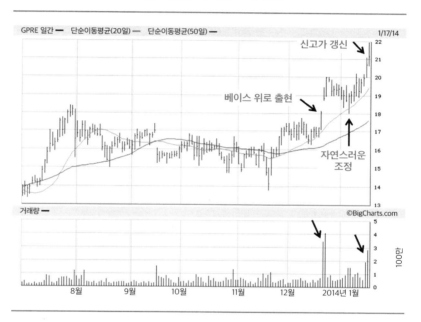

〈그림 1-4〉 넷플릭스Netflix, NFLX 2009. 21개월 동안 525% 상승.
종목이 6개월 동안의 베이스 구간을 뚫고 나타났으며,
반등해서 신고가를 갱신하기 전 각각 5일과 7일 동안 짧은 조정

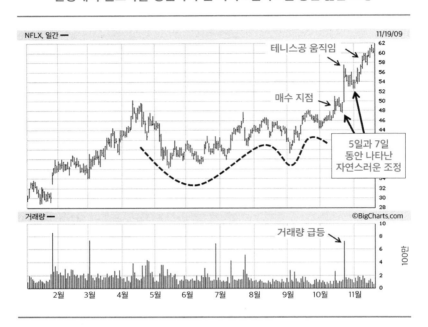

NFLX, 일간 ━   11/19/09

테니스공 움직임

매수 지점

5일과 7일
동안 나타난
자연스러운 조정

©BigCharts.com

거래량 ━

거래량 급등

2월   3월   4월   5월   6월   7월   8월   9월   10월   11월

〈그림 1-5〉룰루레몬Lululemon Athletica, LULU 2010. 18개월 동안 245% 상승.
뚜렷한 이중 바닥을 깨고 나온 후 두 번의 짧은 조정을 거쳤다가
주가가 확신을 주며 신고가로 진입

상승세 확인을 위한 일수 세기

거래가 계획대로 잘 진행되는지를 확인해 주는 또 하나의 징후는 '상승 초기 1, 2주 동안 상승 마감일이 하락 마감일보다 더 많이 나타나는가' 여부다. 나는 단순히 일수를 세는데, 당연하겠지만 상승일이 많을수록 좋다. 4일 중 3일 또는 8일 중 6일은 상승 마감하는 것이 좋으며, 7일이나 8일 연속 상승 마감하는 것이 가장 이상적이다. 이런 움직임은 기관 투자자들이 매집 중일 때 거의 예외 없이 나타나며, 하루 이틀만으로는 채울 수 없는 포지션을 구축하고 있다는 증거다. 결과적으로 첫 브레

이크 아웃 가격보다 더 낮은 금액으로 이 종목의 매수 거래를 체결할 기회는 앞으로 없을 것이기 때문에, 이 종목은 '사기 힘든' 주식이 된다.

초기 상승 구간에 찾아봐야 할 또 다른 미세 신호는 나쁜 종가(전일 종가보다 낮은 종가 마감—감수자주)보다 좋은 종가가 더 많을 때로(〈그림 1-6〉, 〈그림 1-7〉), 종가가 바나 캔들의 중간 이상, 상단에서 마감되는 날이 하단에서 마감되는 날보다 많아야 한다. 단 하나 예외적으로 그렇지 않음에도 좋을 때가 있는데, 거래량이 줄어들면서 고가와 저가 사이의 폭이 좁은, 굉장히 제한적으로 가격이 움직이는 경우다(이것을 tight close라고 한다. 고가와 저가의 폭이 1% 미만인 경우 매우 건설적이다—감수자주). 이 경우는 건설적인 움직임이다.

〈그림 1-6〉 질로우Zillow, Z 2013. 12개월 동안 182% 상승. 주가가 베이스 구간을 뚫고 조정이 올 때까지 8일 중 7일 동안 상승. 짧은 조정 후 지지. 상승을 완성하는 훌륭한 가격 움직임이 따라오면서 테니스공 움직임이 나타남

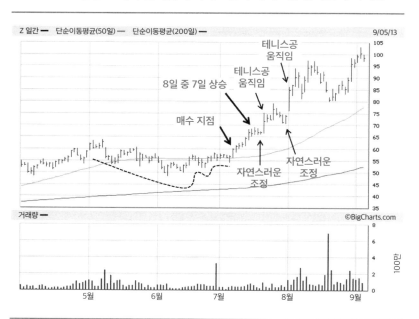

<그림 1-7> 비트오토 홀딩스Bitauto Holdings Ltd Ads, BITA 2013. 11개월 동안
478% 상승. 주가가 베이스 구간을 뚫고 조정이 올 때까지 5일 중
4일 동안 상승. 신고가를 형성하며 반등하기 전 2일 동안 잠시
내려앉았다가 이후 10일 중 8일 동안 상승 거래

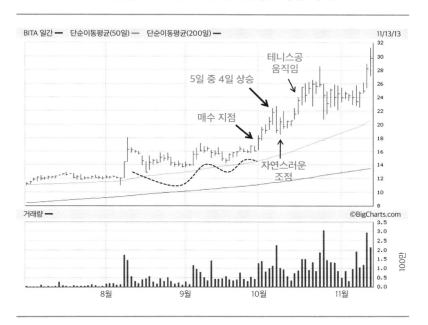

크게 오르는 주식들은 다음과 같은 특성을 보인다.

- 브레이크 아웃 이후 상승세가 뒤따르는 신호들로 확인되는 가격 움직임

- 하락 마감일보다 많은 상승 마감일, 하락 마감주보다 많은 상승 마감주

- 테니스공 움직임: 조정 이후 회복 탄력성이 강한 가격 반동

- 주가가 상승할 때 거래량도 상승하고, 주가가 하락할 때 거래량도 감소한다.

- 나쁜 마감일보다 많은 좋은 마감일

확장된 주식을 팔지 말아야 할 때

1990년대 중반 내 친구 데이비드 라이언David Ryan이 윌리엄 오닐 William O'Neil과 신미국 성장주 펀드New USA Growth Fund를 운용할 때의 일이 다. 그는 많은 주식이 베이스 구간을 뚫고 나온 후 빠르게 '가격 확장 상 태'로 들어가는 것을 발견했다. 데이비드의 정의에 따르면 '확장'이란 최 근 베이스 구간의 가격대보다 10% 이상 상승한 것을 말한다. 그는 확장 상태의 주식을 살 생각은 전혀 없었지만, 이 중 일부는 상승세를 이어 가며 더 확장하는 것을 보게 되었다. 이런 종목들은 많은 경우 어마어마 한 수익을 냈다.

누가 이런 종목들을 매수하는 것일까?

데이비드는 하루 이틀 만에 포지션을 채우지 못하는 대형 뮤추얼펀 드나 헤지펀드의 행위라고 결론 내렸다. 이들은 원하는 규모를 채우는 데 몇 주를 소모하기도 한다. 데이비드는 호가를 높이는 이들의 행위에 큰 호기심이 생겼고, 그렇게 '큰손'을 알아볼 수 있는 징후를 연구하기 시작했다. 그는 이 종목을 '더 작은 움직임으로 빠르게 상승한 후에 다 시 하락하는 종목'과 비교했다. 셀 수 없을 정도로 많은 시간 동안 관찰 하고 연구한 그는 (훌륭한 프로그래머인 라즈니쉬 굽타Rajneesh Gupta의 도움도 받은 결과) 몇 가지 특징을 찾을 수 있었다.

데이비드는 그가 찾은 조건을 '개미'라고 칭했다. '개미'는 적절한 여 건을 만났을 경우 가격 막대 위에 개미처럼 깨알같이 작게 써 놓은 것들 을 묘사하기 위해 그가 만든 용어다. 데이비드는 이를 기억하기 쉽게 모 멘텀momentum, 거래량volume, 가격price의 첫 글자를 딴 'MVP 징후'로 부르 라고 했다.

〈그림 1-8〉 구글Google, GOOGL 2004. 40개월 동안 625% 상승.
매수하고 며칠 동안 연속 상승. 조정이 짧았고 52달러부터 100달러가
될 때까지 지지가 지속적으로 있었음

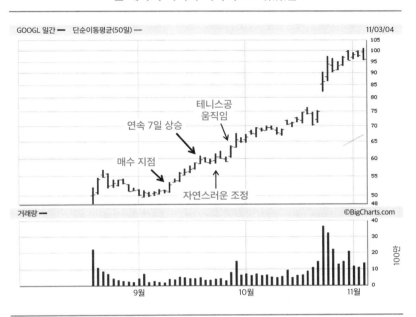

휠씬 더 많이 오른 종목들은 그렇지 않은 종목과 다음과 같은 차별점을 지닌다(〈그림 1-8〉).

- 모멘텀: 주가가 15일 중 12일 오른다.
- 거래량: 거래량이 15일 동안 25% 이상 오른다.
- 가격: 가격이 15일 동안 20% 이상 오른다(15일간 가격이 더 많이 오를수록, 거래량이 더 많아질수록 좋다).

데이비드는 종목이 확장 상태에 있을 때 앞서 언급한 특징이 매수 요건이 되지는 않는다고 주의를 당부했다. 자연스러운 조정 성격의 조정

을 기다리거나 새로운 베이스를 형성할 때까지 기다리라는 것이다. 한편 종목이 MVP 특징을 갖고 있어도 확장 상태로 진입하지 않을 수도 있다. 15일의 시작점이 베이스 하단 근처일 때 그럴 수 있다. 이런 경우에는 당장 해당 주식을 사야 한다. 그러나 종목이 베이스의 오른쪽에서 확장되었다면 위의 특징들은 반대로 매도 징후로 봐야 하니, 이 점은 유의하자. 이에 대해서는 9장에서 논할 것이다.

모든 사람은 마이클 조던이나 페이튼 매닝 같은 MVP 선수가 팀에 있기를 바란다. 데이비드의 MVP 지표는 여러분이 가능성 있는 종목을 알아보는 데 도움을 줄 수 있을 것이다. 어쩌면 이 지표 덕분에 '개미' 표시로 가득 찬, 기관들의 관심이 쏠린 포지션을 보유하게 될지도 모른다.

계획된 대로 풀리지 않을 때

계획이 있음에도 현실에서 거래는 예상대로 돌아가지 않을 때가 많다. 따라서 이런 상황에 대처하고 손실을 최소화할 계획도 갖고 있어야 한다. **거래에 문제가 생겼을 경우 포지션을 줄이거나 나오고자 한다면 스톱 가격에 도달하기 전에 힌트가 될 만한 징후를 알아야만 한다.** 펀더멘털상 요건들이 악화되었거나 회사는 좋지만 타이밍이 엇나갔을 수도 있다. 후자의 경우 기술적 분석상 더 좋은 진입 조건이 나중에 나타날 수도 있다. 다만 내가 보유한 종목이 그렇다고 한다면 주가 움직임이 나의 예상에 못 미치는 것이고, 제대로 움직여 주지 않는다는 사실을 알아차릴 수 있어야 한다. 다음은 계획에 따라 잘 굴러가지 않는, '규칙 위반'이 일어나는 징후들이다.

a. 돌파 성공 후에는 20일 이동평균선을 주의 깊게 볼 것

베이스를 떠나 주가가 위로 움직일 경우 20일 이동평균선 위에 머물러야 한다. 나는 브레이크 아웃이 일어난 후 얼마 안 돼 주가가 20일선 밑에 가까워지는 것을 좋아하지 않는다. 만약 그런 일이 생긴다면 부정적인 신호다. 이 이유만으로 매도하지는 않겠지만 내가 연구한 바에 따르면, VCP 이후 브레이크 아웃이 나오고 얼마 되지 않아 20일 이동평균선보다 낮은 위치에서 주가가 마감하면 성공적으로 수익을 낼 확률은 반으로 줄어든다. 많은 거래량을 동반하며 50일선 밑으로 주가가 떨어지면 훨씬 더 부정적인 신호다.

20일선 밑에서 마감했다는 것 자체는 큰 문제가 아니다. 주가가 적절한 베이스 구간을 떠나 브레이크 아웃을 보인 후 곧 20일선 밑에서 마감했을 때를 주목해야 하며, 특히 50일선 밑으로 주가가 떨어지는 등의 추가적인 규칙 위반 현상들이 나타날 때를 예의 주시해야 한다.

b. 거래량이 있는 상태에서 전 저점보다 낮은 저점이 세 번 나타났을 경우

또 하나 우려해야 할 상황은 전 저점보다 낮은 저점이 세 번 나오면서 브레이크 아웃 상승분을 반납할 때로, 특히 마지막 저점이 나타난 날과 그다음 날 어떤 일이 벌어지는지가 중요하다. 거래량이 늘면서 전 저점보다 낮은 저점이 세 번 나타나면 빨간불이 켜진 것이다(〈그림 1-9〉). 하지만 세 번째 저점이 나타난 날 많은 거래량을 동반하며 전날 종가보다 높게 마감하거나 종가가 중

〈그림 1-9〉 웨이지워크스WageWorks, WAGE 2014. 상대적으로 낮은 거래량에 기반한 브레이크 아웃이 나타난 후 적지 않은 거래량과 함께 전 저점보다 낮은 저점이 3회 발생하고 20일선 밑에서 종가가 형성됨

간 이상에서 마감한다면 나는 해당 종목을 유지할 수도 있다. 만약 전 저점보다 낮은 저점이 세 번 나오고 장이 마감될 때 지지하지 않는다면, 특히 저점에 많은 거래량이 몰렸다면 거래는 타격을 받은 것이다.

어떤 때는 전 저점보다 낮은 저점이 네 번 나올 때까지 기다리기도 한다. 하지만 원칙은 전 저점보다 낮은 저점이 세 번 나오는 것이며, 이후에 연속적으로 발생한다면 더 불길한 전조이고 거래량이 많을 때는 더욱 그렇다는 것이다. 적은 거래량을 동반한 원만한 조정은 전 저점보다 낮은 저점이 세 번 생긴다고 해도 우려할 상황은 아니다. 하지만 3회 혹은 그 이상 전 저점보다 낮은 저점이 나타나고 이때 거래량도 늘어난다면 명백한 규칙 위반 현상이다. 주가가 지지선을 찾지 못한다면 경계경보다!

브레이크 아웃 후 이 두 시나리오가 엮인다면—20일 이동평균선 밑에서 마감하고 지지 없이 세 번째 저점보다 낮은 저점이 나타나거나 더 안 좋은 경우 20일 이동평균선 밑에서 마감하고 나쁜 마감이 더 높은 거래량과 함께 나타날 때—이 거래의 성공 가능성은 희박하다.

c. 적은 규모의 거래량이 빠져나가고 큰 규모의 거래량이 들어오는 것

거래량은 거래의 성패를 암시하는 징표다. 좋은 거래량과 함께 브레이크 아웃이 나타났다고 하자. 장중에 일찍 이 주식을 샀다면—예를 들어 거래 개시 후 한 시간 이내—이날 거래량이 많을지 여부를 알 수가 없다. 다만 매수 이후에 일어나는 일들을 보면 성공 가능 여부를 어느 정도 파악할 수는 있다.

"즉시 수익이 보여야 한다. 종목을 매수하고 빨리 수익을 보지 못한다면 나는 거래를 털고 나갈 것이다." 2014 마스터 트레이더 워크숍에서 전미투자대회 3회 우승자 데이비드 라이언이 한 말이다. 브레이크 아웃이 적은 거래량과 함께 나타나고, 이후 며칠간 큰 규모의 거래량을 동반하며 주가가 다시 제자리로 돌아간다면 정말 우려할 만한 상황이다(〈그림 1-10〉, 〈그림 1-11〉). 괜찮았던 수익 전부가 사라지거나 강한 매도세가 대규모 거래량으로 나타나면 안 된다. 역시 2014 마스터 트레이더 과정에 참석했던 내 친구 댄 쟁거Dan Zanger는 이에 대해 이렇게 잘 표현했다. "우승할 경주

〈그림 1-10〉 아우터월OuterWall Corp, OUTR 2014. 주가가 돌파를 시도했으나 거래량이 증가하면서 방향이 빠르게 반전됨. 작은 규모의 거래량이 사라지면서 큰 규모의 거래량이 유입된다면 강한 경고 신호다.

마는 출발선으로 다시 돌아가지 않는다."

d. 규칙 위반이 여러 개 나올 때

앞서 내가 자세히 설명한 부정적인 시나리오—낮은 거래량을 동반한 브레이크 아웃, 전 저점보다 낮은 저점 3회, 20일선 밑에서 마감한 많은 거래량을 동반한 매도세—는 자신의 예상수익률을 만족시키지 못하고 있다는 의미이기도 하다. 이 현상들은 곧 일어날 문제에 대한 실마리가 되기도 한다. 규칙 위반이 많이 발생할수록 거래가 실패할 확률은 높아진다. 즉 규칙 위반이 많이 발

〈그림 1-11〉 럼버 리퀴데이터스Lumber Liquidators, LL **2013. 주가가 후기 베이스를
낮은 거래량으로 돌파. 하지만 상승세가 이어지지 못하고 반전되면서
20일과 50일선이 대규모 거래량과 함께 크게 꺾임**

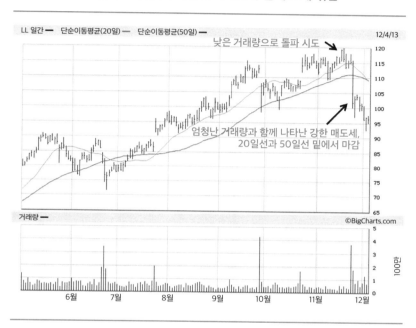

생한다는 건 손절 스톱 가격에 이르기 전에 매도해야 한다는 경
고이기도 하다. 나는 규칙 위반이 얼마나 많은지, 얼마나 심각한
지에 따라 포지션을 줄이거나 청산한다. 주가가 손절 가격을 건
드렸다면 더 볼 것도 없이 거래는 종료된다!

전략과 예상에 따라 계획에 차질이 생겼는지, 예상대로 수익을
내고 있는지를 판단할 수 있다. 매수하고 규칙 위반과 실망스러
운 움직임이 많아진다면, 거래가 기대한 대로 흘러가지 않는다는
걸 받아들이고 조정해야 한다. 본인의 실수를 인정하는 것은 트
레이더로서 성공하는 데 있어 가장 중요한 덕목이다. 그러나 길

69

잡이 없이 어떻게 실수를 인식할 수 있을까?

브레이크 아웃 이후 곧 나타나는 규칙 위반 현상

- 베이스에서 나올 때 낮은 거래량: 회귀할 때는 높은 거래량
- 지지 없이, 전 저점보다 낮은 저점 3회 또는 4회
- 상승일보다 하강일이 더 많음
- 좋은 종가보다 나쁜 종가가 더 많음
- 20일선 아래에 종가 형성
- 거래량이 많고 50일 평균선 아래에 종가 형성
- 상당한 규모의 수익 전체 반납

스쿼트 그리고 주가 반전 후 회복

주가가 '잘 행동하기를' 바라는 마음에 불필요하게 스톱 가격으로 거래에 압력을 가할 필요는 없다. 주가가 곧바로 상승하여 수익 목표를 빠르게 달성하지 않는다고 실패한 거래가 되는 건 아니다.

앞서 언급한 항목들처럼 주가 움직임이 심상치 않을 때 이를 알려 주는 규칙 위반 현상은 여럿 있다. 계획이 없다면 경고 신호를 놓치거나 자연스러운 조정에 너무 빨리 움찔해서 성급하게 거래를 끝낼 테지만, 계획이 있는 이들에게는 일어나지 않을 일이다.

어떤 때는 종목이 피봇 포인트를 돌파했다가 *스쿼트*squat(돌파 후 되돌리는 현상이 일어섰다 앉는 모습을 연상한다 하여 붙은 별명이다—감수자주)를 하기도 한다. 이런 일이 생길 때 나는, 배에 문제가 생겼다고 바로 물에 뛰

어들 듯이 매도하지는 않는다. 최소 하루, 길게는 2주까지 기다린 후에 종목이 내가 '반전 회복reversal recovery'이라고 부르는 움직임을 보이는지를 확인한다(〈그림 1-12〉와 〈그림 1-13〉). 이 방법은 강세장일 때 효과가 있다. 어떤 경우에는 가격이 반전하는 데까지 10일이 걸리기도 한다. 즉 규칙이 엄격하게 적용되는 건 아니다. 시간이 더 오래 걸리기도 하고, 반전에 실패하고 손절되기도 한다.

만약 반전이 손절 주문을 체결할 만큼 컸다면 나는 묻지도 따지지도 않고 즉시 매도했을 것이다. 주가가 묵직한 거래량을 동반한 채 20일선 밑에서 마감하고 규칙 위반 현상이 쌓였다면 성공 확률은 당연히 떨어

〈그림 1-12〉 바이오딜리버리 사이언스Biodelivery Science Intl., BDSI 2014. 3개월 동안 80% 상승. 컵 앤드 핸들 형태 이후 브레이크 아웃이 발생한 날 주가가 스쿼트를 하고, 이틀 후에야 반전 회복이 연출됨. 브레이크 아웃/스쿼트 날에 규칙 위반 현상도 없고 스톱 가격을 건드리지도 않았으므로 거래 유지

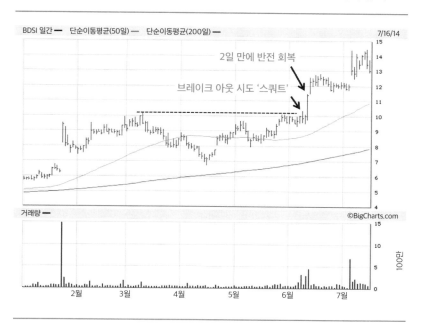

〈그림 1-13〉 마이크론 테크놀로지스Micron Technologies, MU 2013. 13개월 동안
87% 상승. 컵 완성 눈속임 때(3-C, 7장 참조) 주가가 부상하려고 시도.
돌파세가 주춤하고 하루 변동폭의 중간 지점에서 장이 마감, 스쿼트.
이틀 후에 주가는 반전 회복

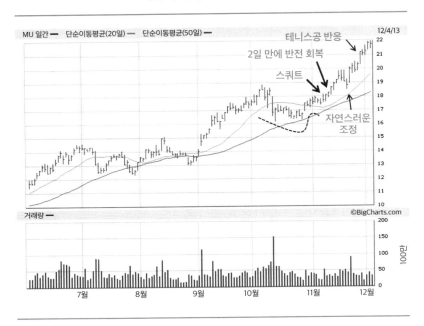

지기에, 나는 이때 팔아 버리거나 포지션을 줄인다. 가격 변동폭이 줄어
들고 거래량도 잦아들면 거래 상황은 개선될 수 있고, 어쩌면 조금 일찍
매수한 것인지도 모른다. *반전 회복은* **주가의 처짐 혹은 반전을 빠르**
게 극복할 수 있다는 의미의 긍정적인 신호다.

　매수 후에는 보통 1~2주 동안, 정상적인 가격 변동을 위한 여유를 둔
다. 종목이 스쿼트를 해도 당황하지 않는다. 손절 주문이 처리되지 않
았고 주요 규칙 위반 현상이 생기지 않았다면 주가가 반전 회복을 연출
할 때까지 기다린다.

마비 - 후회의 순환을 피한다

적지 않은 투자자가 매수한 후 혼란스러워지고 무엇을 해야 할지 모를 때를 경험한다. 대체로 그들은 매수한 주식을 평생 보유할 것처럼 굴거나 (원하는 바대로) '무엇'이 일어나기를 기다린다. 규칙 없는 투자자의 대표적인 예다. 탄탄한 규칙에 따라 거래해야만 주가 움직임을 측정할 방법도, 계획대로 잘 되어 가는지 여부도, 걱정할 이유가 있는지 여부도 알 수 있다. **모든 트레이더는 두 감정 사이에서 동요하고 어려움을 겪는다. 우유부단함과 후회가 그것이다. 이 내부적인 갈등은 거래할 때 시간 계획과 행동 계획을 명확하고 견고하게 미리 세워 두지 않았기 때문에 발생한다.** 후회에 대한 두려움은 굉장히 강력한 감정이다. 계획이 없다면 중대한 의사 결정을 내려야 할 순간에 생각이 마비되고, 결국에는 자신을 의심하는 지경에 빠진다. 여러분이 대부분의 트레이더와 같다면 두 감정 사이를 오가며 다음을 결정하는 데 어려움을 느끼고 있을 것이다.

우유부단함

- 사야 할까?
- 팔아야 할까?
- 계속 갖고 있을까?

후회

- 샀어야 했어!
- 팔았어야 했어!

기억하자! 투자는 다가올 움직임을 예측하고, 옳고 그른지가 판명 나기를 기다리는 것이다. 계획을 갖고 실행하는 것이다. 그렇게 거래가 완료되면 결과를 평가하고, 접근 방식에 문제가 있다면 고치고, 새로운 공격 계획을 갖고 돌아와야 한다. 두려움으로 상황을 실제보다 안 좋게 보거나 욕심으로 인해 실제보다 좋게 보는 게 아닌, 있는 그대로를 보는 것이 핵심이다. 거래에 들어가기 전에 면밀하게 생각해 둔 것이 없으면 상황을 합리화할 가능성이 높다. 지체 없이 행동해야 할 순간에 우유부단함에 붙잡히고 만다. 계획에 충실하지 못할 거라면 계획을 갖는 의미가 없다. 이는 논리적이지 않다.

이 책은 전략과는 무관한, 규칙에 대한 책이다. 다시 말하자면 이 책의 규칙은 구체적인 전략에 한정되지 않는다. 그래서 이번 장이 정말 중요하다. 하지만 내가 트레이딩에 규칙을 적용하는 방법을 여러분에게 보여 줘도 계획이 없으면 어떤 접근법을 쓰건 간에 여러분은 종국에는 스스로에게 장애물이 될 것이다. 상세한 청사진—거래가 예상대로 진행되고 있다는 확인 신호, 경고로서 주의하고 사후 행동이 필요한 규칙 위반 현상 등—을 갖고 있지 않다면 정확한 가격을 찾아다니며 매매하고, 더 큰 수익을 위해 종목을 유지하는 것 같은 전략을 구사할 수 없다. 그러니 계획을 갖자. 여러분의 성공은 계획이 좌우한다.

MARK
MINERVINI

Chapter

2

모든 거래는
위험이 1순위다

THINK
& TRADE
LIKE A
CHAMPION

매일 아침 장이 열리기 전에 나는 거울을 보고 스스로에게 이렇게 말한다. "마크, 너는 오늘 너에게 충분히 심각한 손해를 입힐 수 있어." 나는 그러고 나서 일을 시작한다. 나는 자기 파괴가 가능한 나의 능력을 마주하고자 또한 트레이딩에서 가장 중요한 두 마디—*위험을 존중한다!*—를 항상 기억하고자 이 작은 의식을 갖는다.

　위험을 완전히 회피할 수는 없지만 최소화할 수 있고, 상당한 수준으로 통제도 가능하다. **위험을 효과적으로 완화하고 싶다면 주식은 스스로를 관리하지 않는다는 것을 인식하면 된다. 관리자는 여러분이고, 열심히 노력해서 번 여러분의 자본을 보호하는 것도 여러분의 몫이다.** 여러분의 게으름, 훈련의 부재, 준비 실패가 형편없는 결과는 물론이고, 금전적으로 재기 불능의 상태까지 초래할 수 있다는 사실도 직면해야 한다.

　나는 항상 '위험 우선' 방식으로 접근한다. '위험 우선'을 생각하고 행동하면 내가 틀렸을 때 잃게 될 것이 무엇인지를 정확하게 파악할 수 있다. 트레이딩이라는 게임에서는 모든 칩을 잃으면 게임이 끝나기 때문에 내가 옳았을 때 얻을 것보다 틀렸을 때 잃을 것의 중요성이 훨씬 크다. 해이해지거나 위험을 경시하면 큰 성공을 거두지 못하거나 노력해서 얻은 것을 되돌려주게 된다. 장담할 수 있다.

출구 계획

대부분의 투자자는 마음에 드는 주식을 찾으면 '이 종목으로 얼마를 벌까?'만 생각한다. 수익 냄새가 벌써 나는 모양이다! 종목이 마음에 들수록 '어제 샀더라면…' 하는 아쉬움이 커진다. 욕심은 조바심을 낳는다. 그들은 찬찬히 따져 보기도 전에 거래에 뛰어들곤 한다. '이익 우선'은 큰 수익으로 가는 길이 아니다. 약세장에서도 살아남으려면 매일 거래할 때마다 위험을 관리해야 한다. 그리고 이는 손절가를 정하는 것부터 시작된다.

일이 예상대로 풀리지 않을 때 나는 정확히 어디서 손절해야 할지를 안다. 왜냐하면 나는 거래에 들어가기에 앞서 손절 가격을 결정하기 때문이다. 나는 밝은 면이 아닌 어두운 면을 중점적으로 본다. '위험 우선' 접근 방식이란 모든 거래의 내재적인 위험을 이해하고 상상을 뛰어넘는 상황에 대비하는 것이다. 주식에서 큰 수익을 원한다면 취할 수 있는 위험이 어느 정도인지를 먼저 고려해야만 하고, 큰 손실로부터 계좌를 보호하기 위해 미리 정해 놓은 출구 계획을 갖고 있어야 한다. 그렇지 않으면 이익의 상당 부분 혹은 모두를 돌려줘야 할 것이다.

몇 년간 나는 시장이 내 포지션을 거스르거나 특정 종목에 부정적인 사건이 발생했을 때 무엇을 해야 할지 찾아보지 않아도 되도록 이 방법을 연마했다. 나는 *매매를 시작하기도 전에* 출구 지점을 알아 놓는다.

내가 후퇴할, 미리 정해 놓은 묻지도 따지지도 않을 손절 가격이다. 허위 경고라고 밝혀지면 언제든지 다시 들어간다. 보험 계약처럼 나는 손절 스톱으로 상대적으로 적은 수수료를 내고 대형 손실로부터 나 자신을 보호한다.

불행하게도 대부분의 투자자는 손절 스톱 주문을 사용하지 않거나 자동 손절된 후 본인이 산 주식이 다시 오르는 경험을 한 덕분에 '그런 바보 같은 일은 다시는 하지 않겠다' 하고 마음먹는다. 이는 '위험 우선'이 아닌 '수익 우선'을 생각하는 데서 비롯된다. **손절 스톱이 없는 트레이딩은 브레이크가 없는 자동차를 운전하는 것과 같다. 브레이크 없이 운전한다면 동네 몇 바퀴는 돌 수 있을지도 모른다. 그러나 사고 없이 과연 얼마나 멀리 갈 수 있을까?** 트레이딩도 이와 같다. 손절매라는 보호 장치 없이 트레이딩을 한다면 큰 사고는 필연적으로 발생한다. 그저 언제 일어나느냐의 문제다. 강세장에서는 일정 기간 무모한 트레이딩을 해도 잘 빠져나갈 수 있을지 모르지만, 내 경험상 손절 스톱 없이 거래하는 사람들은 결국 트레이딩을 그만둔다.

작은 손실 받아들이기

'멘탈 스톱Mental Stop'—*주가가 'X 가격'까지 떨어지면 거래를 빠져나오겠다고 혼자 생각하는 것*—은 따르지 않으면 아무 소용이 없다. 브레이크 없이 운전하는 것 또는 이따금 브레이크를 사용하는 것과 다를 바 없다. 멘탈 스톱의 문제는 '망각'에 있다. 주가가 회복되면 팔겠다고 다짐하며 쉽게 손실이 나는 거래에 매달리게 되기도 한다. '*매입가까지만 가*

자, 그러면 판다!' 그 사이 손실은 불어나고 주가는 더 낮아질 수 있다.

　대부분 트레이더는 손실이 눈덩이처럼 불어나면 매도를 더 어렵게 느낀다. **엄청난 손실은 모두 작은 손실부터 시작된다. 큰 손실로부터 거래를 보호하는 유일한 방법은 손실이 통제 불가능할 정도로 불어나기 전에 작은 손실을 받아들이는 것이다.** 30년 넘게 트레이딩을 했지만 아직 이보다 좋은 방법을 찾지 못했다.

손절 주문의 필요성

　모든 사람은 좋든 싫든 '감정적인 손절매 가격'을 갖고 있다. 더 이상 참을 수 없을 때가 감정적인 손절을 하는 때다. 대부분의 투자자에게 감정적인 손절 가격은 수학적으로 납득할 수 있는 지점을 훨씬 넘어서며, 재무적인 부분뿐만 아니라 정신적으로도 중대한 피해를 입힌다. 손절을 많이 경험하면 자본뿐만 아니라 자신감에도 상처를 입으며, 그 결과 앞으로 올바른 트레이딩 결정을 내릴 수 없게 될 가능성이 높다.

　전문가라고 불리는 사람이 "손절 주문을 넣고 트레이딩하는 것은 바보 같다"고 말하는 걸 들은 적이 있다. 그들이 바보이기 때문에 그런 소리를 하는 것이다. 나는 꾸준히 큰 수익을 내는 트레이더 중에서 어떤 보호 장치도 없이 거래하는 사람을 본 적이 없다. 반대로 수많은 그저 그런 트레이더들이 손절 주문 없이 거래하고, 모든 걸 잃고 그만두는 모습을 본 적은 많다.

'비자발적 투자자'가 되지 마라

많은 투자자가 본인의 실수를 받아들이고 싶지 않은 마음에 합리화를 한다. 아마추어들은 그들이 옳을 때는 '트레이더', 틀릴 때는 '투자자'라며 둘 사이를 오간다. '트레이딩'으로 시작했던 거래가 예상과 달리 움직이고 그렇게 손실이 쌓이는 순간 그들은 갑자기 장기 투자자가 된다. 제시 리버모어가 '비자발적 투자자'라고 부르는, 조그마한 이익 그리고 큰 손실의 쓴 열매를 수확하는, 우리의 지향점과 정반대에 있는 사람들이다.

주식의 방향을 아는 사람은 아무도 없다. 10~15% 조정이 50 또는 60%의 주가 하락으로 갈지 혹은 더 심하게 떨어질지에 대해 어떻게 알겠는가? 종목이 떨어질 것을 알았다면 애당초에 그 주식을 샀을까?

매매에서 자신의 결정이 옳을 확률은 50%다. 최고의 트레이더들은 건강한 시장일 때 60 또는 70%의 확률로 잘 되는 종목을 고르기도 한다. 사실 종목 선택에서 50%를 맞히는 것만으로도 큰 성공을 거둘 수 있다. 두세 번의 거래 중 한 번만 성공적인 거래를 한다면 수익을 낼 수 있다. 다만 이때 손실을 억제하고 비자발적 투자자가 되지 않는다는 전제를 붙여야 한다. 감당할 수 없는 비싼 비용을 초래하기 전에 손실 종목을 매도하는 것 말이다.

손실이 나는 거래를 유지해야 할 이유를 찾으며 합리화하는 것만큼은 피해야 한다. **손절 가격은 미리 정하고, 이를 포스트잇 등에 적어서 컴퓨터에 붙여 둔다. 그리고 프로그램에 입력하고 주가가 해당 가격에 이르면 알람을 받도록 설정한다.** 목표 가격에 도달하면 자동으로 행사되도록 증권사에 주문을 넣을 수도 있다. 요점은 망설임 없이 손실을 잘라 내는 것이다.

이후에 트레이딩 결과를 검토하면서 다음 거래를 위해 여러 가지를 조정해야겠다는 판단을 할 수도 있다. 손절 가격에 여유가 없어서 너무 일찍 손절되었거나 손절 가격이 여유로워서 손실이 너무 컸을 수도 있다. 큰 손실을 입을 정도로 가격이 내려가도록 놔두면 안 된다. 큰 수익을 거두는 것이 목표라면 큰 손실은 당연히 받아들일 수 없는, 비생산적인 것이다!

얼마큼이면 너무 많은 위험일까?

손실은 단연코 10% 혹은 이보다 낮게 유지해야 한다. 기하학적으로 불리하게 작용하기 때문이다. 10% 기준선에서 멀어질수록 손실은 더욱더 불리하게 작용한다. 5% 하락은 제자리로 돌아가려면 5.26%의 수익을 내야 하지만, 10% 손실이라면 11%의 수익을 얻어야 제자리가 된다. 40% 손실은 67%의 수익이 필요하다. 50% 손실을 넘어서면 수익은 100% 이상이어야 한다. 만약 포지션이 90% 하락했다면 제자리로 돌아가기 위해 내야 하는 수익은 900%다! 여러분이 산 주식 중 900%, 100%, 67% 수익을 내는 것이 몇 개나 될까? 나의 최대 손실 허용치는 10%이며, 평균손실률은 그보다 훨씬 낮다.

날뛰는 말은 피한다

변동성이 굉장히 높은 주식에 위험을 통제하고자 엄격한 손절가를 적용한다면 트레이딩은 어려워진다. 주가가 정상적으로 변동하는 과정임에도 급격한 움직임으로 인해 손절 스톱이 작동해서 거래가 자동 종료될 가능성이 높기 때문이다. 이 경우 큰 변동폭을 수용할 정도의 스톱 가격을 설정하면 되지만, 한편으로는 타당한 위험 수준을 넘어서는 하락 위험에 노출될 수도 있다. 따라서 위험 우선 접근 방식에 따른다면 변동성이 높은 해당 종목은 포기하고 다른 종목을 찾아야 한다. 거래할 주식은 많다!

주식을 목장 울타리 속 말이라고 생각하자. 올라탄다고 했을 때 범상치 않게 많은 골절을 경험한 대담무쌍한 로데오 선수가 필요한 게 아닌 이상 날뛰는 말을 선택할 이유가 있을까? 거친 말들도 이쪽 끝에서 저쪽 끝까지 갈 수는 있다. 단지 20달러에서 40달러를 오가는 변동성이 심한 주식처럼 요동치며 갈 뿐이다. 우리의 궁극적인 목표는 말 등에서 내쳐지지 않고 계속 올라타서 저쪽 끝으로 가는 것이다. 즉 주식으로 표현하면 목표가까지 가는 동안 손절되지 않고 계속 포지션을 유지하는 것이다. **물론 A점에서 B점까지 갈 수도 있을 것이다. 그런데 여기서 중요한 질문은 '나는 과연 거래를 유지할 수 있는가'다.**

나에게 필요한 건 문을 나서자마자 나를 흙바닥에 내동댕이치면서 밟아 버리는 변덕을 부리지 않을 말이다. 변덕스러운 말, 변덕스러운 주식을 목표로 정하면 소화제를 삼키며 수많은 고통을 감수해야 한다. 결국 진이 빠지는 경험도 하게 될 것이다. 나는 오래전 삼촌의 목장을 방문했을 때 이 교훈을 얻었다.

10살 때 커네티컷에 있는 보니의 대지Bonnie's Acres라는 존 삼촌의 목장을 방문한 적이 있다. 그곳에 작고 검은 말 한 마리가 있었는데, 유명한 발차기와 내동댕이질만 아니라면 나처럼 작은 사람에게 꼭 맞는 말이었다. 나는 '블랙 오키드Black Orchid'라고 불리는 이 암말에 올라탔다. 블랙 오키드는 곧바로 나무를 향해 내달렸고, 나는 낮게 매달려 있던 가지에 부딪혀 나가떨어지고 얼굴을 다 긁혔다.

여러분은 내가 어떤 말을 탈지를 고르는 선택에 대한 교훈을 얻었을 거라고 생각할 것이다. 하지만 아쉽게도 아니다. 몇 달 후 존 삼촌의 목장에 갔을 때 나는 블랙 오키드에 다시 올라탔다. 블랙 오키드는 이번에는 냅다 달리기 시작하더니 중간에 발길질을 하기 시작했다. 블랙 오키드가 나를 등에서 깔끔히 떨어뜨릴 때까지 나는 위아래로 밀리고 튕겨졌다. 내가 떨어지고 나자 블랙 오키드는 나에게 다시 돌진해 와서 온 등에 말발굽 자국을 남기며 누구에게 주도권이 있는지를 알려 주었다. 다행히 많이 다치지는 않았다.

존 삼촌과 사촌인 딘이 나에게 급히 달려왔다. "마크, 괜찮아?" 삼촌이 물었다. 나는 삼촌을 올려다보고 멍한 웃음을 지으며 말했다. "존 삼촌, 내가 얼마나 빨랐는지 봤어요?" 정말이지, 나는 잠깐 동안 엄청 빨리 달렸다. 그러나 울타리 너머로 가지는 못했다. 블랙 오키드는 건너편에 가 있었지만 정작 나는 그 위에 없었다.

주식을 볼 때마다 나는 블랙 오키드를 생각한다. 매우 변덕스런 상황에 올라타기로 결정해서 흙바닥에 얼굴을 처박고 등에 말발굽 자국이 찍히고 끝날 것인가? 굳이 트레이딩 과정에서 신경을 곤두세우는 경험을 할 필요는 없다. 필요한 건 오직 견고한 트레이딩 원칙을 기반으로 한 좋은 계획뿐이다. '많은 위험을 동반한 거래는 포기한다' 역시 좋은 계획의 일환이다. 나는 블랙 오키드는 주식시장의 울타리 안에 남겨 놓고, 먼 거리를 갈 수 있는 알파라는 이름의 좋은 말을 찾아다닌다.

위험은 팔 때가 아니라 살 때 통제하는 것이다

손절 가격은 종목을 선별하는 과정에서 매우 중요하다. 특정 종목에 내 시선이 머물 때에도 나는 위험도가 낮은 진입 지점을 제공하지 않는 한 그 종목을 사지 않는다. 위험은 팔 때가 아니라 살 때 통제하는 것이다. 매도 시 손실을 확정하기 전에 타당한 숫자를 미리 결정해 놓아야만 한다. 기대 수익이 10% 또는 15%에 불과하다고 했을 때 25%의 손실을 감당할 수 있을까?

위험보다 보상이 큰 주식을 꾸준히 산다면 시간이 흐를수록 초과 수익을 거둘 가능성이 생긴다. 만약 불리할 확률을 계속 높이며 최종적으로 얻게 될 수익보다 많은 위험을 떠안는다면 차라리 카지노에 가는 게 낫다.

위험 수위 근처에서 하는 트레이딩

위험을 통제하기 위해서 나는 가능한 한 손절 가격에 가깝게 매수에 진입한다. 이를 '위험 수위' 근처에서 하는 트레이딩이라고 한다(〈그림 2-1〉). 정상적인 움직임과 비정상적인 움직임을 구분하는 것은 시간을 들여 배우고 발전시켜야 하는 중요한 기술이다. 브레이크 아웃에 매수

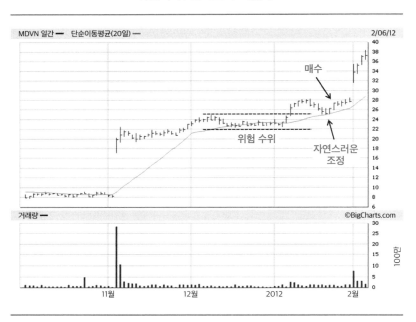

〈그림 2-1〉 메디베이션Medivation, MDVN 2012. 7개월 동안 112% 상승.
주가가 좁은 박스권을 빠져나왔다가 브레이크 아웃 지점 혹은
위험 수위 근처로 후퇴했다.

하고, 하락 비율 기준으로 손절 가격을 설정하는 것부터 시작하자. 이것만으로도 다른 트레이더들보다 앞설 수 있을 것이다. 하지만 진정으로 위대한 트레이더들은 위험한 가격 하락과 적절한 가격 움직임을 구분할 줄 알며, 경고 신호가 깜박이고 거래가 악화되는 지점 근처에서 주문을 낸다.

최적의 손절 스톱을 설정하려면 주가가 정상적으로 변동할 수 있는 여유를 허용하는 동시에, 위험 수위 근처지만 확률적으로 과도하게 위험하지 않은 가격을 찾아야 한다. 영리한 트레이더들은 기술적인 분석 결과를 토대로 자신의 트레이딩 결과의 평균값을 적용해서 스톱 가격을 설정한다.

내가 통제하는 대상이 무엇인지 파악한다

위험에 관해서라면 모든 것을 제어하고 싶은 것이 인간의 본성이다. 그러나 트레이딩에서 (삶의 많은 부분과 마찬가지로) 통제할 수 있는 것은 몇 가지뿐이다. 사실 트레이딩에서 직접적으로 통제할 수 있는 것은 네 가지뿐이다. 거래에 들어가기 전에 여러분은 다음의 세 가지를 통제할 수 있다.

- 무엇을 살 것인가?
- 얼마나 살 것인가?
- 언제 살 것인가?

거래가 끝나면 여러분은 다음 한 가지를 통제할 수 있다.

- 언제 팔 것인가?

날씨를 통제할 수 없는 것과 마찬가지로 보유한 종목의 오르내림도 통제할 수 없다. 주식은 날씨가 그렇듯이 제 갈 길을 간다. 만약 바람대로 일이 풀리지 않으면 어떻게 해야 할까? 무엇을 통제할 수 있는지를 알고 있다면, 문제를 객관적으로 보고 위험을 관리하기 위해 할 수 있는 것에 주의와 에너지를 쏟을 수 있다. 거래에 들어간 후에 제어할 수 있는 의사 결정은 매도뿐이다. 이 의사 결정이 얼마나 중요할지 상상이 가는가!

누가 맞고 누가 틀렸을까

손절 결정을 내릴 때는 *나 혼자만* 틀렸을 수 있다고 생각하는 게 중요하다. 시장은 절대 틀리지 않는다. 그러나 이 사실을 대부분의 트레이더는 자존심 때문에 받아들이지 못한다. 주식시장에서 자존심이 투자 결정을 이끈다면 최종 결과가 좋을 확률은 희박하다. **손실을 붙잡고 고집스럽게 현재 포지션을 고수하게 하는 배경에는 100% 자존심이 있다.** 자존심은 합리화를 유도한다. '나는 절대 부도나지 않을 종목을 매수했어. 팔지 않을 거야'라는 생각이 들게 한다. 그러나 부도나지 않을 회사를 찾은 승리감을 느끼고자 주식시장에 있는 게 아니다. 나는 크고 빠른 가격 상승을 만드는 주식을 찾는다. 자존심은 반복해서 투자자를 망친다. 본인의 트레이딩에서 자존심이 전적으로 작용하지 않는다고 믿는다면 다음을 생각해 보자.

- A 시나리오: 매수 후 곧 매도세가 시작되어서 손실을 2,500달러에서 차단했다. 그런데 다음 날 종목이 급격히 상승했다. 만약 포지션에 남아 있었다면 2만 5,000달러를 벌 수 있었다. **어떤 기분이 드는가?**

- B 시나리오: 매수 후 곧 매도세가 시작되어서 손실을 2,500달러에서 차단했다. 다음 날 장이 열리자 갭 다운이 발생하고 주가가 급락했다. 손실을 차단하지 않고 포지션에 남아 있었다면 2만 5,000달러의 손실을 봤을 것이다. **어떤 기분이 드는가?**

'원점에 돌아오면 팔 거야.' 이 말이 친숙하게 들리는가? 여러분은 35

달러에 산 주식을 32달러에 파는 것은 영 내키지 않아 하지만, 주가가 26달러로 푹 꺼지고 이후에 올라서 32달러에 팔 기회가 생기면 기뻐한다. 그러다가 주가가 급락해서 16달러가 된다면 '32달러일 때 왜 팔지 않았을까!', '26달러일 때 비교적 작은 손실만 입고 팔걸' 하고 스스로에게 묻고 자책한다. 투자자들이 이런 상황에 빠지는 건 위험을 다루는 건고한 계획이 없기 때문이며, 투자에 자존심이 끼어들도록 허용하기 때문이다.

전략은 규칙을 따르려는 의지만큼만 유효하다. 견고한 계획은 실행이 동반되어야 하며, 이는 훈련을 필요로 한다. 이것은 내가 여러분에게 해 줄 수 없는 부분이다. 여러분의 자존심은 틀리지 않고 싶어 한다. 즉 '틀렸다는 사실'을 고통과 연계하기 때문에 문제가 발생한다. 이를 고치려면 기쁨은 작은 손실과 연결 짓고, 고통은 큰 손실과 연계해야 한다. 이것이 감정적으로 작은 손실을 큰 손실이 되기 전에 받아들일 수 있는 방법이다.

트레이딩의 교훈

시장은 기대치가 높은 작업감독관이다. 실수를 하면 금전적으로뿐만 아니라 정서적으로 불이익을 받는다. 시장은 여러분의 주머니를 털고 정신에도 타격을 가한다. 금전적 손실과 손상된 자신감을 회복하는 것은 쉽지 않다. 하지만 전략이 어떤 것이건 간에 자신을 보호하는 방법은 있고, 이는 다음의 두 가지 규칙에서 시작한다: *항상 계획을 갖고 임하며 모든 거래를 위험 우선 원칙으로 대한다.*

이 근본적인 대원칙을—그에 따르는 규칙은 말할 것도 없이—준수하지 못한다면 자신을 냉정하게 돌아봐야 한다. 무엇을 이루고자 하는가? 돈을 벌려는 것인가, 아니면 시장보다 본인이 더 많이 안다는 걸 증명하고자 하는 것인가? 혹은 자기 파괴 행위를 하는 것인가? 초라한 자아상을 갖고, 좋은 것은 얻을 자격이 없다고 생각하며, 성공의 기회를 스스로 망가트리는 사람들이 있다. 하지만 여러분은 성공할 자격이 있다. 물론 제대로 할 때 그렇다. 시장은 바보를 동정하지 않는 법이다.

트레이딩은 여러분이 어떤 사람인지를 보여 주는 가장 강력한 리트머스 시험지다. 여러분은 스스로가 정신적·신체적으로 트레이딩에 필요한 것을 해낼 수 있는 사람인지를 꽤 빨리 알게 될 것이다. 올바른 선택을 할 의지가 없다면 꽤 아픈 공부가 될 것이다.

내 규칙은 어떤 전략이든 적용할 수 있는 사용설명서 같은 것으로, 성공적인 트레이딩 계획을 구성하는 기본 요소다. 빈스 롬바르디Vince Lombardi라는 위대한 미식축구 감독은 그의 팀이 어느 누구보다 태클을 잘 걸고, 잘 달리고, 공을 잘 잡고 패스하도록 기본 훈련에 충실했다. 그는 기초를 다지는 것이 결국 경기를 이기는 거라는 걸 어느 누구보다도 잘 알았다.

주식시장은 부를 증대하는 훌륭한 곳으로, 잘 훈련했다면 성공할 확률이 꽤 높다. 다만 이익을 내고 자동차나 배를 살 생각을 하기 전에 원금을 잃지 않을 방법부터 생각해야 할 것이다. **크게 잃지 않는 것이 크게 벌기 위한 핵심 요소다. 이익을 쫓는 투자자로서 손실은 선택의 여지없이 발생하겠지만 얼마를 잃을지는 나의 선택에 달려 있다.**

여러분은 분명 많은 실수를 저지를 것이다. 누구나 실수를 한다. 실수는 그것을 인식하고, 처리하고, 그것을 배울 때는 문제가 되지 않는다. 그러나 실수를 덮으려 하고 이에 대해 아무것도 하지 않으려 할 때는 문제가 되며, 그때부터 모든 것은 악화되고 작은 문제는 큰 문제로 번진다. 트레이딩에서도 인생에서도 마찬가지다.

개인의 바람과 운은 주식시장에서 장기적으로 성공하는 데 있어 조금의 영향도 끼치지 못한다. 성공한 주식 트레이더에게는 규칙과 잘 짜인 계획이 있다. 반대로 실패하는 트레이더에게 규칙은 존재하지 않으며, 있다 하더라도 이를 오래 고수하지 못한다. 트레이딩에서는 항상 '위험 우선'임을 기억하자. 이것이 훈련되지 않고 미숙하고 산만한 사람들이 시장에서 어려움에 빠질 때 계속 게임에 남아 있을 수 있는 가장 중요한 규칙이다.

Chapter

3

얻고자 하는
이익보다
더 큰 위험을
질 수는 없다

THINK
& TRADE
LIKE A
CHAMPION

동전 던지기는 맞힐 확률만큼 틀릴 가능성이 있는 50대 50 게임이다. 하지만 앞면일 때 2달러를 받고, 뒷면일 때 1달러를 잃는다면 어떨까? 이런 확률과 보상이라면 여러분은 동전을 가능한 한 많이 던지려 할 것이다. 이때 최대 손실은 10%로 제한하기로 한다. 이 지점부터는 손실이 커질수록 그로 인한 결과가 확률적으로 더 크게 악화되기 때문이다. 자, 여기서 질문을 하겠다. 위험은 적절히 통제되었는가?

　이 지점에서의 의문은 그것이 적정 수준이라는 것을 어떻게 알까? 문제의 핵심에 더 가깝게 묻는다면, 반은 가려진 그림을 보고 있는 것과 마찬가지인데, 어디서 손실을 제한해야 할지를 어떻게 알 수 있을까? 즉 손실 제한의 근거는 무엇인가? **적절한 손절 가격을 설정하기 위해서는 개별 거래에서 벌어들이고 싶은** *나의 바람이 담긴 수익***이 아니라 시간이 흐르면서 실제로 나올 것이라 기대할 수 있는 수치인 나의 평균 수익을 알아야 한다.**

　정확하게는 내가 취할 위험과 잠재적인 보상 간의 관계를 알 수 있는 실제 수치가 필요하다. 그 이유는 다음과 같다. 수익을 냈던 거래의 평균수익률이 5%이고 10%의 하락 위험을 지고 있다고 가정해 보자. 정말

5%를 벌기 위해 10%의 위험을 감수해야 할까? 그러면 매입가를 맞추려고만 해도 거래의 70%를 맞혀야 한다. 하지만 수익 평균이 10%일 때는 거래의 1/3만 성공해도 크게 문제 되지 않는다.

평균 승률

위험은 임의의 수치가 아니다. 내가 취하는 위험의 크기는 반드시 내가 얻으려고 하는 수익에 따라 조정해야 한다. 그러므로 손실은 기대 수익의 함수다. 아주 드물게 나의 평균 범위를 훨씬 넘어서는 대형 손실을 입는 경우가 있지만 10%보다 많은 손실을 내는 경우는 거의 없다. 평균 손실은 그 반 정도 된다. 자, 내 평균 수익이 15% 정도 된다고 생각해 보자. 이 수치—평균 4~5% 손실과 15% 수익—로 보면 나는 위험을 적절히 유지하고 있는 듯하다. 하지만 이를 확실히 알려면 수치 하나가 더 필요하다. 평균 승률이다.

야구 팬들 모두가 알다시피 타율이 1.000인 사람은 없다. 0.500도 불가능한 숫자다. 역사상 가장 훌륭한 타자라고 여겨지는 테드 윌리엄스Ted Williams도 가장 잘한 시즌에서 0.400을 약간 넘겼다. 참고로 그의 통산 타율은 0.344다. 물론 야구는 트레이딩이 아니다. 그렇지만 본인의 분야에서 뛰어난 사람들에게도 완벽한 기록이란 없다. 트레이딩에도 이 진리가 적용된다.

트레이딩에서 평균 승률은 성공적인 거래의 비율이다PWT, percentage of winning trades. 어떤 주식을 살지, 언제 살지 그리고 언제 팔지를 잘 결정하는 것 외에 평균 승률을 직접적으로 통제할 수 있는 방법은 없지만, 평균 승률은 중요한 숫자이고 얼마나 많은 위험을 감수할지를 결정하는 계산의 일부다. **적절한 위험 비율을 결정하려면 얻으려는 수익보다 위험이 크면 안 되기 때문에, 손실을 수익에 대한 비율로 제한해야 한다.**

50% 승률일 때는 성공한 횟수만큼 실패할 것이므로 보상/위험의 배율을 2대 1, 즉 손실을 수익의 절반까지만 되도록 통제해야 한다. 40% 승률이라면 동일한 2:1 보상/위험 배율을 유지하기 위해 손실을 수익의 1/3로 제한해야 할 것이다. 다음은 그에 대한 예다.

- 50% 평균 승률
- 10% 평균 수익
- 5% 평균 손실

$$50 \times 10 / 50 \times 5 = 2:1$$

- 40% 평균 승률
- 15% 평균 수익
- 5% 평균 손실

$$40 \times 15 / 60 \times 5 = 2:1$$

'실패'를 미리 반영한다

내가 75% 승률보다는 오히려 25% 승률로 전체 계좌 수익을 유지하고 싶다고 말하면 대부분의 사람이 놀란다. 나는 왜 25%를 선호할까? 틀릴 때가 많아도 여전히 돈을 벌 수 있기 때문이다. 그렇게 하면 '실패'가 구조적으로 이미 반영된다. 나는 트레이딩에서 내가 직접적으로 통제할 수 없는 영역에 대해서는 가능한 한 많은 실패를 미리 반영해 놓으려 한다. 매수 후 주가의 행보는 우리가 통제할 수 없고, 따라서 승률도 통제할 수 없다. 내가 직접적으로 통제할 수 없는 영역을 관리하는 길은 그것에 과도하게 의존하지 않는 것이다. **나의 강점은 수익 대비 손실을 작은 수준으로 유지하는 것이다. 수익과 비교해 손실을 작게 유지할수록 더 많은 실패를 감내할 수 있다. 많이 틀려도 여전히 돈을 벌 수 있다는 의미다.**

변동성과 기대의 과학

손절 가격을 설정할 때는 가격의 변동성에 여유를 주어야 한다고 들었을 것이다. 종목의 변동성에 근거해서 손절 가격을 더 낮추라는 것이다. 그러나 나는 강하게 반대한다. 시장 환경이 격해질 때는 높은 변동성을 겪을 확률이 크다. 어려운 시기에는 수익이 정상적인 때보다 적을 것이고, 전체 거래 중 수익을 내는 거래의 비중승률도 분명 평소에 비해 낮을 것이다. 따라서 약화된 승률을 보완하기 위해서라도 시장이 좋지 않다면 손실을 더 빨리 덜어 내야 한다. 이때는 승률이 50% 이하로 떨어질 것이라고 가정하면 적당하다. **승률이 50% 미만으로 하락하면 수익에 비례해서 위험을 높이게 되고, 결국 기대 수익은 음수가 된다. 평균 승률이 하락할수록 더 빠르게 기대 손실이 실현된다.**

손절 스톱 가격대를 설정할 때 가장 많이 쓰이는 지표는 실질 변동 폭 평균, ATR **Average True Range**(일정 기간의 평균 가격 변동폭. 보통 직전 14거래일 동안 매일 고가와 저가, 고가와 전일 종가, 저가와 전일 종가 차이 중 가장 큰 값을 트레이딩 범위인 TR이라고 하는데, TR의 평균값이다—역주)이다. ATR은 웰레스 윌더**Welles Wilder**가 도입한 변동성을 측정하는 지표다. 본래는 상품 거래를 위해 고안되었지만 주식과 지수 거래에도 쓰이고 있다. 단순히 말하면 높은 변동성을 겪는 주식은 ATR이 높고 더 여유 있는 스톱을 쓰고, 낮은 변동성의 주식은 ATR이 낮고 가까운 스톱을 써야 한다. 나는 스톱을 여유 있게 설정하며, 변동성에 맞추는 것을 그다지 좋아하지 않는다. 수익이 손실보다 많다고 해서, 심지어 수익이 손실의 두 배일 때도 꼭 돈을 벌게 되는 것은 아니다.

이에 대해 설명을 하겠다. 보상/위험 배율이 2대 1로 동일하게 유지된다고 가정하면 승률이 40%일 때 4% 수익으로 42%일 때보다 더 많이 (10배 이상) 수익을 낼 수 있다. 믿기 어렵겠지만 사실이다. 왜 그럴까? 손실은 기하평균을 계산할 때 불리하게 작용하기 때문이다. 이를 이해하는 순간 수익성 있는 트레이딩의 커다란 비밀 중 하나를 배우게 된다. 계산을 하자!

- 40% 평균 승률
- 4% 평균 수익
- 2% 평균 손실
- **수익/손실 비율 2:1**

이와 같은 조건으로 10회를 거래하면 결과적으로 3.63%의 순수익을 얻는다[N회의 거래 후 가치는 원금×(1+평균 수익)$^{\text{승률×N}}$×(1-평균 손실)$^{\text{(1-승률)×N}}$으로 계산할 수 있다. 위 예시의 조건일 때 투자 원금이 100달러인 경우 10회 거래 후 원금은 100달러×(1+0.04)$^{\text{0.4×10}}$×(1-0.02)$^{\text{0.6×10}}$=103.63

달러로 늘어난다. 그러므로 이때 수익률은 +3.63%다―역주].

- 40% 평균 승률
- 42% 평균 수익
- 21% 평균 손실
- **수익/손실 비율 2:1**

이와 같은 조건으로 10회를 거래하면 결과적으로 1.16%의 순손실을 입게 된다[위의 조건으로 10회를 거래하면 투자 원금이 100달러일 때 10회 거래 후 가치는 100달러×$(1+0.42)^{0.4 \times 10}$×$(1-0.21)^{0.6 \times 10}$=98.84달러로 줄어든다. 그러므로 이때 수익률은 -1.16%다―역주].

비율이 모두 평등한 건 아니다

40% 평균 승률일 때 최적의 수익/손실 비율은 20%/10%다. 이 비율로 10회 이상 거래했을 때 투자 대비 수익률**ROI, Return on Investment**은 10.20%다. 10회를 넘어서면 그 이후는 수익 대비 손실이 증가하면서 수익률은 실제로 하락한다.

이 지식으로 무장하면 특정 승률이 주어졌을 때 어떤 수익/손실 비율에서 가장 높은 수익을 기대할 수 있는지를 알 수 있다. 이제 여러분은 최적의 수익/손실 비율을 찾는 것이 얼마나 중요한지를 깨달았다. 최적의 수익/손실 비율보다 조금 낮으면 최대 수익을 얻을 수 없고, 조금 높으면 오히려 수익이 줄어든다.

앞서의 예처럼 수익 거래의 수익률이 20%에서 42%로 두 배 이상이 되었는데, 손실이 10%가 아닌 21%일 때 손절하고 수익/손실 비율을 2:1로 유지했다면 사실상 돈을 잃는 결과를 낳는다. 비율을 동일하게 유지하는데 왜 돈을 잃는 걸까?

이것이 기대를 역행하는 손실의 위험한 기하평균에서의 생리다. 50%의 평균 승률로 거래를 성공했을 때 100% 수익을 내고, 실패했을 때 50% 손실을 입었다면 겨우 본전을 맞춘 셈이다. 4% 수익을 실현하고 손실이 2%일 때 손절하면 돈을 번다. 예상 가능하듯이 승률이 떨어지면 수익률은 훨씬 악화된다. 평균 승률이 30%일 때 오른 주식으로 100% 수익을 거두고, 떨어진 주식에서 50%를 내주어야 한다면 단 10회

〈그림 3-1〉 10회를 거래했을 때 복리로 계산한 투자 대비 수익률.
40% 승률일 때 최적의 수익/손실 비율은 20%/10%다. 이보다 조금이라도 높거나 낮으면 수익이 줄어든다. 평균 승률이 50%일 때 최적의 위험 대비 보상 비율은 48%/24%로 올라간다.

수익(%)	손실(%)	수익/손실 비율	30% 승률	40% 승률	50% 승률
4.00%	2.00%	2:1	-2.35%	3.63%	10.00%
6.00%	3.00%	2:1	-3.77%	5.16%	14.92%
8.00%	4.00%	2:1	-5.34%	6.49%	19.80%
12.00%	6.00%	2:1	-8.89%	8.55%	29.34%
14.00%	7.00%	2:1	-10.86%	9.27%	33.95%
16.00%	8.00%	2:1	-12.93%	9.79%	38.43%
20.00%	10.00%	2:1	-17.35%	**10.20%**	46.93%
24.00%	12.00%	2:1	-22.08%	9.80%	54.71%
30.00%	15.00%	2:1	-29.57%	7.71%	64.75%
36.00%	18.00%	2:1	-37.23%	4.00%	72.49%
42.00%	21.00%	2:1	-45.01%	-1.16%	77.66%
48.00%	24.00%	2:1	-52.52%	-7.55%	**80.04%**
54.00%	27.00%	2:1	-59.65%	-14.88%	79.56%
60.00%	30.00%	2:1	-66.27%	-22.90%	76.23%
70.00%	35.00%	2:1	-75.92%	-37.01%	64.75%
80.00%	40.00%	2:1	-83.67%	-51.02%	46.93%
90.00%	45.00%	2:1	-89.56%	-63.93%	24.62%
100.00%	50.00%	2:1	-93.75%	-75.00%	0.00%

의 거래만으로 93.75%라는 어마어마한 손실을 입게 된다(〈그림 3-1〉).

스톱 가격에 여유를 두지 않는다

트레이딩 성적이 부진해서 평균 승률이 50% 밑으로 내려갈 때 하지 말아야 할 것이 하락을 대비해 스톱 가격에 여유를 더 주는 것이다. 내 의견이 아니라 수학적 사실이다. 많은 투자자가 손실이 나는 포지션에 자유를 더 부여하고 결과적으로 더 깊은 손실을 야기한다. 그렇게 실적이 저하되기 시작하고 꽤 많은 거래가 자동 손절매로 종료된다. 그러고 나서 그들은 손실을 보고 매도한 종목이 다시 오르는 것을 지켜보다가 해당 종목에 다시 들어간다. 이때 그들이 뭐라고 되뇔까? "가격이 움직일 수 있는 여유를 조금 더 줄걸 그랬어. 그럼 아직 이 종목을 갖고 있을 텐데." 이것은 여러분이 해야 할 일의 정반대다.

내가 보유한 포지션에 더 큰 가격 변동폭을 허용하는 유일한 경우는 상황이 좋을 때다. 시장이 좋을 때는 종종 포지션이 구제를 받기 때문에 나도 조금은 더 너그러워질 수 있다. 역으로 어려운 시장 환경에서는 평소보다 수익은 작고 손실은 클 것이므로 하향 갭이 나올 확률이 보통 때보다 높고 더 큰 가격 하락을 겪을 수 있다. 이를 현명하게 대처하는 방법은 아래와 같다.

- 손절 스톱을 조인다. 보통 7~8%에서 손실을 취했다면 5~6%에서 손절한다.
- 더 작은 이익에 만족한다. 보통 15~20% 수익을 취했다면 10~12%에서 익절한다.

- 부채를 이용해서 트레이딩하고 있다면 마진을 갚는다.
- 포지션 규모로 보는 위험 노출 금액뿐만 아니라 전체적인 투자금을 줄인다.
- 평균 승률과 보상/위험 수치가 개선되면 거래 조건을 점진적으로 평소 수준으로 푼다.

최후의 성배

주식시장에서 가격 변동성에서 오는 수익을 노리고 투자할 때는 확실성을 기대할 수 없다. 그래서 투기speculation라고 부르는 것이다. 투기는 특정 가정을 바탕으로 한다. 주식을 매수할 때는 다른 사람들이 해당 주식의 가치를 인식하고 주가를 끌어올리는 수요를 창출하리라는 기대를 품는다.

보상/위험 비율을 관리할 때는 몇 가지 가정에 의지해야 한다. 감수하는 위험 수준 대비 기대할 수 있는 보상은 어느 정도인가? 50/50 트레이더라고 했을 때 만약 20%의 기대 수익을 예상하고 10%의 손절을 썼는데 기대 수익이 20%에 한참 못 미치는 8%라고 한다면, 기대 수익이 음수가 되기 때문에 시간이 지나면서 분명히 손실이 발생한다.

기대 수익은 수익 거래 비율과 평균 수익을 곱하고, 이를 실패 거래 비율과 평균 손실을 곱한 값으로 나누어 구한다. 기대 수익을 양의 값으로 유지하면 성공이다. **모든 거래에 대해 현명하게 위험 대비 보상을 결정하겠다는 선택을 하면서부터 나의 투자 성과는 평범한 수준에서 매우 뛰어난 수준으로 비약했다.** 다음 공식이 내가 아는 유일한 최후의 성배다.

수익 거래 비율PWT, percentage of winning trades×평균 수익AG, average gain/실패 거래

비율PLT, percentage of losing trades×평균 손실AL, average loss=기대 수익

이론 기반 가정법

앞서 언급했듯 위험은 기대 수익의 함수로 정해야 한다. 마찬가지로 손실도 기대 수익의 함수로 정한다. 잠재 상승분을 결정하는 데는 두 가지 방법이 있다. 우선 이론 기반 가정법TBA, theoretical base assumptions이 있다. 종목이 50% 정도 오른다고 예상했다고 하자. 혹은 좀 더 신중하게 20% 수익을 예상할 수도 있다. 훌륭해 보이는 수치들이다. 하지만 (A) 상승이 실제로 발생하고 (B) 이 상승을 잡을 수 있다고 가정하는 것은 현실적일까? TBA 접근법은 이 기대 수준을 현실화할 수 있는, 실제 사례가 없다는 문제가 있다. 여러분은 실제로 꾸준히 이 수준의 수익률을 낸 적이 있는가?

한 예로 주당 30달러에 거래되는 주식을 주가가 이전 고점 가격인 34.50달러로 올라갈 것이라 믿고, 즉 15% 수익을 낼 것이라 믿고 매수한다. 위험의 3배인 보상을 기대하면서 매수 가격보다 5% 낮은 28.50달러에 스톱 주문을 걸어 놓는다. 이 접근법은 전적으로 이론적인 가정에 기반한다. 나의 기술적 분석, 행성이 배열된 방식 또는 내가 특정 가격까지 올라갈 거라고 믿는 다른 어떤 이유 같은, 나의 가정이 그 기반이다. 목표 가격까지는 갈 수도, 가지 못할 수도 있다. 아무리 가정이 좋아도 이론적 결과는 현실을 기반으로 하지 않으며, 사람의 실수를 고려할 수도 없다. 게다가 감정 때문에 내가 만든 체계를 무시하고 행동할

수도 있다. TBA 접근법만 쓰면 장담하건대 가정과 실제 결과 사이에 큰 차이가 있을 것이다. 단순한 예측보다는 현실을 기반으로 하는 것이 더 좋다.

결과 기반 가정

기대 수준을 결정하는 두 번째 방법은 내가 결과 기반 가정**RBA, result-based assumption**이라고 부르는 접근법이다. 이 접근법을 쓰고자 한다면 실제 거래에서 거둔 평균 수익을 조사해야 한다. 지난해 수익을 낸 거래의 평균수익률이 10%이고, 전체 거래 중 절반에서 수익을 냈다고 하자. 과연 10% 손실을 감당할 수 있을까? 아마 못할 것이다. (일반적으로 거두는 수익을 기반으로 한다면) 평균 수익 10%로는 초과 수익을 낼 수 있는 패를 만들 수 없다. 그러면 위험을 5% 정도의 더 낮은 수준으로 제한해야 한다. 혹은 평균 수익이 4%밖에 안 된다면 2%에서 손절할 수도 있는데, 사실 이 정도면 데이 트레이더에게는 괜찮다. RBA를 사용하면 내가 감당하는 위험이 실제 나의 거래 결과 그리고 전략의 성과와 연결된다. 위험 대비 두세 배의 수익을 거두려면 이미 청산한 나의 거래를 기준으로 위험을 결정해야 한다.

RBA 접근법으로 위험을 산정하려면 훈련이 필요하다. 대부분 트레이더는 점쟁이들이 보는 수정공을 보고 스톱 가격을 정한다. 앞으로 일어났으면 하는 일을 기준으로 정한다는 말이다. 예를 들어 내가 어떤 종목이 40%의 상승 잠재력을 갖고 있다고 믿는다고 하자. 이때 내가 2R 트레이더—위험 1단위당 2단위의 수익을 내는—라면 나는 시장에 들어가는 지점의 가격보다 20% 아래에 스톱을 설정할 수 있다고 생각한다. 하지만 틀렸다! 이때 나의 실제 트레이딩 결과가 보여 주는 수익은 10%다. 스톱 가격을 설정할 때는 이 결과치들을 고려해야 하는데, 특히 이론 기반 가정법을 근거로 한 가정과 상당히 다른 경우는 더욱 그렇다.

시간이 흐를수록 실제 트레이딩 성적이 향상되면 스톱도 상응하도록 조정할 수 있다. 그러나 성적이 더 나빠진다면 위험을 더 줄여야 한다. 정말 멋진 가정을 세울 수 있고, 한 개 혹은 여러 개의 거래에 대한 이론적인 가정이 훌륭할 수도 있고, 계획한 대로 결과가 나타날 수도 있다. 하지만 투자 성과는 시간이 지나면서 내가 노력해서 만든 평균에 의해 결정된다. **실제 투자 성과는 전략뿐만 아니라 더 중요하게는 너무 나 잘 짜인 계획도 부분적으로 무력화하는 나의 사소한 결점들, 나만 의 버릇, 감정까지 총망라해 결정된다.**

전략이 무엇이든, 보유 기간이 한 시간이건 몇 달이건 간에 결과를 파악하고 계산을 해 봐야 한다. 이 현실을 바탕으로 다음 거래의 기대치를 조정한다. 나는 평균 수익을 자동차 경주에서 일정 거리를 두고 따라야 하는 예행 중인 선도차로 생각한다.

단계별 스톱 이용

포지션 전체에 동일한 손절 가격을 설정할 필요는 없다. 내가 단계별 혹은 구간별 스톱이라고 부르는 방식을 쓰면, 주가가 예측과 반대로 갈 때 바람직한 수준으로 손실은 완화하면서 포지션 일부를 유지할 수 있다. 위험을 5%로 제한하고자 한다면 5% 스톱을 설정하고, 주가가 이 가격을 건드리면 거래에서 나온다. 더 보수적인 접근 방식을 취한다면 포지션의 1/3은 3%, 1/3은 5%, 1/3은 8% 손실 가격에 스톱을 설정할 수 있다. 이렇게 하면 총손실을 약 5%로 유지하면서 2/3는 5%로, 1/3은 8%로 손절매될 때까지 포지션을 유지할 수 있다.

새로운 강세장이 형성되는 초기 단계에는 새롭게 출현하는 주도주가 크게 상승한다. 보유분에 일부라도 여유를 두고 손절을 설정해서 상승 가능성을 시험할 수 있도록 기회를 더 준다면, 종목이 크게 상승할 때 작은 포지션만으로도 총수익률에 큰 차이를 만들 수 있다. 단계별 손절을 이용할 때의 핵심은 포지션 전체가 종료되지 않도록 적정한 손절 가격을 유지하는 것이다.

종목이 매우 큰 폭으로 상승할 것 같다고 생각될 때 나는 단계적 스톱을 이용한다. 시장 변동성이 높고 주가가 스톱 가격에 계속해서 도달하는 상황이면, 나는 최초 스톱 가격에 포지션의 2/3를 걸고, 나머지 포지션의 기회를 살핀다.

〈그림 3-3〉에서 이 거래로 내가 감당하고자 하는 손실은 6%다. 하지

〈그림 3-2〉 단계별 스톱은 위험의 단계를 정하고 이를 구간으로 나눈다.

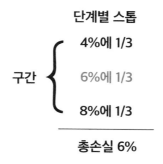

단계별 스톱

구간 {
4%에 1/3

6%에 1/3

8%에 1/3
}

총손실 6%

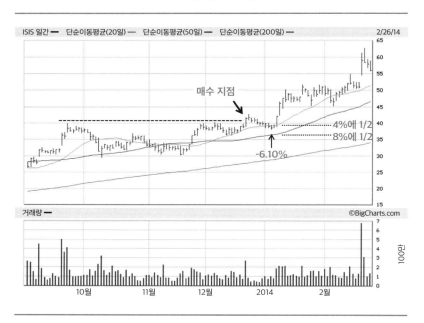

〈그림 3-3〉 아이시스 제약 Isis Pharmaceuticals, ISIS **2014. 2개월 동안 54% 상승. 주가가 -6.10%를 찍었으므로 6%로 스톱을 설정했다면 포지션이 완전히 종료되었을 것이다. 이때 스톱을 구간별로 설정해서 포지션 절반을 4%에, 나머지 절반을 8%에 손절 스톱을 설정하면 6% 위험을 유지하면서 포지션의 절반을 남기게 된다.**

만 나는 좀 더 안전하게 가기로 결정하고 스톱을 재설정했다. 포지션의 절반은 4%에 스톱을 걸고 나머지 반은 8%에 걸어서 포지션의 반이 더 변동할 수 있도록 허용한다. 이 거래의 총손실은 여전히 6%다. 스톱을 세 거래로 나누는 등 원하는 방식대로 조합해서 이용할 수 있다.

스톱 가격을 언제 올려야 하는가?

나에게는 처음 설정한 스톱 가격을 올리는 시점에 대한 지침이 몇 가지 있다. 손절 스톱의 몇 배로 주가가 상승하고, 평균 수익보다 높은 수익을 내는 종목은 절대로 손실로 넘어가게 하지 않는다. 이럴 때 나는 스톱을 최소 매입가까지 올린다.

50달러에 매수하고 손절 주문을 5%에 걸었다고 가정하자(2.50달러 위험에 47.50달러에서 손절매). 주가가 57.50달러까지 오르면(7.50달러 이익=3×2.50달러) 나는 스톱 가격을 최소 50달러까지 올린다. 주가가 계속 오

〈그림 3-4〉 그린 플레인스Green Plains, GPRE 2014. 8개월 동안 150% 상승. 주가가 박스권을 돌파한 후 자연스러운 조정을 겪었다. 이후 가격이 올라 자연스러운 조정을 상쇄하고 꽤 괜찮은 수익을 달성하며 신고가로 진입했다. 이때가 스톱 가격을 올리기에 좋은 때다.

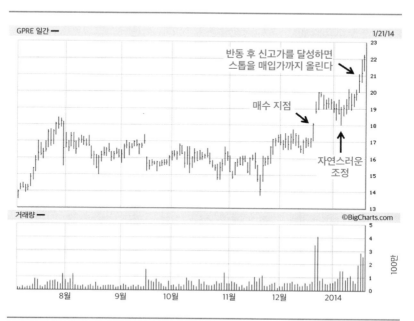

르면 상승 중에 매도할 기회를 찾고, 이익의 전부 또는 적어도 일부를 확정한다. 매입가에 걸어 놓은 스톱으로 인해 거래가 종료되더라도 원금은 확보할 수 있다. 즉 버는 것이 없지만 잃는 것도 없다. **수익을 냈던 거래에서 주가가 매입가로 돌아왔을 때 스스로를 어리석다고 여길 수 있다. 그런데 달리 생각하면, 꽤 큰 폭의 수익이 손실로 바뀌었을 때 훨씬 기분이 나빴을 것이다.** 나는 주가가 자연스러운 조정을 거치고 신고가를 탈환할 때 스톱 가격을 올리는 편이다.

종목이 위험의 두세 배 상승할 때, 특히 현재 수익률이 과거 평균수익률보다 높을 때는 스톱 가격을 올린다(〈그림 3-4〉). 손실로부터 나를 보호하고, 원금과 자신감을 지키는 데도 도움이 된다.

추가 위험 없이 포지션 규모 늘리기

나는 수익이 난 포지션으로 가능하면 많은 수익을 올리려고 하며, 가격이 오를수록 기존 포지션에 추가하는 방식을 찾는 데 창의력을 발휘한다. 나의 목표는 언제나 그렇듯 위험을 최소화하고 잠재적인 수익을 극대화하는 것이다. 지금부터 내가 추가와 절감이라고 부르는 '거래 관리 기술'을 어떻게 적용하는지 살펴본다.

〈그림 3-5〉의 예처럼 주식 1,000주를 16.50달러에 매수하고, 1달러 손실인 15.50달러에 손절 스톱을 설정한다. 1,000달러 위험으로 1,000주를 갖는다는 의미다. 이후 주가가 급격히 상승하면서 새로운 매수 지점을 형성한다. 주가가 새 매수 지점인 17.50달러 선을 지날 때 나는 1,000주를 추가해서 포지션을 두 배로 늘리고, 2,000주 전체에 1달러 손

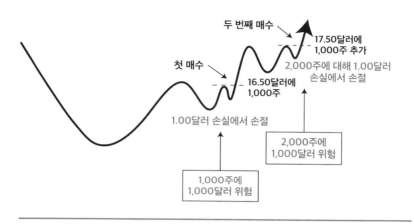

실인 16.50달러로 손절 스톱을 설정한다. 위험을 동일한 1,000달러로 유지하면서 위험 노출 규모를 두 배로 늘리는 것이다. 이렇게 발생한 수익으로 추가 위험을 취할 자본을 공급한다. 두 번째 매수 가격이 18.50달러이고 똑같이 1달러 손실에 스톱을 설정했다면, 나는 원금 대비 위험하지 않은 상태에서 규모를 두 배로 늘릴 수 있다. 나는 이런 방식으로 포지션을 확장한다.

타율 공

대중은… 확실성을 요구한다. 확실히 말해야 한다…. 이것은 진실이고 저것은 거짓이라고! 그러나 확실성은 존재하지 않는다.

- 헨리 루이스 멘켄H.L. Mencken

프로야구 선수들이 '타율 공percentage ball'을 구사한다고 할 때가 있다. 3회의 점수가 1-0이고 1루에 타자가 한 명 나가 있을 때 타율 공을 구사한다면 다음 타자는 번트를 댈 것이다. 해당 타자는 1루까지 도달하지 못하고 아웃되겠지만, 1루에 있던 주자를 2루까지 진출시키면서 동점 기회를 만들 수 있다. 여기서 프로 선수가 해야 할 일은 동점만을 노리는 '안전한 플레이'다. 더 절박한 상황에서는 타율 공을 위해 히트 앤 런, 홈런 또는 방어적이지만 성공했을 때 성과가 큰 다른 플레이가 필요할 수도 있다.

위험을 통찰력 있고 논리적으로 계산하는 것은 일관적으로 우수한 수익률을 달성하기 위한 핵심 요소다. **보통 프로들은 타율 공을 구사하며, 이것이 장기적으로 아마추어에 비해 일관된 경기를 할 수 있는 이유다. 따라서 아마추어와 프로의 차이는 일관성에 있다고 말할 수 있다.** 수학적으로 계산한 승률—시장을 이길 수 있는 '우위'—에 기반하면 성공적인 거래를 할 수 있다. 우위를 거듭 활용할수록 더 많은 수익을 낼 수 있고, 확률이 더 올바르게 분산되면서 실제로 일어날 가능성이 더 커진다.

전문가는 주식 트레이딩이 절대적인 혹은 확실한 요소에 의해 결정되는 것이 아님을 이해한다. 그들은 확률에 따라 의사 결정을 내린다. 현재 시점에서 가장 성공 가능성이 높은 일련의 행동을 선택한다. 모든 것에 완벽한 답을 기대하면 안 된다. 완벽한 답은 존재하지 않는다. 타율 공의 현명한 방식을 받아들이거나 거부하는, 두 가지 선택지만 있을 뿐이다.

수학적으로 열 번 중 여덟 번은 이기는 패

텍사스 홀덤을 하는 중에 에이스 한 쌍이 주어졌다고 상상해 보자. 공유 카드의 첫 세 장을 뒤집기 전 첫 베팅 라운드에 모든 판돈을 걸면, 한 명만 상대하는 게임에서 이길 확률은 80%다. 그런데 내가 이 전략을 택했을 때 상대 플레이어가 마지막 베팅 카드인 리버 카드를 이용해 더 높은 패를 갖게 되어서 게임에서 졌고, 다음 판에서 에이스 한 쌍을 또 받았다고 하자. 다시는 돈을 걸지 말아야 할까? 적어도 나는 당연히 에이스에 돈을 걸 것이다. 에이스는 포커에서 가장 좋은 카드 두 장이다. 강한 패다. 물론 이 패를 갖고 있다고 모든 판을 이기는 것은 아니지만, 수학적으로 에이스 한 쌍이 열 번 중 여덟 번은 이기는 패라는 건 안다.

포커 게임과 주식시장에서의 결과는 전적으로 시간이 흐르면서 발생하는 사건에 달려 있다. 요행이나 통계적인 이상 수치에 달려 있지 않다. 여러분의 목표는 가능한 한 가장 낮은 위험으로 가장 높은 성공 가능성에 거래를 배치하는 것이다. 견고한 규칙을 적용해 기준을 정립하면 성공 확률을 높일 수 있다. 그래도 잘 안 될 때는 기억하자. 잘못된 방법으로 성공하는 것보다 올바른 방법으로 실패하는 것이 낫다. 올바른 방법으로 실패한 경험이 커다란 부를 가져다줄 수 있다. 이런 실패는 단기적일 뿐이다. 올바른 방법으로 기른 절제력과 수학적으로 거래를 보는 우월한 능력을 바탕으로 시간이 지나면 성공적인 거래를 할 수 있고, 이런 거래들이 복리로 이자가 쌓이듯 더 큰 성공을 불러올 것이다. 반면 잘못된 방법으로 성공하면 나쁜 습관을 강화할 뿐 결국 파산으로 이어질 수 있다.

이것이 도박과 투자의 차이다. 도박에서 확률은 나에게 불리하고 시간이 지나면 내가 분명히 지지만, 투자에서는 올바른 규칙을 따르면 수학적 우위 또는 양의 기대 수익을 갖게 되기 때문에 성공에 이른다. 하지만 이때 합리적으로 기대할 수 있는 수익보다 더 많은 위험을 감수해서는 안 된다. 나에게 불리한 확률적 경우를 쌓으면 도박이 되기 때문이다.

대부분의 투자자는 왜 위험 통제에 실패하는가

투자자들은 대부분 보유 종목에 애착을 형성한다. 주식이 추락하면 자존심이 무너지는 것만 같고, 그래서 팔지 못하는 이유를 합리화하기 시작한다. 대부분의 투자자가 손실을 끊어 내는 데 실패하는 이유는 매도 후 주가가 다시 오를까 봐 두렵기 때문이다. 하지만 후회에 대한 두려움은 순전히 자존심에서 비롯된다! 모순적으로 투자자들은 같은 두려움에 사로잡혀 수익이 날 때도 압박을 느껴 너무 빨리 팔아 버린다. 팔지 않으면 주가가 떨어져서 수익이 다 날아갈 것 같기 때문이다.

트레이딩에서 성공하려면 자존심은 뒤편으로 보내고 감정은 없애야 한다. 바람, 두려움, 자부심은 트레이딩에 끼어들 자리가 없다. 간단히 말해 나의 욕구가 판단을 우선하게 해서는 안 된다. 항상 옳을 수 없고, 그래서 손실을 보게 될 것이다. 실제로 여러분은 50% 정도만 옳을 것이다. 이마저도 잘하는 사람의 경우다. 궁극적으로 성공을 결정하는 것은 틀렸을 때의 대처다.

트레이딩은 물론이고 인생에서도 실패를 어떻게 대하느냐가 평범과 비범을 가른다. 손실은 기대 수익의 함수임을 기억하자. 손실을 수익보다 적게 유지하는 것이 핵심이다. 보상을 항상 위험과 비교하고, 위험은 본인의 실제 트레이딩 결과를 근거로 설정한다. 수익이 얼마가 될지, 얼마나 자주 발생할지를 합리적으로 파악할 때 손절 스톱은 단순히 산수 공식의 문제가 된다. '기대 수익보다 더 큰 위험을 지지 않는다.' 이를 기억하는 것이 핵심이다.

Chapter

4

트레이딩의
진실

THINK
& TRADE
LIKE A
CHAMPION

닭에게 새로운 암 치료제의 효과를 시험하던 의학 연구원은 높은 비율로 암이 치료되었다는 사실에 뛸 듯이 기뻐했다. 이 성공 소식은 빨리 퍼져 나갔고 그는 의학 업계 회의에 발표자로 초청되었다. 발표에서 그는 이 치료제와 그가 사용한 기술 그리고 결과에 대해 설명했다. 그가 보고한 내용은 다음과 같다.

"놀랍도록 높은 비율로 전체 닭의 1/3이 완치된 것으로 나타났습니다. 나머지 1/3은 효과가 없는 것 같았고… 그리고 나머지 닭들은 도망쳤습니다."

- 버튼 패브리칸드Burton P. Fabricand

측정의 힘

나는 오래전부터 슬롯 카slot car 경주 애호가였다. 잘 모르는 사람들을 위해 설명하면 슬롯 카는 8개의 전기 선로 위에서 달리는 작은 모형 전기자동차다. 장난감이지만 일부 회원들은 이에 대해 꽤 진지하다. 가장 빠른 차와 가장 숙련된 '운전자'를 뽑기 위해 승부를 다투는 슬롯 카 대회도 있다. 나는 어느 날 경기장에서 지역 슬롯 카계의 전설적인 인물로 알려진 사람을 만났다. 그의 이름은 록키로 전미 챔피언십도 우승한 바 있었다. 그와 나는 이후에 친구가 되었다.

몇 년 후 내가 지역 대회에서 이긴 후 가진 저녁 식사 자리에서 록키는 나의 첫인상에 대해 얘기했다. "나는 이 사람의 스톱워치랑 수첩을 보고 보통이 아니라고 생각했지. 그걸 보고 이기러 온 줄 벌써 알았어."

슬롯 카 경주를 처음 본 건 야외 쇼핑몰을 거닐 때였다. 창문 너머로 경주 트랙을 보면서 '와, 저거 진짜 재밌어 보이는걸' 하고 생각했고, 그 즉시 들어가서 슬롯 카 하나를 빌리고는 홀딱 빠져 버렸다. 모든 것이 그렇듯이 시행착오를 거치며 배워야 했고, 나는 장비를 한 무더기 사서 슬롯 카 경주를 시작했다. 회전 시간을 측정하는 경기장의 시계가 나를 도전적으로 만들었다. 나는 무엇을 해야 더 빨라질 수 있는지가 알고 싶었다. 그래서 20바퀴를 돌고 타이어를 교체하고, 다시 20바퀴를 돌고 타이어를 깎아 보기도 했다. 그리고 나서 모터와 몸체 스타일을 바꿔 가며 또 20바퀴를 돌렸다. 한 바퀴 회전할 때마다 나는 그 결과를 수첩에 꼼꼼히 기록했다. 온갖 종류의 것을 조정하며 효과를 알기 위해 시간도 기입했다.

슬롯 카 경주는 그저 취미에 지나지 않았지만, 나는 다른 모든 일을 대하는 것과 동일한 방식으로 슬롯 카에 접근했다. 결과를 계속해서 기록하고, 잘 안 풀릴 때도 잘 풀릴 때만큼 관심을 기울였다. 결과를 기록하지 않았다면 실수를 파악하지 못했을 것이고, 무엇을 어떻게 개선해야 했을지도 알 수 없었을 것이다. 기록 외에 어떤 것이 효과가 있는지 그리고 무엇이 비생산적인지 알 수 있는 방법이 있을까?

슬롯 카 경주법을 완성시키는 일이건 주식 트레이딩이건 간에 측정의 힘은 훈련된 사람들에게는 매우 귀중한 도구가 된다. **트레이딩 결과**

를 계속해서 기록하고 확인하면 자기 자신과 자신의 트레이딩에 대해, 더불어 그 어떤 책, 세미나, 지표, 체계도 알려 주지 못하는 통찰력을 얻게 된다. 거래 조건, 나의 능력, 거래를 이행할 때의 일관성까지, 트레이딩 결과는 내가 하는 모든 것이 남는 지문이다. 결과가 곧 나의 진실인 것이다.

경영 쪽에서는 '측정되는 것은 관리할 수 있다'고 말한다. 그런데 트레이딩에서는 많은 거래가 측정되지 않은 채 지나가 버린다. 많은 사람이 결과에서 무엇을 어떻게 측정해야 할지 모르거나 측정이 필요 없다고 생각하기 때문이다. 대부분이 트레이딩을 향상시키기 위해서 정보를 어떻게 이용하고 적용해야 하는지 모른다. 그래서 내가 그 방법을 보여 주려 한다.

트레이딩에 관한 가장 소중한 정보

내가 운영하는 마스터 트레이더 프로그램 워크숍에서 나는 항상 평균 수익, 평균 손실, 수익 거래 비율을 아는 사람이 얼마나 되는지 손을 들어 보라고 한다. 수년간 열린 세미나에서 매번 손을 드는 사람은 몇 명 되지 않는다. 자신의 트레이딩에 대해 아는 트레이더가 거의 없다는 슬픈 사실을 다수가 입증하는 순간이다!

잠시 생각해 보자. 트레이딩 결과에 대해 모르는데 어떻게 기대 수준을 정할까? 이건 계기판 없이 비행기를 조종하는 것과 마찬가지다. 비행기가 기울어지지 않고 똑바로 가고 있는지 알 수나 있을까? 자신이 만들어 내는 수익이 어떻게 발생하는지 모르는데 위험을 얼마나 감수해야 하는지 어떻게 알까? 차라리 눈을 가린 채로 다트 판에 다트를 던지는 것이 낫다.

감, 소문, 정보, 뉴스에 따라 주식을 사고파는 사람이 많다. 성공적인 트레이딩을 이끌어 내는 데 있어 결정적인 것이 *트레이딩 결과*의 주요 항목을 측정하는 것인데, 이를 위해 원칙에 근거한 체계적인 접근 방식을 마련한 사람은 더 없다. 대부분은 잘못한 거래를 보고 싶어 하지 않는다. 그래서 결과를 측정하는 작업은 그다지 인기가 없다. 약간의 노력과 공부로 마법같이 실력이 향상될 것이라 믿는지, 본인인 잘못한 거래는 그냥 잊어버린다. 이는 게으른 태도이고 큰 실수다. 주식시장에서 성공에 이르는 첫걸음은 타조처럼 모래에 숨긴 머리를 빼고 결과를 사후 분석하는 데서 출발한다. 트레이딩에 관한 가장 소중한 정보는 여러분의 트레이딩에 있다!

자신에게 항상 솔직하기

주식시장에서 변하지 않는 진실이 있다. 일어나야 한다고 생각하는 일이 온전히 일어나지 않는다는 것이다. 장밋빛 안경은 트레이딩 결과에 대한 나의 시각을 왜곡한다. 객관적인 시각을 유지하지 못하고 스스로에게 솔직하지 못할 때 그렇다.

여러분이 막 시장에 들어온 트레이더든 시장에 꽤 오래 있었던 트레이더든 간에 결과—내가 기억하고 싶은 거래만이 아니라 모든 거래—에 관한 정산표는 꼭 갖고 있어야 한다. 모든 거래에 대해 어느 지점에서 사고팔았는지를 기록한다. 곧 평균 손실과 평균 수익 그리고 성공과 실패의 빈도 등 실적 기록이 생길 것이다. 나는 모든 수익, 손실 거래에 대해 평균 보유 기간뿐만 아니라 월별 가장 큰 수익과 가장 큰 손실도 기록해 놓는다.

자료를 수집하고 계산할 때는 다른 전략으로 매매한 데이터와 섞지 않는다. 예를 들어, 몇 달 동안 데이 트레이더였다가 스윙 트레이더나 장기 투자자로 스타일을 바꾸었다면 모든 거래 결과를 포함하는 평균을 계산하지 않는다. 기록은 전략별로 관리한다. 그렇게 해야 'z'% 빈도로 발생하는 'y'% 수익에 대해 'x'% 미만의 손실로 유지하는 식으로 거래별 위험/보상 배율을 제어할 수 있다.

이것이 보험사들이 특정 인구 통계학적 집단 및 나이, 삶의 방식, 건강 상태 등에 따라 사람들을 나누고, 기대 수명을 예측하고자 보험 계리를 통해 접근하는 방식이다. 이렇게 나뉜 집단의 모든 특성을 분석한 후 보험사는 평균적으로 이 그룹의 기대 수명이 말하자면 77세라는 걸 알게 된다. 현재 나이가 주어지면 보험사는 사망 보험금을 지급할 때까지 남은 기간이 몇 년인지를 예측할 수 있다. 그러고 나면 일정 기간 징수했을 때 사망보험금을 충당하고도 이익을 남길 수 있는 수준의 보험납입료를 산정할 수 있다. 물론 성공적인 거래의 수익이 정확히 얼마일지를 알 수 없듯이 보험사도 해당 집단의 모든 사람이 77세에 사망한다고 확신할 수 없다. 하지만 보험사들은 데이터의 상당 부분이 정렬해 있는 지점을 근거로 예측하는 과학적인 방법을 습득했다.

트레이딩도 이와 같은 방식으로 생각하면 된다. 기업 인수 건으로 가격이 뛰어올라 60% 수익을 낸 것 같은 특정 사건들은 도드라질 것이다. 그러나 가장 잘했던 거래를 바탕으로 위험을 판단하면 아무런 보호도 받지 못한다. **평균 수익은 위험을 산정하는 가장 중요한 근거이므**

로 반드시 알아야 한다. **이것이 거래당 얼마나 큰 위험을 감수할지를 결정하는 가장 좋은 방법이다.** 보험사들이 기대 수명을 반영하기 위해 보험료를 조정하듯이 수익의 기대 수명—평균적으로 수익의 효과가 만료되는 지점—을 반영하기 위해 손절 가격을 조정해야 한다. 수익이 평균 15%가 되고 2:1의 보상/위험 배율을 유지하고 싶다면 손절 스톱은 7.5% 이하로 설정해야 할 것이다.

매일 일지 쓰기

나는 나와 함께 일하는 모든 사람에게 메모장과 필기구 없이 회의에 나타나지 말아 달라고 부탁한다. 모두가 의무적으로 정확하게 필기하고 일지를 써야 한다. **나는 하루 중 보고 들은 것을 부분적으로라도 기억할 수 있다고 생각하는 사람들은 교만하고 착각에 빠져 있다고 본다. 고로 써야 한다!** 누군가 말하는 걸 들으러 갈 때는 녹음하거나 (허용된다면) 필기를 하자. 트레이딩도 마찬가지다. 매일 일지를 작성하고 빠짐없이 정기적으로 새로운 내용을 추가하는 습관을 가져야 한다. 나는 펜, 메모장 그리고 디지털 녹음기를 항상 갖고 다녔다. 이것이 정말 성공하고 싶어 하는지를 즉시 판단할 수 있는 가장 확실한 방법이기도 하다.

몇 년 전 나는 주식과 관련한 일을 하는 젊은 청년 한 명을 만났다. 어느 날 우리는 저녁을 함께하게 되었는데, 그 자리에서 그가 내게 주식에 대해 묻기 시작했다. 나는 답하고자 말을 꺼내고 있었다. 그런데 그가 "잠시만요" 하고는 재빨리 메모장과 펜을 꺼내 들었다. 그러고는 "네,

계속해 주세요" 하더니 내가 하는 모든 말을 받아썼다. 나는 '이 친구는 성공하겠군' 하고 생각했다. 그는 단 하나의 정보도 소홀히 하지 않았다.

성공하는 사람들은 당연하게 받아들이는 것이 없다. 그들은 좋고 나쁜 모든 경험을 귀중한 금 원석 덩이를 정제하듯이 연구하고 발전시켜야 한다는 사실을 안다. 기억에 의존할 때의 한계를 깨닫고, 항상 준비하고, 기록하고, 이를 반추하고, 기대를 현실에 비교해 생각한다.

정산표

정산표는 한 켠에 치워 두거나 이따금 꺼내 보는 지난 성적표 그 이상으로, 다음 거래를 지휘하기 위한 정교한 안내서다. 트레이딩 결과와 관련한 여러 수치를 인식하고 있으면 모든 거래를 기록에 비추어 판단할 수 있다. 그렇게 트레이딩 결과의 통계 수치는 트레이딩에 다시 반영되고, 거래가 가야 할 방향을 제시해 준다. 예를 들어 주가가 -5%에서 -8% 그리고 -10%까지 도달했다고 하자. 그러면 갑자기 머리에 경고음이 들릴 것이다. 그럼에도 정산표에 이 손실을 기입하고, 기록을 볼 때마다 (이 손실이 평균에 미친 영향도) 꺼내 봐야 한다. 전체 수익률이 나빠질 뿐만 아니라 앞으로 이를 상쇄하기 위해 더 큰 수익이 필요할 것이기에, 정산표를 떠올리며 손실이 최대값이 되기 전에 손절할 줄 알아야 한다. **나는 트레이딩에 대해 결정을 내릴 때마다 항상 먼저 나 자신에게 질문한다. *이 거래를 나의 정산표에 넣으면 어떻게 될까?***

반대로 수익이 나고 있다고 가정하자. 주가가 15%로 빠르게 상승하고 20, 25, 30%까지 계속 오른다. 이제 수익은 과거 대비(평균 10%)의 세 배가 되었다. 슬슬 욕심이 지배하기 시작하고, '이 주식이 얼마나 높이 갈까?' 하고 궁금해진다. 이때가 정확히 트레이딩에 정산표를 반영하고 현실적인 숫자를 떠올려야 할 때다. 30% 수익을 기입하면 정산표에서 평균 수익 열이 놀랍도록 개선될 것이다. 그리고 이 기대수익률을 보면 10%로 도로 미끄러지거나 더 안 좋은 경우 그 이상 떨어지는 것은 피하고 싶어진다.

트레이딩 트라이앵글

내가 빠져든 것 중 하나인 사진에는 광감도ISO(필름 속도 또는 빛에 대한 감도), f-스톱(빛이 들어오는 것을 조절하는 카메라 조리개의 크기) 그리고 셔터 속도(얼마나 빨리 셔터가 '찰칵'하는지)의 세 가지 변수가 있다. 이 변수로 구성된 '삼각형'이 노출을 결정한다. 이 세 변수가 만들어 내는 역학구도가 사진에 영향을 미쳐 노출 과다가 될 수도, 노출 부족이 될 수도 있다. 얻고자 하는 시각적 효과를 위해 최적의 노출을 찾으려면 이들 모두를 각각의 관계에 따라 조절해야 한다.

트레이딩에서도 같은 방식으로 삼각형을 생각해 볼 수 있다. 광감도, f-스톱, 셔터 속도에 대비되는 트레이딩 삼각형의 세 변은 다음과 같다 (〈그림 4-1〉).

■ 평균 수익 규모: 백분율 기준으로 성공한 모든 거래에서 얼마나 많은 수익을 올리는가?

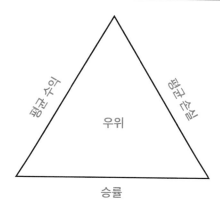

〈그림 4-1〉 양의 기대 수익 혹은 수학적 우위에 도달하도록
삼각형의 균형을 맞추면 트레이딩 결과를 향상시키고 최적화할 수 있다.

■ 평균 손실 규모: 백분율 기준으로 실패한 모든 거래에서 얼마나 많은 손실을
입었는가?

■ 손실 대비 성공률: 백분율 기준으로 성공한 거래의 비율 혹은 '승률'

모든 거래에서 수학적인 우위edge를 달성하려면 현실에서부터 출발
해야 한다. 트레이딩 삼각형의 각 변은 이 우위를 유지하기 위해서 어디
에 집중해야 하는지를 보여 준다. 예를 들어 승률이 .500이고 평균 손실
이 6%라면 나쁘지 않지만 평균 수익이 5%밖에 안 된다면, 성공적인 거
래에서 수익을 더 많이 내거나 더 많이 거래를 성공시키거나 손절 스톱
의 여유를 줄여서 실패하는 거래에서 손실을 줄여야 한다.

월별 확인표

내가 계속 추적 확인하는 몇 개의 주요 수치가 있다. 나는 거래를 입력하면 필요한 숫자를 계산해 주는 소프트웨어가 있는데, 미너비니 프라이빗 액세스Minervini Private Access 회원이라면 알 것이다. 이들은 사용할 수 있기 때문이다. 나에게 평균 수익을 정기적으로 검토하는 일은 매우 중요하다. 대체로 위험 금액을 이 숫자를 기준 삼아 정하기 때문이다. 나는 승률도 추적 확인한다(〈그림 4-2〉). 만약 숫자가 악화되면 손절 가격을 적절히 조정한다. **트레이딩 환경이 어려울 때는 시장이 건강할**

〈그림 4-2〉 월별 확인표를 이용해서 매달 트레이딩 결과를 추적할 수 있다. 이를 통해 객관적인 관점을 유지하고, 날마다 접근 방식의 문제점을 해결한다.

월별 확인표

	평균 수익	평균 손실	승률(%)	총거래 수	장기 수익	장기 손실	수익 일수 평균	손실 일수 평균
1월	7.78%	3.65%	20.00%	5	7.78%	5.53%	7	10
2월	17.51%	5.35%	62.50%	8	21.34%	8.15%	24	9
3월	17.20%	4.91%	55.56%	9	29.87%	7.22%	31	11
4월	9.98%	5.48%	40.00%	10	10.02%	8.23%	13	17
5월	18.65%	5.50%	54.55%	11	24.79%	13.09%	40	19
6월	8.32%	4.06%	50.00%	6	12.14%	7.29%	29	11
7월	16.67%	6.33%	57.14%	14	30.04%	8.04%	44	13
8월	8.43%	4.26%	33.33%	6	8.77%	7.50%	12	7
9월	19.61%	6.09%	44.44%	9	26.01%	8.78%	36	12
10월	-	5.19%	0.00%	4	-	7.47%	-	9
11월	11.19%	8.00%	50.00%	6	13.43%	11.02%	31	8
12월	14.21%	6.33%	42.86%	7	18.53%	8.07%	19	8
평균				95	18.43%	8.37%	26	11

트레이딩 요약	
성공	46.32%
평균 수익	13.35%
평균 손실	5.85%
성공/실패 비율	2.28%
조정 후 성공/실패 비율	1.97%

때보다 수익이 적고 발생 빈도도 낮아질 것이다. 그럴 때는 나이키 광고 문구에 감사하며 이 세 마디를 기억한다. *'Adjust Do it!*그냥 조정해!*'* 항상 보상과의 관계를 기준으로 위험을 생각하자. 위험은 잠재 수익의 함수로 조정해야 한다.

그 외에 확인해 볼 만한 수치들

다음으로 중요한 수치는 월별 최대 수익과 최대 손실 그리고 수익 유지 일수와 손실 유지 일수다. 나는 이를 '고집불통 트레이더' 지표라고 부른다. 특정 달에 큰 관심을 두지 않아도 되지만, 6~12개월 동안의 평균값이 양수여야 한다. 예를 들어 최대 수익이 최대 손실보다 평균적으로 적으면 고집스럽게 손실을 붙잡고 작은 이익만 취한다는 뜻이다. 완전히 반대로 하고 있는 것이다. 수익 평균유지 기간이 손실 평균유지 기간보다 짧으면 손실을 붙들고 있으면서 수익성 있는 거래를 너무 빨리 매도한다는 징후다. 가치가 있는 수치인데 이를 확인하는 트레이더가 거의 없다.

이 데이터를 통해 여러분은 트레이딩에서 실제로 벌어지는 일을 볼 수 있으며, 스스로에게 솔직해질 수 있다. 이것이 챔피언 트레이더들이 익힌 원칙이다. 그들은 머리를 모래에 파묻지 않는다. 약점을 보완하고, 들여야 할 노력을 최적화하기 위해 진실을 파헤친다. **나는 감정과 거리를 두고 결과에서 나를 분리함으로써, 거래에 대해 합리화하거나 변명하지 않고 통찰력을 얻는다.** 결과를 검토하고 계산하자. 흔히 말하듯이 진실은 당신을 자유롭게 한다.

확인표에 포함해야 할 통계 수치

- 평균 수익

- 평균 손실

- 성공/실패 비율

- 승률(수익 거래 %)

- 조정 후 성공/실패 비율

- 최대 수익

- 최대 손실

- 수익 유지 일수

- 손실 유지 일수

종형 곡선

시간이 지남에 따라 '곡선'이 중요해진다. 수익과 손실의 분산이 여러분의 성과를 결정한다. 트레이딩 결과는 종형 곡선을 따라 분산하고, 운이 좋다면 곡선은 오른쪽으로 치우칠 것이다. 이익을 내는 종형 곡선**bell curve**을 유지하려면 손절 가격은 수익 거래에서 거둔 수익의 평균과 성공 발생 빈도를 기준으로 해야 한다. 앞서 말했듯이 승률과 평균 수익, 평균 손실은 지속적으로 추적하는 것이 좋다. 최근 트레이딩이 자신의 과거 평균치 범위에서 벗어나는지, 수익에 비례해서 손실을 일정 수준으로 유지하고 있는지를 빨리 판단할 수 있기 때문이다. 이를 통해 손실에 대응하기 위한 피드백을 얻는다.

곡선에서 얻는 정보가 얼마나 일관성이 있고 장기간 수익을 내는 데 도움을 주는지에 대해서는 아무리 강조해도 지나치지 않다. 트레이딩 결과에서 온 데이터가 많으면 많을수록 더 의미 있는 정보가 되고, 시간이 지남에 따라 트레이딩 결과는 결국 가정치들에 근접할 것이다. 결과를 면밀히 따라가면 트레이딩의 맥을 짚을 수 있다.

손실률을 10% 혹은 그 이하로 제한하고 싶다는 건 종형 곡선에서 -10% 왼쪽으로는 데이터가 전혀 혹은 거의 보이지 않아야 한다는 의미다. 오른쪽에는 되도록 많은 데이터가 보여야 한다. 내가 이루려는 것은 오른쪽으로 '기울어진' 곡선이다(〈그림 4-3〉). 즉 수익—곡선의 오른쪽—은 최대한 오래 끌고 손실—곡선의 왼쪽—은 억제한다는 의미다. 나는 내가 확률적으로 우위에 있는지를 확인하기 위해서 정기적으로 내 거래 종형 곡선을 본다.

나는 내 종형 곡선에 -10% 지점을 '벽the wall'이라고 부른다. 누군가는 '엉클 포인트uncle point'(아이들이 몸싸움 놀이를 하는 과정에서 "say uncle" 또는 "cry uncle", 즉 "항복한다고 해!"라며 포기를 종용하고, 이에 더 이상 버티지 못하고

〈그림 4-3〉 이상적인 곡선은 오른쪽에 가능한 한 많이, 왼쪽에는 적게 아웃라이어가 나타나며 '기울어진' 형태를 만드는 곡선이다.

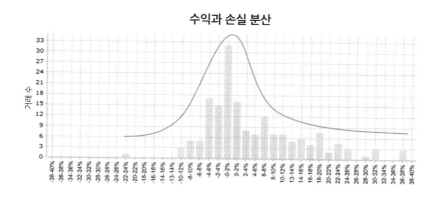

는 "uncle"이라 외치는 것으로부터 온 용어다—역주)라며, 절대 나에게 발생하지 않았으면 하는 최대 손실 지점을 가리킨다. 평균 손실이 아니라 최대 손실이다. 내 목표는 손실이 절대 '벽'을 넘지 못하게 하는 것이다. 시간이 지나면서 여러분은 여러분 각자의 벽이 뚫리는 경험을 할 것이다. 가끔은 빠르게 주가가 꺾여서 급하강하거나 미끄러져서 손실이 내 손을 벗어나기도 할 것이다. 그럼에도 불구하고 여러분의 종형 곡선의 왼쪽보다 오른쪽에 많은 데이터가 있어야 한다.

흔히 말하는 것처럼 아는 것이 힘이다. 트레이딩에 관한 지식은 스스로에게 힘을 실어 주고, 정서적인 훈련을 강화하며, 나 자신을 더 나은 트레이더로 만들어 줄 뿐만 아니라 수익과 손실이 서로 어떻게 연결되어 발생하는지를 알게 해 준다. 결과적으로 손실이 분산 곡선**distribution curve**에 미치는 영향 그리고 손실 때문에 수익이 치러야 하는 대가가 머릿속에 생생하게 그려지고, 그래서 더 나은 트레이딩 결정을 내릴 수 있다. 분산 곡선을 '오른쪽'으로 끌고 가야 이기는 줄다리기 싸움이라고 생각하자.

거래회전율과 기회비용

주식시장에서는 시간이 돈이다. 잃어버린 기회도 마찬가지다. 나는 시간에 따라 복리로 불어나는 '작은' 수익의 힘을 간과하면 안 된다는 걸 일찍 배웠다. 비교적 작은 수익을 높은 회전율로 만들어 내는 것이 큰 수익을 낮은 회전율로 만들어 내는 것보다 총수익 면에서 훨씬 좋을 수 있다. 결국은 주어진 시간 안에서 무엇을 성취할 수 있는가의 문제인 것이다. 120일 안에 40% 상승할 만한 종목을 찾는다고 가정하자. 문제는 20% 오르는 주식 세 개를 찾을 수 있는가 혹은 10% 오를 종목 6개를 찾을 수 있는가다. 40% 오를 종목을 찾는 것보다 10% 오를 종목을 찾는 것이 당연히 더 쉽다. 진짜 문제는 이거다. 더 높은 빈도가 수학적으로도 타당할까? 10% 수익 여섯 번은 복리로 따져 보면 40% 수익 한 번의 거의 두 배이며, 20% 수익 세 번은 10% 수익 여섯 번과 비등한 수익률을 낸다.

거래회전율은 평균 수익, 평균 손실 그리고 승률과 직결된다. 포트폴리오를 매우 빠르게 회전시키면 더 낮은 회전율일 때보다 수익과 손실의 크기가 작아지고 성공/실패 비율이 낮아진다. 이는 '우위'를 더 자주 누리는 것으로, 소매에서 저가 혹은 낮은 마진의 상품을 파는 것과 재고회전율이 낮은 고가의 상품 간 비교로 비유할 수 있다. 마진의 차이를 더 높은 판매량으로 보완할 수 있다면 저가 상품이 고가 상품보다 더 많은 이익을 낼 수 있다. 데이 트레이더는 거래당 평균 1달러도 안 되는 아주 작은 마진으로 연간 몇 천 회를 거래하며, 작은 우위를 회전시켜 상당한 수익을 창출한다.

투자자로서 여러분의 상품은 주식이다. 강한 수요가 있는 주식을 사고 더 높은 가격에 파는 것이 사업의 목적이다. 운영하는 포트폴리오의 종류에 따라 얼마나 많은 이익을 낼 수 있는지가 결정된다. 여러분은 매우 작은 마진이지만 어마어마한 판매량으로 운영되는 월마트이거나 판매량은 적지만 높은 마진을 남기는 부티크 상점일 수 있다. 작은 수익을 내고자 수많은 거래를 한 결과 연말에 놀라운 수익을 낼 수도 있고, 시간은 꽤 걸렸지만 선별한 종목으로 탄탄한 수익을 낼 수도 있다. **결국은 평균 수익을 평균 손실보다 많이 내고, 이 과정을 반복하는 일이 가장**

중요한 문제다. 어떤 사업 영역이건 간에 이것이 기본적인 목표다.

혹시 큰 수익 하나를 담기 위해 그것과 비슷하거나 더 큰 수익을 낼 수 있는 여러 번의 작은 수익 기회를 놓치고 있지는 않은가? 모든 전략은 다르다. 그러므로 기회비용을 계산하고 최적의 보유 기간과 회전율을 결정해야 한다. 다시 한 번 말하는데 자신의 수치를 이해하는 것이 핵심이다. 계산부터 하고, 결과를 분석한 후에 나의 노력을 최적화하자.

당신의 정신 건강을 위한 윈/윈 솔루션

앞서 언급했듯이 트레이더는 주로 우유부단함과 후회라는 두 가지 감정 사이를 오간다. 그리고 트레이더의 감정은 욕심과 공포 사이에서 (대부분 공포 쪽으로) 불안정하게 흔들린다. 트레이더들에게는 이미 크게 가격이 오른 주식을 쫓아가도록 만드는, 나만 뒤처진다는 공포가 있다. 그래서 20달러짜리 주식이 구글처럼 될 수도 있다는 생각에 너무 일찍 파는 건 아닐까 두려워하며 1전까지 남김없이 짜내려고 한다거나, 45달러에 산 주식이 40달러 그리고 35달러가 되었을 때 40달러가 팔지 않은 것을 후회하며 잃어버린 가격대가 회복되길 기대한다. 게다가 대부분의 트레이더는 수익이 나는 종목은 주가 하락으로 지금의 수익을 잃을까 두려워 너무 일찍 팔아서 작은 이익밖에 취하지 못하고, 손실이 나는 종목은 팔고 나면 이후에 가격이 회복되고 더 오를까 두려워서 팔지 못한다.

불안과 싸우고 공포를 잠재워 줄 단 하나의 해독제는 규칙과 현실적인 목표다. 확고한 규칙이 있으면 감정에 치우치지 않고 현실에 근거한 판단을 할 수 있다. 기억하자. 트레이딩은 절대적인 저가에서 매수하고 사상 최고가에 파는 것이 아니다. 매도 가격보다 낮은 가격에 매수하고, 손실보다 큰 수익을 내는 행위를 반복 실행하는 것이 트레이딩이다. 트레이딩의 이 근본적인 측면을 이해하면 성공 투자를 가로막는 큰 심리적 장벽을 제거할 수 있다.

사람들이 많이 물어보는 질문 중 하나는 주식이 꽤 상승했을 때 언제 매도해야 하는지다. 그러나 구체적인 목표 가격은 여러분이 택한 전략의 일환인 기술적인 규칙에 따라 정해야 한다(9장에서 설명할 예정이다). 다만 모든 전략에 적용되는 중요한 규칙이 있긴 하다. *정신적인 건강을 보호하고*, 후회에 사로잡히거나 우유부단함의 족쇄에 갇히지 않기 위해 '절반 매도'를 하는 것이다.

보유한 종목이 20% 상승했다고 하자. 평균 수익인 10%의 두 배, 위험인 7%의 거의 세 배다. 수익은 좋은데, 매도해야 할지 확신이 서지 않는다. 회사가 마음에 들고 더 오를 수 있을 거라 생각하는 것이다. 하지만 주가는 생각과 달리 미끄러지기 시작한다. (한때 25%까지 상승했다고 가정한다.) 자연스럽게 우유부단함이 찾아든다. 이때의 해결책은 간단하다. 포지션의 절반을 판다.

같은 예로 보면 보유 포지션의 절반을 20%에 매도하면 평균수익률이 10%임을 감안할 때 이 거래에서 손실을 입기는 매우 어렵다. 거래의 절반은 20% 이익으로 기록되었다. 나머지 절반만 매입가를 넘기더라도 10%의 수익을 낼 것이고, 그러면 여전히 게임에서 앞설 것이다. 실제로 나머지 포지션에서 10% 손실이 나와도 거래 전체에는 손실이 없어서 여전히 괜찮다. 절반을 매도한 후에는 보유분의 나머지로 종목의 향방을 확인할 수 있다. 결과가 어떻든 간에 여러분은 심리적인 관점에서 후회하지 않은 승자다. **절반을 매도했을 때 주가가 오르면 '정말 다행이다. 반을 갖고 있네'라고 생각할 것이고, 주가가 떨어지면 '정말 다행이다. 반을 팔았네'라고 생각할 것이다. 심리적으로는 어떤 쪽이든 윈/윈이다.** 후회를 무력화하는 단 하나의 방법이다. 포지션의 75%를 매도하고 25%를 보유했는데 주가가 상승하면 '아, 더 보유할걸 그랬어' 하며 후회할 것이고, 반대로 절반 미만을 매도했는데 주가가 하락하면 '아, 더 매도할걸 그랬어'라며 후회할 것이다. 절반을 매도하자. 그러면 거래의 이론적 근거가 균등하게 양분되고, 양방향으로 여러분의 심리를 보호할 수 있다.

한 가지 당부의 말이 있다. 손실을 내고 있는 때 절반 매도는 적용되지 않는다. 주가가 손절 가격에 이르면 반드시 빠져나와야 한다! 하락세에서 반을 팔고, 나머지 포지션의 반으로 언젠가 주가가 돌아서길 바라면서 도박을 해서는 안 된다. 포지션이 불리하게 움직이고 주가가 방어용 매도 선에 도달했을 때는 우물쭈물할 여유가 없다. 훈련되고 원칙을 따르는 단호한 행동만 있어야 한다.

결과 기반 가정 예측

여러분의 결과는 손절은 어디서 해야 하는지, 포지션 규모가 너무 큰지 혹은 작은지, 과거에 비해 나아졌는지 혹은 악화되었는지, 목표에서 얼마나 벗어나 있는지 등 많은 것을 알려 준다. 하지만 이런 통찰력 있는 정보를 보려면 통계를 추적 확인해야 한다.

나는 내 결과를 정기적으로 계산하고 추적한다. 평균 수익이 'x', 평균 손실이 'y'였다는 걸 알 수 있을 뿐만 아니라 시간 경과에 따른 실제 수익률도 확인할 수 있다. 그런 다음 보이는 숫자를 바탕으로 미래에 기대할 수 있는 숫자를 예측할 수 있다. 이 결과가 나의 목표에 부합한다면 나의 접근 방식이 괜찮은 것이다. 만약 내가 목표로 하는 곳에 미치지 못하면 어느 부분을 조정해야 한다. 실제 결과를 바탕으로 예측 작업을 하면서 현실성 있는 것과 그렇지 않은 것을 판단할 수 있다.

예를 들어 포트폴리오가 20만 달러이고 포지션 규모가 25%라고 가정해 보자(〈그림 4-4〉). 원하는 수익률은 40%다. 승률 46%로 평균 수익은 14%, 평균 손실은 7%다. 자, 이제 이 결과를 바탕으로 40% 목표를 달성하기 위해 거래를 60회 정도 한다고 하자.

이제 자신에게 물어야 한다. 자신의 트레이딩 방법으로 거래할 기회 60개를 찾는 데 시간이 얼마나 걸릴까? 과거 트레이딩 기록을 기준으

〈그림 4-4〉 결과 기반 가정 예측을 이용해서 목표수익률 달성에 필요한 사항을 정확히 특정하고 다양한 변수를 조정했을 때 결과에 미치는 영향을 판단할 수 있다.

입력

포트폴리오 규모	$200,000
포지션 규모	25%
요구 수익률	40%
평균 수익	14%
평균 손실	7%
수익 거래 비율	46%

결과

수익 거래의 평균 수익	$7,000
수익 거래 수	28,
손실 거래의 평균 수익	$3,500,
손실 거래 수	33
수익/손실 배율	2:1
포지션 규모	$50,000
거래별 순기대 수익	2.66%
거래별 순기대 수익	$1,300
목표 금액	$80,000
목표 달성 소요 거래 수	60
조정 수익/손실 배율	1.7:1
최적 수익률 예측	19.00%

로 일 년에 80개, 90개 혹은 그 이상의 트레이딩 기회를 찾을 수 있을 것이다. 만약 그렇다면 40%가 아니라 그보다 두세 배인 80%, 120%를 달성할지도 모른다. 어쩌면 포지션 규모를 바꿔야 한다고 생각할 수도 있다. 포지션 규모를 50%로 올리면 30번만 트레이딩하면 되기 때문이다. 12.5%로 낮추면 동일한 수익률을 달성하기 위해 120회의 거래가 필요할 것이다. 이처럼 자신의 결과에 따라 원하는 수익률을 달성하려면 무엇이 필요한지를 결정할 수 있다.

여러분이 단기 트레이더라면 많은 트레이딩 기회를 갖게 될 테지만, 수익과 손실은 스윙 트레이더나 장기 투자자에 비해 훨씬 작을 확률이 높다. 아마도 1%, 2% 수익 또는 0.5%의 손실을 위해 거래를 들어가고 나오게 될 것이다. 그리고 이를 반복할 것이다. 장기 트레이더라면 훨씬 적은 기회를 갖게 되지만 평균 수익은 더 클 것이다. 중요한 건 수익을 극대화할 수 있는 최적의 방법을 찾는 것이다.

결과 기반 가정 예측RBAF를 발전시키려면 당연히 데이터가 필요하다. 많을수록 좋다. 다만 처음 시작할 때는 분석할 데이터가 별로 없을 것이다. 그러니까 더 일찍 시작할수록 더 빨리 가치 있는 데이터로 무장할 수 있다. 결과를 공부해야 하는 가장 중요한 이유는 자신에 대한 통찰을 얻을 수 있기 때문이다. 사람들마다 신체적 고통에 대한 역치가 다르듯이 손실을 견디거나 탐욕을 억제하는 감정적 역치도 다르다. 이런 감정적인 임계치를 건드리는 것이 트레이딩 전략을 구축하는 데 있어 그 어떤 것보다 중요하다. 트레이딩 시스템이 알려 주는 기회를 모두 매매로 연결하는 트레이더가 한 명이라도 있다면 나에게 알려 주기 바란다. 트레이딩실에 블랙박스가 돌아가서 장이 끝나면 손익계산서를 출력하기만 하면 되는 상황이 아닌 이상 감정은 결정에 영향을 미친다. 여러분의 감정적 기질은 실처럼 여러분이 하는 모든 일을 꿰고 지나간다. 따라서 여러분의 결과는 전략, 실행 과정, 수수료, 감정 등 모든 것이 종합되고 정제된 것이다. 정산표에 보이는 수치는 감정을 포함한 트레이딩에 투입된 모든 것에 의해 만들어진다.

그러므로 최종 숫자, 즉 결과가 중요하다. 전략을 따랐을 때 100% 수익을 올릴 수 있다고 생각했을 경우 10%의 수익만 취하고 나온 것은 중요하지 않다. 트레이딩 결과의 마지막 줄의 숫자만이 중요하다. 지금까지 트레이딩한 결과를 기반으로 RBAF를 적용해 잠재적으로 어디까지 갈 수 있는지 그리고 그 목표에 도달하기 위해 무엇이 필요한지를 결정한다.

트레이딩에 숨어 있는 수학 계산 방식

숫자를 충분히 오랫동안 고문하면 원하는 것은 무엇이든 말해 준다는 말이 있다(노벨 경제학상 수상자인 로날드 코어스**Ronald H. Coase**가 한 말이다. 그는 정확한 데이터를 이용해 독립적으로 분석하는 것의 중요성을 강조하고, 통계적 수치 해석 오류 가능성에 대해 경고했다—역주). 어렵게 번 원금을 위험에 노출시키기 전에 숫자를 고문할 뿐만 아니라 전체적으로 완전히 파악해야 한다. 위험을 대할 때는 이해해야 할 특이한 것들이 있는데, 복리로 계산할지 여부가 그중 하나다. 강력한 힘을 가진 트레이딩의 배경에 있는 수학 계산 방식을 이해하는 것이 얼마나 중요한지를 설명하고자 다음의 예를 들어 보겠다.

래리와 스튜어트는 각각 10만 달러로 트레이딩을 시작했다. 그들은 같은 시스템을 따라 스물네 번 거래했고, 같은 가격에 매수, 매도했다. 총 스물네 번의 거래 중 열두 번의 거래에서 거래당 50% 수익을 냈고, 나머지 열두 번 거래에서는 거래당 40% 손실을 냈다. 50% 오르면 40% 떨어지고 다시 50%가 오르는 식으로 수익과 손실이 번갈아 나타나며 스물네 번의 거래가 완료되었다. 자, 이제 결과다. 트레이더 한 명은 계좌를 22만 달러까지 불리며 120%의 수익을 기록했고, 다른 한 명은 7만

〈그림 4-5〉 이 예에서 알 수 있듯이 결과를 추적하면
추정치에 의존하지 않고, 위험의 이면에 숨어 있는 숫자들의 실체를 파악하면서 강력한 통찰력을 갖게 된다.

회차	수익/손실	복리 미적용				복리 적용		
		손익		누적 잔고	누적수익률	손익		누적 잔고	누적수익률
			$	100,000			$	100,000	
1	50%	$ 50,000	$	150,000	50%	$ 50,000	$	150,000	50.00%
2	-40%	$ (40,000)	$	110,000	10%	$ (60,000)	$	90,000	-10.00%
3	50%	$ 50,000	$	160,000	60%	$ 45,000	$	135,000	35.00%
4	-40%	$ (40,000)	$	120,000	20%	$ (54,000)	$	81,000	-19.00%
5	50%	$ 50,000	$	170,000	70%	$ 40,500	$	121,500	21.50%
6	-40%	$ (40,000)	$	130,000	30%	$ (48,600)	$	72,900	-27.10%
7	50%	$ 50,000	$	180,000	80%	$ 36,450	$	109,350	9.35%
8	-40%	$ (40,000)	$	140,000	40%	$ (43,740)	$	65,610	-34.39%
9	50%	$ 50,000	$	190,000	90%	$ 32,805	$	98,415	-1.59%
10	-40%	$ (40,000)	$	150,000	50%	$ (39,366)	$	59,049	-40.95%
11	50%	$ 50,000	$	200,000	100%	$ 29,525	$	88,574	-11.43%
12	-40%	$ (40,000)	$	160,000	60%	$ (35,429)	$	53,144	-46.86%
13	50%	$ 50,000	$	210,000	110%	$ 26,572	$	79,716	-20.28%
14	-40%	$ (40,000)	$	170,000	70%	$ (31,886)	$	47,830	-52.17%
15	50%	$ 50,000	$	220,000	120%	$ 23,915	$	71,745	-28.26%
16	-40%	$ (40,000)	$	180,000	80%	$ (28,698)	$	43,047	-56.95%
17	50%	$ 50,000	$	230,000	130%	$ 21,524	$	64,570	-35.43%
18	-40%	$ (40,000)	$	190,000	90%	$ (25,828)	$	38,742	-61.26%
19	50%	$ 50,000	$	240,000	140%	$ 19,371	$	58,113	-41.89%
20	-40%	$ (40,000)	$	200,000	100%	$ (23,245)	$	34,868	-65.13%
21	50%	$ 50,000	$	250,000	150%	$ 17,434	$	52,302	-47.70%
22	-40%	$ (40,000)	$	210,000	110%	$ (20,920)	$	31,381	-68.62%
23	50%	$ 50,000	$	260,000	160%	$ 15,690	$	47,072	-52.93%
24	-40%	$ (40,000)	**$ 220,000**		120%	$ (18,829)	**$ 28,243**		-71.76%

1,750달러, 즉 71.75%의 손실을 내고 계좌가 기껏 2만 8,250달러가 되었다. 이것이 어떻게 가능할까?

래리는 스튜어트와 달리 각 거래에 고정 금액(원금 10만 달러 기준)만 걸고 수익을 재투자하지 않은 반면, 스튜어트는 원금을 재투자했기 때문에 수익에 복리가 적용되었다. 재투자하는 것과 안 하는 것 중 어느 것이 더 나은 전략일까? 여러분은 결과에 놀랄지도 모른다(《그림 4-5》).

대부분 트레이더가 하지 않는 것을 한다

건강해지려면 건강한 생활 습관을 길러야 한다. 극단적인 다이어트나 훈련도 하지 않고 마라톤을 뛰러 나가라는 것이 아니다. 어떻게 먹는지, 운동은 얼마나 자주 하는지, 음주량은 적당한지 등 건강은 매일 하는 모든 것의 총합이다. 시간이 지나면 건강한 습관이 몸에 배어, 결정할 일도 많지 않을 것이다. 트레이딩에도 내가 생활 방식용 습관이라고 부르는, 제2의 본능이 되어야 하는 건강한 일과가 있다. 아침에 일어나 양치질을 하거나 운동하기 위해 체력단련장으로 향하듯이 이 습관은 트레이딩 생활 방식의 일부가 되어야 한다. 이 습관을 기르면 발전할 수 있을 뿐만 아니라 안전지대를 확장할 수 있을 것이다.

트레이딩의 건강한 습관 중 하나는 정기적으로 하는 결과 사후 분석이고, 또 다른 하나는 원금이 망가지지 않도록 보호하면서 손절하는 것이다. 이것은 단순히 트레이딩을 입력하고 보관하는 것 이상으로 중요하다. 결과를 정기적으로 분석해서 되먹임 고리feedback loop를 만들어 복기할 수도 있다. 모든 되먹임 고리의 기본 전제는 체계 안에서 제어와

자기 통제가 가능하다는 것이다. 되먹임 과정을 통해 배움이 촉진되기도 하는데, 과거에 거래를 성공시킨 요인을 알면 동일한 접근법을 현재와 미래에 적용할 수 있다. 되먹임 고리가 효과가 있으려면 정기적으로 이를 이용해야 한다. 예를 들면 나는 사후 거래 분석 규율의 일환으로 가능한 한 많은 거래 관련 정보를 모으기 위해 분기별 및 연간 평가를 진행한다. 계획처럼 되먹임 고리도 일정이 있어야 한다. 분석 결과를 보기 위해 가끔씩만 열어 본다면 데이터는 무작위이고 신뢰도도 떨어질 것이다.

수익이 나고 거래가 순조롭게 진행되면 사후 거래 분석은 괴롭지 않다. 오히려 자신에 대해서 꽤 긍정적으로 생각하게 되고 기분이 좋아질 것이다. 반면 트레이딩을 잘못하고 있다면 분석을 피하고 싶을 정도로 그 과정이 어려워진다. 성공하지 못한 인간관계나 어렸을 때의 트라우마를 분석하려고 심리상담가와 함께 노력하는 것과 같은 기분을 느낄지도 모른다. 고통스럽다! 하지만 실패한 관계에서 무엇이 잘못되었는지 또는 그 힘들었던 삶의 시기에 어떤 일이 있었는지를 분석한다면 삶을 변화시키는 경험을 할 수도 있을 것이다. 트레이딩도 그렇다. 힘든 시기를 찾아보고 무엇이 잘못되었는지를 자세히 분석해야 성장한다.

돈을 만들어 내거나 변명을 만들어 내거나

나는 여가 시간에 사진을 찍는다. 비록 취미지만 나는 사진에 꽤 진지하고, 트레이딩에서 좋은 결과를 내는 것이 목표이듯이 훌륭한 사진을 찍는 것이 목표다. 최신식 장비도 갖추고 있다. 최고의 장비가 있어야 훌륭한 사진가가 될 수 있다고 생각하지는 않는다. 그저 빠른 자동차가 있어야 훌륭한 자동차 경주 선수가 된다는 것 정도로만 생각한다. 이렇게 생각하면 '변명의 여지'가 사라진다.

트레이딩뿐만 아니라 삶의 모든 측면에서 성공을 거론하는 데 있어 가장 큰 방해물 중 하나는 '변명'이다. 나는 내 삶의 모든 측면에 있어서 결과에 대한 책임을 확실히 지고자 한다. 나는 결과를 오롯이 떠안을 때 얻는 힘을 안다. 가장 좋은 도구와 장비를 갖추면 책임을 떠안는 것 외에 아무것도 할 수 없다. 다른 사진작가가 나보다 좋은 카메라나 렌즈를 갖고 있어서 더 좋은 작품을 찍는다고 말하지 못하는 것이다. 책임을 지는 행위는 더 나은 사진작가가 되기 위해 할 수 있는 일들 중 가장 나에게 힘이 되고 자신감을 준다. 초고수익 트레이더가 되기 위해 할 수 있는 일 중 가장 중요한 것도 책임을 지는 것이다. 책임을 지면 내게 대처할 능력이 있다는 것을 인정할 수 있다.

주식시장에서 여러분은 돈을 벌 수도 있고, 변명을 만들어 낼 수도 있다. 다만 그 둘을 다 할 수는 없다. 나는 변명을 없애기 위해 무엇이든 한다. 성공하고자 한다면 책임을 지는 일부터 시작해야 한다. 성공의 부재를 외부 요인 탓으로 돌리지 않아야 한다. 트레이딩을 가장 잘 통제하는 방법은 결과 뒤에 숨은 숫자들의 관계를 이해하는 것이다. 이를 이해했을 때 비로소 진실을 알고 자신감과 뚫고 갈 힘을 얻어 성공의 길에 들어설 수 있다.

Chapter

5

복리로 불려야
할 것은 실수가 아닌
돈이다

THINK
& TRADE
LIKE A
CHAMPION

0을 향해 가는 것은 팔고, 무한대를 향해 가는 것을 사야 한다.

- 폴 튜더 존스Paul Tudor Jones

30여 년 전 트레이딩을 처음 시작했을 때 나의 목표는 가장 짧은 시간에 초고수익을 달성하는 것이었다. 그러려면 내 돈을 복리로 늘리는 방법을 배워야 했다. 하지만 초기에는 나도 초보들이 저지르는 실수를 저질렀다. 원금을 복리로 늘리는 대신 실수를 복리로 늘린 것이다. 나는 모든 실수 중에서도 가장 치명적인 실수를 저질렀다. 보유한 주식이 하락하면 손절을 하는 대신 오히려 더 매수했다. 이론적인 근거는 '평균 매수 단가 하락'으로, 매수 단가가 낮아지면 마침내 주가가 회복했을 때―나는 분명히 회복할 것이라고 추정했다―빨갛게 보이는 숫자를 처음 손실이 발생했던 때보다 훨씬 빠른 속도로 메울 수 있다는 이유였다. 투자에서 흔히 하는 발상이다. 여러분이 20달러일 때 그 주식을 좋아했다면 15달러일 때는 사랑하게 된다. 하지만 정확히 이렇게 계좌가 망가지고 투자자들이 파산을 한다. 돈을 복리로 불리지 않고 실수를 복리로 불리기 때문이다.

포지션이 예상과 반대로 가거나 손실이 난다면, 특히 매수 직후에 그렇다면 답은 간단명료하다. 실수한 것이다. 주가 선별 기준상 놓친 부분이 있거나 타이밍이 엇나간 것이다. 시장이 분산distribution(거래량이 많은 매도 상태. 종목 또는 시장이 포화 상태임을 가리키며 수요 감소를 예상할 수 있다—역주) 단계에 있을 수도 있다. 이런 상황에서 손실 포지션의 평균 단가를 낮추려는 시도는 '밑 빠진 독에 물 붓기'밖에 안 된다. 불행하게도 이런 일은 항상 일어나고, 트레이딩의 다른 어떤 방법들보다 많은 계좌를 휩쓸고 사라지게 한다.

적지 않은 투자자가 위험을 제어하기 위해 손실을 쳐내야 한다는 사실을 알고 있음에도 더 버티자고 자신을 설득한다. *'그런데 지금 시장이 좋잖아! 손절할 때마다 주가가 반등해서 올랐어. 매도하는 대신 더 사면 주가가 다시 올랐을 때 훨씬 많이 벌 수 있을 거야.'* 다시 손절 후 주가가 반등하고, 결국 큰 수익을 놓칠 거라는 두려움이 찾아왔다. 그들은 이런 상황의 매도를 '겁먹고 도망치는 것'이라 생각한다. 기어코 자존심이 자리를 잡고, 나는 옳아야 하고 결국 옳을 거라고 믿기에 이른다. 그래서 규칙을 깨도 괜찮다고 스스로를 설득하며 아주 위험한 말을 떠올린다. '이번 한 번만이야!'

미끄러운 경사면에 착지한 것을 환영한다. *'이번 한 번만 규칙을 깨는 거야'*라고 다짐하는 순간 원칙을 버릴 준비도 끝난 것이다. 왜냐하면 절대 '한 번'으로 끝나지 않기 때문이다. 이 한 번은 알코올중독자의 '한 잔만' 또는 마약중독자의 '헤로인 주사 한 개만'과 같다. 이따금 이 방법이 통하기도 한다. 하지만 그렇게 보상을 받으면 나쁜 습관이 강화되므로 오히려 불행한 일이다. 보유 종목이 -5%, -10%, -20%… 계속해서 떨어져도 보유하자고 스스로를 설득하거나 심지어 추가 매수한다. 그러다가 주가가 반등해서 잃었던 손실분을 회복하고 20% 더 상승한다면 이렇게 스스로에게 말할 것이다. '나는 트레이딩의 천재야!' 물론 팔 생각이 있다는 가정 아래 그렇다. 이 경우 20% 수익을 위해 20%의 위험을 감수한 것이다. 만약 여러분이 이런 거래를 하고 있다면 안타깝지만 매우 거칠게 현실에 눈을 뜨게 될 것이다.

이 트레이딩 방법이 위험한 이유는 종목에 심각한 문제가 생겼을 경우 손실이 -30%, -40%, -50% 또는 그 이상으로 확대될 수 있기 때문이다. 한 종목에서 이렇게 했다면 다른 종목에서도 이렇게 했을 가능성이 높다. 주식시장에서는 나쁜 습관이 보상을 받으면 파멸로 이어진다. '이번 한 번만'이 통했다면 여러분에게 신의 가호가 있기를 바란다! 결과가 과정을 정당화한다고 확신하고, 다시 한 번 이 방법을 시도할 것이기 때문이다. 이제 친애하는 여러분은 비운의 길로 들어선 것이다.

결과는 과정을 정당화하지 못한다

이 점을 가장 쉽고 빠르게 기술하는 방법은 다음과 같다. 두 사람이 길을 건너려고 한다. 한 사람은 양쪽을 매우 주의 깊게 살피고 빨리 건너다가 차에 치인다. 다른 사람은 눈을 가리고 무턱대고 차가 많은 길에 바로 뛰어들지만 안전하게 건너편으로 건넌다. 안전하게 건넜다고 해서 그 사람이 현명하게 대처한 걸까? 이대로 백 번을 반복한다면 어떤 일이 일어날까? 건너편으로 무사히 건너는 데 성공할 가능성이 높은 사람은 누구일까? 결과는 과정을 정당화하지 못한다.

여러분은 얼마나 많이 '이번 한 번만'의 순간과 마주쳤는가? 어떤 순간인지는 여러분이 더 잘 알 것이다. 주가가 손절 가격에 도달하여 팔아야 한다는 걸 알면서도 회사가 너무 좋고 주가가 반등할 거라고 확신하는 나머지, '이번 한 번만'을 되뇌며 조금 더 갖고 가는 것으로 규칙을 느슨하게 풀어 버린다. 그렇게 이 주식은 오를 때까지 계속 보유하게 된다. 자, 이제 스스로에게 물어보자: '이번 한 번만' 순간들 덕분에 부자가 되었는가?

'이번 한 번만'은 규칙을 깨고 규율을 무너뜨린다. 다이어트를 시작했지만 3일 후에 '이번 한 번만' 하며 점심 때 디저트를 주문하는 것과 같다. 금방 필요 이상의 칼로리가 쌓이고, 다음 날 아침 체중계 바늘은 잘못된 방향으로 움직인다. 트레이딩은 규칙을 충실히 이행해도 어렵다. 원칙에 충실하면 자신을 보호하기 위해 작은 손실을 많이 취하게 되고, 그래서 큰 파도를 타고 싶을 때 방향이 잘못된 것처럼 느끼게 한다. 그러나 '이번 한 번만'은 거래 하나, 한 번만으로 끝나지 않고 여러분을 미끄러운 경사면 위에 내려놓을 것이다. 언젠가 한 번 규칙을 깨서 보상을 받으면 이후 눈 가리고 귀 막고 고속도로를 건너다가 대형 트럭에 치이고 마는 사람과 같은 운명이 될 때까지 계속해서 규칙을 편리한 대로 바꾸거나 어기게 된다.

한 번만 거래하고 그만둘 것이 아니다. 그러니 아무 생각 없이 행동하지 말자. 큰 그림을 그리자. **'이번 한 번만' 순간을 절대 만들지 말자고 결심한 때부터 내 수익률은 평범에서 비범 수준으로 올라갔다.** 나는 혼자서 말했다. "이제 됐어. 더 이상은 안 해. 할 만큼 했어! 더 이상은 규칙을 깨지 말자. 아무것도 얻는 게 없잖아."

패자는 실패를 평균화한다

폴 튜더 존스는 역사상 가장 위대한 자금운용 매니저 중 한 사람이다. 나는 그를 정말 존경한다. 오래전 나는 우연히 접한 그의 사진 속 멀리 보이는 그의 트레이딩 책상에서 '패자는 실패를 평균화한다'라고 쓰인 팻말을 보았다. 이 말은 엄청난 힘과 지혜를 담고 있다. 패자들만 손실이 난 포지션의 평균을 낮춘다.

이 말은 몇 가지 이유로 내게 깊은 인상을 남겼다. 첫째, 평균 매수 단가를 낮추면 패자가 된다는 건 중대한 주장이다. 폴 튜더 존스가 이 말을 했다면 주의 깊게 들어야 한다. 둘째, 역사상 가장 훌륭한 트레이더 중 한 사람이 이 표어를 사무실에 두었다는 건 평균 단가를 낮추는 게 얼마나 유혹되기 쉬운 개념인지, 이를 환기하는 것이 얼마나 중요한지를 방증한다고 할 수 있다. 우리 모두 이 유혹에 대해 안다. 좋아했던 25달러 주식이 이제 20달러가 되었으니, 이 주식은 더욱더 좋아져야 한다. 정말 저렴하지 않은가! 그러나 이런 생각은 주가가 잘못된 방향으로 가고 있다는 사실을 인정하지 못하도록 하는 망상일 뿐이다. 자존심에서 벗어나 손실이 아직 적고 심각해지기 전에 나와야 한다. 패자들만 실패를 평균화한다. 아주 쉽고 단순하다.

50/80 규칙

손실이 아닌 돈을 늘리려면 내가 50/80 규칙이라고 부르는, 방심하면 안 되는 확률 수치를 참고한다. 바로 이런 것이다. **시장 주도주들이**

주요 고점에 들어서면 *80% 하락할 확률이 50%다. 그리고 50% 하락한 확률은 80%다.*

이런 확률에 대해 생각해 보자. 주가가 거대한 상승 기류를 타고 오른 후에는 최종적으로 꼭대기를 지나면서 거의 확실히 50% 하락할 것이다. 그리고 하락이 80%될 때까지는 동전 던지기처럼 운을 따른다. 시장의 큰 주도주들은 고점을 만들고 나면 평균 70% 이상의 하락을 경험한다! 타이밍이 중요하다는 말이 아니다. 레이더망에 걸릴 첫 손실에 주의를 기울이라는 경고성 얘기를 하는 것이다.

큰 하락은 모두 작은 조정에서 시작한다. 건전한 트레이딩 규칙을 마음에 새겨 두고 이에 대한 훈련이 되었다면, 손실이 아직 작을 때 손실을 제한하고 이미 하락하는 주식에 돈을 더 넣는 행동은 하지 않을 것이다. 손절 가격을 무시하거나 애당초 설정하지 않을 이유를 합리화한다면 당연히 주가가 떨어질 때 피해는 훨씬 커질 것이다. '이 주식은 언젠가는 반등할 수밖에 없어'라고 생각하며 주가 하락을 이용해 '평균 매수 단가 절하'를 시도한다면, 통제하지 못한 손실로 인해 정신적으로 큰 타격을 받고 결국 트레이딩 계좌가 초토화될 것이다.

급격히 깊게 빠지는 주식을 계속 보유하거나 이에 더해 가격이 내려갈 때 매수를 늘리면 한두 번 혹은 여러 번 수익을 낼 수 있을지도 모른다. 그러나 언젠가는 주식이 하락을 멈추지 않을 것이다(《그림 5-1》). 최초 포지션에만 손실을 입는 것이 아니라 추가 매수한 포지션에서도 손실을 입게 된다. 누군가는 이 시점에서 '이번이 진짜 바닥일 거야'라는 확신으로 실수에 실수를 더하며 오히려 매수를 늘린다. 아마추어 트레이더는 맞히기 위해 분발하고, 프로는 수익을 내기 위해 분발한다.

하락하는 주식을 두 배로 늘리는 사람은 포커 게임에서 듀스 패를 갖

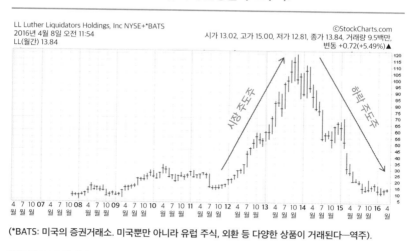

(*BATS: 미국의 증권거래소. 미국뿐만 아니라 유럽 주식, 외환 등 다양한 상품이 거래된다—역주).

고 베팅을 두 배 늘리는 사람이나 다름없다. 숫자 2 두 장으로 다른 플레이어를 이기려고 버티는 것은 아마추어나 하는 행동이다. **프로는 확률을 보고 게임한다. 그들은 일관성을 유지하며 큰 오류를 피하고, 무엇보다도 확률이 낮은 게임에 돈을 걸지 않는다.** 그들은 확률이 유리할 때 돈을 걸고, 그렇지 않을 때는 접는다. 게임에서 일찍 죽은 후 딜러에게 다음 카드가 무엇이었는지 물어보고는, 본인이 포기한 패를 들고 게임을 계속했다면 이길 수 있었을까를 생각하지 않는다. 프로들은 일관성을 유지하는 데 집중한다. 그들은 시간이 지남에 따라 경우의 수들이 제대로 분포하고 확률이 작동할 거라는 것 그리고 낮은 확률의 패로 게임하면 분명히 잃을 거라는 것을 안다.

　망가진 주도주를 사서 어느 시점에서는 수익을 낼 수도 있다. 하지만 실제로는 돈이 아닌 실수를 복리로 늘리는 것이고, 이런 행동에 크게 상처입고 궁극적으로 뛰어난 성과를 낼 기회를 박탈당하게 될 것이다.

싸다는 함정

백화점에 갔는데 스웨터, 재킷, 신발 등 내 눈에 띄는 물건들이 있다고 하자. 질이 훌륭하고 내 몸, 발에도 알맞다. 다만 디자이너 상표가 달려 있어서 그런지 가격이 내 예산을 넘는다. 하지만 나는 안다, 이 백화점은 세일을 자주 한다는 것을. 그래서 기다리기로 한다. 아니나 다를까, 몇 주 후에 대규모 할인 행사 광고가 떴고, 우수 고객은 추가로 20%를 할인해 준다고 한다. 세일 첫날 내 마음에 들었던 물건은 30%, 40%, 심지어 50%까지 할인하고 있다. 훨씬 낮은 가격에 물건을 산 나는 행복한 구매자다.

그러나 백화점과 달리 주식시장에서는 이 논리가 통하지 않는다. **'더 저렴한' 가격의 물건을 싸게 사는 게 정답은 아니라는 말이다. 단순히 싸다는 이유 때문에 매수한다면 해당 종목의 함정에 걸려 버리는 수가 있다.** '특가'—할인 중인 알마니 재킷처럼—가 아닌 '저가' 주식은 그럴 만한 이유가 있어서 하락하는 것일 수 있다. 할인 기회가 찾아왔다며, 해당 회사와 사랑에 빠진 나머지 매수한다면 종목이 계속 하락할 때 큰 손실을 마주할 가능성이 높다. **주식을 싸다고 매수하면 주가가 반대로 움직일 때 애초에 주식을 매수한 이유대로 주가가 더 싸지기 때문에 팔기가 어렵다. 오히려 가격이 싸질수록 더 매력적으로 느낄 것이다.**

이는 인식의 문제일 수 있다. '싼' 주식의 유혹은, 특히 대형 종목이나

156

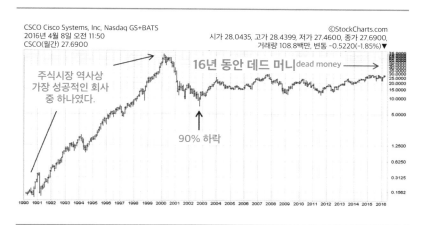

〈그림 5-2〉 시스코시스템즈Cisco Systems, CSCO 1990~2016. 2000년에 정점을 찍은 후 주가가 무려 90% 하락했고, 이후 16년간 횡보했다.

과거 오름세가 빨랐던 종목이라면 저항하기 힘들다. '코카콜라, GE, 스타벅스 같은 이런 우량주들이 망할 리가 없지' 하고 혼자 되뇌는 투자자가 있는데, 회사가 망하지 않아도 주가는 심각하게 하락할 수 있다(〈그림 5-2〉). 하락하고 그 상태로 계속 지속될 수도 있다. 그러면 여러분의 포지션은 몇 년, 어떤 경우는 몇 십 년 동안 '잠식' 상태가 된다.

33년 넘게 트레이딩하는 동안 폭락 후 다시는 돌아오지 못한 종목을 얼마나 많이 보았는지 모른다. 전문 가치 투자자들도 저점을 알아내는 데 어려워한다. 최고의 가치 투자자 몇몇은 주가가 하락 국면에 있을 때 '저렴하게' 매수했고, 그 결과 2008년에 막대한 손실을 입었다. 심지어 계속 떨어져서 더 저렴해진 종목은 '막대한 손실'에 포함시키지도 않았다. 추정 가치평가 금액만을 기준으로 주가가 정말 바닥에 있는지 알 수 있는 방법은 없다.

시장 주도주들이 정점에 이르면 일정 기간 하락한다. 이때 주가가 저

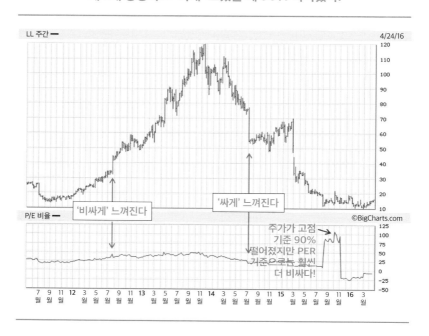

럼해 보일 수 있지만 사실은 비싸다(〈그림 5-3〉). 주식은 미래를 할인하기 때문이다. 대부분의 경우 저렴해 보이는 주식은 가파르게 떨어진 후에도 사실은 매우 비싼 것으로 드러난다. 일반적으로 PERprice-to-earnings ratio, 주가수익비율(회사가 주당 창출하는 순이익 대비 현재 거래되는 주식 한 주의 가치, 즉 주가의 비율이다. 높을수록 회사가 벌어들이는 순이익 대비 회사의 주식이 비싸게 거래된다는 뜻이므로 주가가 고평가되었다고 본다. 2023년 1사분기 기준 역대 S&P 500 평균 PER은 23.46다—역주)은 주가가 큰 하락을 겪은 후 급등하는데, 순손실로 인한 마이너스 주가 배수, 더 안 좋게는 대차대조표에 손실이 보이기 시작하기 때문이다. 이때는 너무 늦은 것이다.

차별 공시

나는 훌륭한 서사를 가진 회사를 수도 없이 봤다. 이 회사들은 처음 시장에 진입하여 전망이 좋은 새 상품을 내놓고 마진을 개선해 나가면서 경쟁 기업을 제치는, 강력한 성장 스토리를 만들곤 한다. 분기보고서가 나오면 전 분기 대비, 또 전년 동기 대비 매출과 이익이 크게 오르고, 모든 것이 훨씬 더 좋아 보인다. 그런데 주가는 즉시 *하락*한다. 그것도 심각한 하락이다. 회사는 성장 중이고, 숫자 역시 훌륭하며, 신뢰할 만한 큰 증권사에서 이 주식을 금방 매수 목록에 올렸는데도 말이다.

이 시점에서 여러분은 시장이 틀렸고 진정한 투자 기회를 찾았다고 믿고 싶은 유혹에 빠질 수 있다. 주가는 몇 달 중에 가장 싸고, 그래서 지금이야말로 주식을 많이 사 두어야 한다고 생각한다. 나는 이 경우를 '차별 공시'로 결론 내릴 수 있는데, 여러분은 기관—이 큰 하락의 원인을 제공하는—이 아는 것을 모르는 상황일 수 있다. 만약 이런 상황이라면 종목에서 멀리 떨어져 있는 것이 현명하다.

'차별 공시'는 법회계학에서 쓰는 개념으로, 보통은 회사의 연간 사업 보고서 같은 서류에 기재된 내용이 세금 보고 또는 기타 금융감독원SEC, Securities and Exchange Commission 보고 사항과 다를 때 언급된다. 말할 필요도 없이 회사가 주주에게 하는 말과 금감원에 하는 말이 다르다면 빨간불이 켜진 거다. 이제 차별 공시 개념을 다른 맥락에서 보자. XYZ 회사의 실적이 방금 발표되었다. 실적이 예상치를 여유 있게 충족했지만, 주가는 최근 몇 년간 가장 많은 거래량을 보이며 15% 하락한다. 이런 일이 발생한다면 해당 주식이 관심 목록 상위에 있다 해도 내가 매수할 일은 *절대 없다*. 회사가 보고한 결과와 기관이 이 결과를 보는 관점 사이에는 분명한 '차별 공시'가 존재한다. 내 생각은 중요하지 않다. 기관들이 이 주식을 투매하고 있는 것이다. 나는 기관들이 매수하는, 높이 올라갈 추진력을 받는 종목에 들어가 있고 싶다.

이 조정이 아까운 기회가 될 가능성도 확실히 있다. 하지만 회사가 문제를 겪고 있고, 한때 빛나던 성장 스토리가 상당히 희미해졌을 가능성이 더 크다. 이렇게 된 걸 시간이 흐르고 나서야 알게 될 수도 있다. 트레이딩에 대한 결정은 지금 하는 것이다. 성공적으로 트레이딩하려면 결과가 다 나오고 난 뒤에 경기에 대해 떠드는 사람은 되지 말아야 한다. 위험은 실시간으로 운영하는 것이다. 조정의 순간 여러분은 질문해야 한다. **회사가 그렇게 훌륭하고 스토리도 놀랄 만큼 좋고 매출과 이익도 우수하다면 왜 주가는 내려가는 걸까?**

주식시장에서는 믿는 사람이 없으면 진실도 없다. 가격 움직임으로 확인하지 않고 회사의 서사에 의존하거나 실적만 보고 매수하면 안 되는 이유다. 매수 기준을 충족하는 회사가 시장에 충분히 많은데, 굳이 그럴 필요가 전혀 없다. 실수가 아닌 돈을 불리려면 내림세가 아니라 오름세에서 사야 한다. 전략이 지지선 혹은 조정이나 이동평균선에서의 매수를 포함하더라도 주가가 어디까지 떨어질지 절대 알 수 없으므로, 주식이 반등할 때까지 기다리는 것이 낫다(〈그림 5-4〉).

주식 트레이딩에서는 펀더멘털상의 요건과 회사의 서사보다 주가를 크게 움직이는 기관 투자자들이 해당 주식을 어떻게 인식하는지가 더 중요하다. 스토리, 실적보고서, 추정 가치는 주가를 움직이지 않는다. 주가는 사람이 움직인다. **매수 의지가 없다면 가장 우량한 회사의 주식도 종잇조각일 뿐이다.** 귀가 아닌 자신의 눈을 믿자. 주가 움직임이 펀더멘털상의 내용을 확인해 주지 않는다면 멀찌감치 떨어진다!

〈그림 5-4〉 크록스Crocs, CROX 2008. 2007년 11월 1일에 크록스는 144% 상승한 당기순이익을 발표했다. 그러나 이날, 상장 이후 가장 많은 거래량을 기록하며 36% 하락한 채 마감했으며, 해당 주간 역시 가장 많은 거래량으로 가장 많이 하락한 주가 되었다.

네트 건너편으로 공을 보낸다

위대한 인물 중 위대함을 추구한 사람은 없다. 그들은 그저 갖고 있던 큰 꿈을 따랐고, 필요한 걸 했을 뿐이다.

- 100개의 위대한 거짓말

이제는 우리의 실제 목표인 돈을 복리로 불리는 방법에 대해 살펴보자. 우선 이 목표는 원칙을 고수하고 전략에 엄격한 트레이딩 규칙을 적용할 때 달성되는데, 더 중요하게는 이를 위해 대부분의 투자자가 하지 않는 것을 할 줄 알아야 한다.

20대 초반에 나는 사업과 협상에 관한 책과 음성 테이프를 즐겨 읽고 들었다. 파워협상연구소**Power Negotiating Institute**의 대표인 로저 도슨**Roger Dawson**의 강연을 들은 기억이 난다. 그는 협상에 대해 얘기하면서 테니스 경기의 결과를 결정짓는 요소, 즉 네트를 가로지르는 공의 움직임에 대해 생각해 보라고 했다. 테니스는 공을 네트 너머로 보내고 다시 본인 쪽으로 넘어오지 않게 하면 경기를 이길 수 있다. 트레이딩도 다르지 않다. 달성하고자 하는 것에 집중해야 한다. **수익은 잘 고안된 계획을 효과적으로 수행했을 때 따라오는 결과다. 결과에만 집중하면 과정—바라는 결과를 얻기 위해 들이는 노력—이 산만해질 수 있다.** 타석에 들어선 야구 선수는 야구방망이와 공의 접촉에 집중해야 한다. 아주 잠깐이라도 점수판을 올려다보는 순간 집중력은 분산된다.

'돈에 대해 걱정하고, 점수에 집착하는 건 그만두자. 최고의 트레이더가 되는 데만 집중하고 규칙을 벗어나지 말자.' 나는 이 결심을 하고 나서야 평범한 투자자에서 뛰어난 수익률을 내는 트레이더로 발돋움했다. 그러고 나니 돈이 따라왔다.

작은 성공이 큰 성공으로 안내한다

나는 위대하고 고귀한 일을 이루고자 열망하지만, 작은 일을 위대하고 고귀한 것처럼 해내는 것이 내가 우선해야 할 임무다.

- 헬렌 켈러 Helen Keller

인생에서 큰 성공은 일련의 작은 성공들이 시간이 흐르면서 연결된 결과다. 주식 트레이딩도 같다. 어쩌다 한 번 성공하면 되는 일이 아니다. 모 아니면 도식의 의사결정보다는 점진적으로 움직여야 한다. 나는 주식시장에 두 발을 한꺼번에 담그는 경우가 있기는 하지만 매우 드물다고 말할 수 있다. 나는 보통 비교적 작은 포지션으로 개시하는 '파일럿 매수pilot buy'(본격적으로 매수하기 전의 시험 매수—역주)로 시작한다. 거래가 예상대로 풀린다면 포지션을 늘리거나 종목을 몇 개 더 추가하고, 거래 여러 개에서 수익이 나면 그때는 전체 포트폴리오의 위험 노출 금액을 늘리고 더 공격적으로 들어간다. 이것이 문제 상황을 멀리하고 내가 옳은 판단을 내렸을 때 큰 수익을 낼 수 있는 방법이다.

초기 투입분에서 견인력이 생기기 전까지는 개별 트레이딩 규모 혹은 전체적인 투입 금액을 확대하면 안 된다. 나는 트레이딩을 계단식으로 점차 늘려간다는 확고한 철학을 가지고 있다: **25% 또는 50%의 자금을 투입했음에도 수익을 내지 못했는데, 투자 규모를 75%나 100%로 올리거나 마진을 쓰는 게 과연 타당할까?** 당연히 정반대여야 한다. 계획한 대로 거래가 진행되지 않을 때 나는 투입 규모를 점차 줄이거나 현재 보유분을 유지한다. 거래가 잘 풀리지 않을 때 올바른 트레이딩 규칙을 따르고, 점진적으로 매도해 규모를 줄이면 최악의 트레이딩 시기에 규모가 가장 작아진다. 이런 방식으로 위험을 통제해야 한다. 수익이 나지 않는데 투자 규모를 늘리면 최악의 트레이딩 시기에 더 큰 규모를 거래하면서 재앙을 초래할 수도 있다.

이 원칙이 방어적이지만은 않다. 거래가 잘 풀릴 때 규모를 늘리면 최고의 트레이딩 시기에 더 큰 포지션으로 트레이딩을 할 수 있다. 이렇게 초고수익을 내는 것이다. 단 규칙을 따르는 훈련이 되어 있을 때만 가능하다.

> 결론: 포지션이 손실을 보일 때 투입 규모를 확대할 논리적인 이유는 없다. 반면 거래가 잘 풀리고 있을 때는 수익으로 위험을 취해서 성공의 기반 위에 더 많은 성공을 쌓아 간다.
>
> 방법: 나는 보통 1/4 포지션으로 시작한다(〈그림 5-5〉 참고). 성공 거래의 연속선상에서 계획한 총포지션 규모를 채울 때까지 포지션을 두 배씩 늘린다. 수익이 나는 종목은 추가 매수하고, 손실이 나는 종목은 매도해서 비중을 줄인다.

손익비를 2대 1로 유지할 때 틀린 횟수만큼만 맞히면 문제 상황에 놓이지 않는다. 3회 연속 성공 거래를 통해 점진적으로 포지션을 확대하면—즉 포지션의 1/4, 1/2 그리고 전체 규모 거래에서 성공하면—3개의 전체 포지션과 1개의 절반 포지션에 투자할 수 있다(〈그림 5-6〉 참고).

〈그림 5-5〉 단계적 포지션 조정의 전형적인 방법 예시. 거래 수익으로 더 많은 위험을 취하며 점진적으로 작은 포지션을 점진적으로 확대한다.

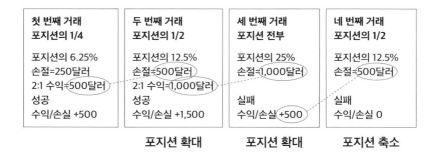

첫 번째 거래 포지션의 1/4	두 번째 거래 포지션의 1/2	세 번째 거래 포지션 전부	네 번째 거래 포지션의 1/2
포지션의 6.25% 손절=250달러 2:1 수익=500달러 성공 수익/손실 +500	포지션의 12.5% 손절=500달러 2:1 수익=1,000달러 성공 수익/손실 +1,500	포지션의 25% 손절=1,000달러 실패 수익/손실 +500	포지션의 12.5% 손절=500달러 실패 수익/손실 0
	포지션 확대	포지션 확대	포지션 축소

〈그림 5-6〉 연속적으로 수익이 날 때 단계적으로 포지션을 확대하면
해당 수익으로 더 큰 거래의 위험을 취할 수 있다.

첫 번째 거래 포지션의 1/4	두 번째 거래 포지션의 1/2	세 번째 거래 포지션 전부	네 번째 거래 포지션 전부
포지션의 6.25% 손절=250달러 2:1 수익=500달러 성공 수익/손실 +500	포지션의 12.5% 손절=500달러 2:1 수익=1,000달러 성공 수익/손실 +1,500	포지션의 25% 손절=1,000달러 2:1 수익=2,000달러 성공 수익/손실 +3,500	포지션의 25% 손절=1,000달러

포지션 확대   포지션 확대

다섯 번째 거래
포지션 전부

포지션의 25%
손절=1,000달러

여섯 번째 거래
포지션 전부

포지션의 25%
손절=1,000달러

일곱 번째 거래
포지션의 1/2

포지션의 12.5%
손절=500달러

불리한 확률에 걸지 않는다

포커 게임에서 내가 걸 판돈은 전체 판돈을 고려해서 결정해야 한다. 잘하는 선수들은 항상 자신의 판돈에 확률을 맞추려고 노력한다. 50을 얻기 위해서 150의 위험을 감수해야 할까? 여러분이 영리하다면 아니다. 550달러를 따기 위해 150달러의 위험을 감수할 가능성이 훨씬 높다. 여러분의 패가 이길 확률이 50/50일 때는 거는 돈의 2대 1 이상은

〈그림 5-7〉A 트레이더는 20% 주가 하락을 감수하고 1:1 보상/위험 배율로 20% 수익을 확정한다. B 트레이더는 이와 대조적으로 20% 수익에 대해 5% 위험을 감수하며 4:1 배율로 수익을 낸다. 거래 횟수가 많을 때 더 많은 수익을 낼 트레이더는 구일까?

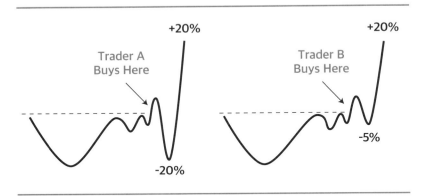

받아야 판돈을 걸 수 있다. 주식 트레이딩도 다르지 않다.

거래 하나가 성공할 확률이 50/50이라고 가정했을 때 20%를 벌기 위해 20% 위험을 감수한다면 시간이 흐를수록 손실이 생길 수밖에 없다. 거래 자체는 매입가에 도달할 수 있겠지만 거래 비용에서 손실이 발생한다. 항상 확률을 알고, 승산이 없는 거래는 하지 않는 것이 핵심이다. 위험을 이익의 일부로 유지하면 확률적인 우위와 '초과 수익'을 얻을 수 있다(〈그림 5-7〉).

긴 수명이 핵심이다

첫 책에 나는 내 생애 처음으로 참가한 수요 야간 볼링리그 첫해에 259점을 기록한 얘기를 썼다. 내가 이날 한 것처럼 누구든 단기적인 성공을 거둘 수는 있다. 참고로 나는 다시는 그 점수 근처도 가지 못했다.

요지는 꾸준히 훌륭한 성적을 내는 게 어렵다는 것이다. 일관성은 프로와 아마추어를 가른다. 농구를 처음 시작한 사람도 3점 슛을 성공할 수는 있지만 이는 일회성에 그칠 것이다. 반면 마이클 조던은 압박감 속에서도 꾸준히 안정적으로 3점 슛을 성공시킨 경험이 있다. 트레이딩에서 성공은 거래 하나의 결과로 결정되는 것이 아니다. 시간이 흐를수록 쌓인 집합적인 결과로 성공이 결정된다는 것을 알고, 신뢰할 만한 전략을 고수하는 것이 여러분의 목표가 되어야 한다. 원칙을 일관성 있게 적용하면 오래 꾸준한 결과를 낼 수 있다.

상당한 규모의 수익은 절대 손실로 전환되면 안 된다

매수하고 주가가 꽤 오르면 나는 수익 보호 단계로 들어간다. 최소한으로 매입가는 지킨다. 규칙은 수익을 절대 손실로 전환되도록 용인하지 않는 것이다. 50달러에 매수하고 주가가 65달러까지 올랐다고 하자. 그러면 스톱 가격을 최소한 50달러로 올린다. 주가가 계속 상승하면 이익을 확정하기 위해 상승세에서 전량 또는 최소한 부분만이라도 매도할 기회를 찾는다. 매입가에서 손절매가 발생하면 원금은 확보하는 것이다. 얻은 것이 없지만 잃은 것도 없다. 중요도에 따른 나의 우선순위는 다음과 같다.

1. 초기 손절 주문으로 큰 손실을 방지한다.
2. 주가가 일단 오르면 원금을 보호한다.

3. 주가가 꽤 오르면 이익을 보호한다.

나에게는 일반적으로 따르는 지침이 있다. 설정한 손절 손실분의 몇 배만큼 주가가 오르고, 내 평균수익률보다 높은 수익률을 보이는 종목의 수익은 절대 손실로 넘어가도록 놔두지 않는다는 것이다. 보유 주식의 주가가 위험 금액의 세 배 이상으로 오르면, 특히 내 과거 평균 수익보다 높다면 나는 거의 항상 스톱 가격을 올린다. 종목의 수익이 내 평균 수익의 두 배까지 오르면 최소한 매입가까지 스톱 가격을 올리고, 대부분의 경우에는 평균 수익을 얻을 수 있을 만큼 백 스톱을 설정한다. 이렇게 해서 손실로부터 나를 방어하고 수익과 자신감을 지킨다.

한때 수익이 난 거래를 매입가에서 정리하는 것이 기분 좋은 일은 아니지만, 상당했던 수익이 손실로 바뀌도록 놔두는 것보다는 훨씬 낫다. 가장 사기가 꺾이는 경험 중 하나가 하늘로 치솟던 주가가 완전히 바닥으로 떨어져 그때까지 냈던 수익을 다 내놓고 손실로 전환되는 것이다. 기억하자. 목표는 적절한 수익을 내는 것이지, 낮은 가격에 들어가서 높은 가격에 나오는 것이 아니다. 어느 정도 가격 변동을 위한 여유는 필요하지만 상당한 수익을 내고 있다면 스톱 가격을 올려서 원금을 보호해야 한다. **꾸준한 수익률을 달성하려면 수익과 원금을 보호해야 한다. 나는 이 둘을 구분하지 않는다. 일단 이익을 내면 그 돈은 나에게 귀속된다. 어제의 수익은 오늘 내 원금의 일부다.**

아마추어 투자자들은 수익을 자기 돈이 아닌 시장이 가진 돈으로 취급하는데, 그런 취급을 하는 트레이더만이 시장에게 그 돈을 빼앗긴다. 나는 주가가 어느 정도 오르면 매입가와 수익을 보호한다. 물론 가끔은 수익의 일부를 못박아 놓고, 나머지는 더 큰 수익을 위해 투자금으로 활

용하기도 한다. 나는 주식 포지션이 자연스러운 주가 반응을 겪도록 충
분한 여유를 두지만, 제대로 된 움직임을 보이지 않는 주식은 절대 보유
하고 싶지 않다. 하지만 앞서 말했듯이 적당한 수익이 손실로 바뀌도록
하는 일은 절대 없으며(〈그림 5-8〉) 적절한 규모였던 수익이 완전히 사라
져 버린 주식은 절대 추매하지 않는다.

오더블 콜링은 피하는 것이 상책이다

미식축구팀이 40야드 선에 있다. 공격 라인맨offensive lineman(공격팀에서 가장 중요한 역할인 쿼터백을 보호하는 포지션—역주)이 자리를 잡고, 쿼터백 **quarterback**(경기 시작과 함께 센터가 넘겨준 공을 받아 감독과 신호를 주고받으며 경기를 이끌어 나가는, 야구의 투수 같은 중요한 포지션—역주)이 수비 진영의 변화를 감지한다. 쿼터백은 경기 진행 방식을 변경하기로 마음먹는다. 경기가 시작되기 직전 그는 팀에게 소리쳐 새로운 작전명을 알린다. 새 작전이 즉시 발동된다. 공이 쿼터백에게 넘어오고, 경기가 시작되자 공격수들은 작전을 펼치고 팀은 첫 공격에 12야드를 전진한다.

적합한 선수들과 경험 많은 쿼터백이 있다면 '오더블 콜링**calling an audible**'(미식축구에서 양측의 선수들이 진영을 모두 갖추고 경기를 시작하기 직전, 쿼터백이 작전 변경을 결심하고 이를 알리기 위해 새 작전명을 소리쳐 모든 공격 선수들에게 알리는 행위—역주)은 미식축구에서 큰 효과가 있을 수 있다. 하지만 트레이딩에서는, 특히 여러분이 초보자라면 하지 않는 것이 좋다. 프로들조차도 거의 예외 없이 계획을 고수해야 한다.

트레이딩에서는 작전 변경을 외치는 이 소리가 시장의 갑작스러운 변화에 대비하기 위한 전략적 또는 방어적인 움직임인 경우는 거의 없다. 이는 오히려 트레이더가 거래를 하면서 즉흥적인 결정을 내리고 있다는 의미다. 돈, 자존심, 감정이 관여하면 합리적으로 행동하기가 어렵다. 급작스럽게 내린 결정으로 뛰어난 수익률을 거둔 경험이 몇 번이나 있었나?

나는 성인이 된 후 대부분—33년 그리고 아직도 세는 중이다—을 전문 투자자로 살았지만 계획을 갖고 거래에 임한다는 첫 번째 규칙의 기본 틀에서 절대 벗어나지 않는다. 숙제는 항상 미리 해 놓으며, 전략에 따라 기준을 충족하는 종목을 찾고, 진입 지점을 명확히 정의한다. 내가 틀렸을 때 어디서 나와야 하는지 알고, 계속 보유하려 할 때 무엇을 봐야 하는지를 안다. 나에게는 실행할 준비가 된 종합 계획이 있기에, 나는 오랜 시간 성공적인 거래를 꾸준히 유지했다.

이런 수준의 준비 작업은 회사 대표가 CNBC(미국의 경제 전문 방송—역주)와 한 인터뷰 혹은 갑작스러운 속보를 보고 매수하는, 무릎 반사작용 같은 행동과 비교할 수 없다. 주식을 살 때 나는 감정에 치우치지도, 비이성적으로 충분히 생각하지 않고 무언가를 해야 한다는 압박감도 느끼고 싶지 않다. 돈이 걸려 있을 때 나는 시장에 들어가기 위해 가능하면 최대로 준비한다. **경험상 '오더블 콜링'—즉흥적인 전략 변경—은 충분한 사전 연구를 하지 않았다는 이유만으로도 많은 문제 상황을 초래할 수 있다. 그러므로 하지 않는다!**

회사에 관한 매우 긍정적인 '서프라이즈' 뉴스가 있어도 시장이 여기에 어떻게 반응할지 알 수 없다. 뉴스가 이미 가격에 반영되어 있거나 시장이 다른 무언가를 기대하고 있을 수도 있다. 보통 뉴스가 터지면 변동성이 높아진다. 큰 폭으로 진동하는 거래를 들어가고 나오면서 철저히 계좌가 망가질 수 있다. 이럴 때는 감정적이 되기 쉬운데, 이는 트레이딩에는 어울리지 않는다.

계획을 실행하는 데 집중하자. 거래 시간 중에 계획을 조정하면 본래 계획에서 벗어날 이유를 정당화하는 위험에 빠질 수 있다. 이는 문제의 소지가 된다. 거래의 밖에 있을 때는 머리가 맑고 감정이 고요하다. 그러면 무슨 일이 있었는지에 대한 철저한 분석을 할 수 있다. 이런 통찰을 바탕으로 기존의 계획을 향상시키고, 필요하면 새 계획을 고안할 수 있다. 오더블 콜링은 피하는 것이 상책이다.

실적보고서에 의지해야 할까?

데이 트레이딩의 장점 중 하나는 매일 포지션을 정리하기 때문에 밤새 아무런 위험을 지고 가지 않는다는 것이다. 스윙 트레이딩은 하루가 아닌 긴 주가 움직임을 토대로 하기 때문에, 장 마감 후 다음 날 개장 전까지 뉴스가 나올 위험이 있다. 특히 실적이 발표될 때는 가격에 갭이 생길 위험이 있다. 좋지 않은 실적에 반응할 겨를도 없이 주가가 역방향으로 움직여 스톱 가격보다 훨씬 밑으로 하락하기도 하고, 우수한 실적에 주가가 한껏 날아오를 수도 있다. 시장이 열려 있는 장중이 아닌 장 마감 후에 실적 보고를 허용하는 이유는 나 역시 알지 못한다. 단지 현재 규정이 그렇다.

나는 원칙상 주요 실적 보고 시기에는 여유 이익이 있는 게 아닌 이상 큰 포지션은 보유하지 않는다. 10% 수익이 났을 때는 실적 보고 시기여도 계속 포지션을 유지하는 반면, 수익을 내지 못하고 있거나 오히려 손실을 입고 있다면 나는 종목을 팔거나 포지션 규모를 줄여 내 포지션의 반대 방향으로 발생하는 10~15% 갭 발생에 대비한다. **회사를 얼마나 잘 알든 간에, 실적 발표 때 포지션을 유지하는 것은 항상 예측 불허이며 위험하다.** 예상치를 충분한 차이로 상회하는 실적을 발표했음에도 불구하고 장 개장 시 폭락한 종목도 봤다.

결론: 실적 기간에 보유하는 경우 일정 부분 운이 작용한다. 종목에서 적절히 수익이 나고 있다면 최소한 원금은 보호하고 있고 위험도 일정 부분 완화되었다고 볼 수 있다. 적당히 포지션을 조정하고 주요 발표 때 큰 규모의 위험은 절대 취하지 않는다.

당신의 북소리에 맞춰 행진하라

미국의 위대한 작가이자 철학자인 핸리 데이비드 소로Henry David Thorau가 그의 고전인 『월든』을 쓰는 과정에서 트레이딩을 염두에 두지는 않았을 것이다. 그럼에도 불구하고 소로의 지혜는 보편적이다. 나는 그의 유명한 격언 중 하나를 트레이딩에 직접 적용해 보고 싶다. "함께 있는 사람들과 보조를 맞춰 걷지 않는 사람은 아마도 다른 고수가 치는 북소리를 듣고 있기 때문일 것이다. 그 소리가 어떻든, 얼마나 멀건 상관없이 그에게 들리는 음악 소리에 발맞추며 걷게 하라." 다시 말하자면 "당신만의 북소리에 맞춰 행진하라"이다.

트레이더들은 너무나 자주 압박감 때문에 전략에서 벗어나고, 외부 힘에 굴복해 잘못된 판단을 내린다. 시장은 광고와 과장된 미사여구로 가득하다. 텔레비전을 보고, 트레이딩 해설을 읽고, 인터넷을 뒤지고, 최신 시장 뉴스레터를 읽으면서 다른 사람들이 하는 말에 대한 '뉴스'의 홍수에 빠진다. 펀드매니저가 지금 무얼 하는지 혹은 친구가 얼마나 많이 거래하든지 등은 여러분의 트레이딩과는 아무런 관계가 없다. 여러분이 계획에 따라 주식이 거래 요건에 충족되기를 기다리고 있을 때 친구는 트레이딩이 매우 잘 되어서 돈을 벌고 있을 수도 있다. 그렇다고 조바심이 나서 섣불리 무언가를 하거나 본인의 접근법에 의심을 품을 필요는 없다. 시장에서 다른 사람이 무엇을 하는지는 중요하지 않다. 내가 눈여겨보고 거래하는 주식의 입장에서 보면 전혀 상관없는 일이다.

거래에 들어가면 판단력을 흐리는 방해 요소가 많다. 여러분이 할 일은 잡생각을 하지 않고, 역량의 범위 내에서 중요한 것들에 집중하는 것이다. 프로들은 이 범위 안에서만 움직이고 그 외의 모든 것은

무시한다. 성공적으로 트레이딩하려면 스스로 결정하는 법을 배워야 한다. 전략과 규칙을 갖추고 그에 따라 행동하면 방해 요소—특히 화면을 가득 채우고 TV에 나와 떠드는 사람들—의 영향력에 대항하는 최상의 면역력을 갖추게 될 것이며, 특정 종목에 대한 이들의 논평과 정보에도 현혹되지 않을 수 있다(《그림 5-9》). 특정 종목을 매수하라고 추천한 사람이 매도할 때도 알려 줄 거라고 확신할 수 있는가?

북소리에 맞춰 행진하라는 말은 스스로를 외부의 영향력으로부터 보호하라는 의미다. 보호하지 않는다면 이들의 영향력 때문에 원칙에서 벗어나게 될 것이다. 고故웨인 다이어 박사Dr. Wayne Dyer는 "다른 사람의 좋은 의견으로부터 독립해라"라고 했다. 내 박자에 맞추지 않으면 곧 내 전략에서 몇 발짝씩 벗어나게 되고 결국 길을 잃게 될 것이다.

가장 큰 소음 중 하나는 시장 자체다. 다우존스 지수, S&P 500, 나스닥 100 등의 지수를 지켜보면서 정신이 혼란스러워질 수 있다. 지수가

〈그림 5-9〉 원칙을 의심하게 하는 방해 요소들을 차단하는 것이 전략보다 훨씬 중요하다. 원칙이 없으면 전략도 없고, 그때 남는 건 운과 기대뿐이다.

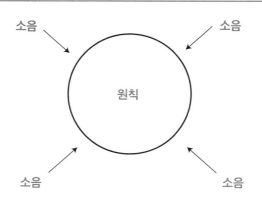

녹색이고 화살표가 위를 가리킨다고 해서 내가 거래하는 종목이 나의 규칙과 전략으로 따졌을 때 매수 가능한 지점에 있으리란 법은 없다. 나는 관심 주식이 내 전략에 따른 매수 요건을 충족하지 못해서 다우 지수가 올랐는데도 몇 주 심지어 몇 달 동안 아무것도 하지 않은 적도 있다. 또 한편으로는 다우가 횡보하거나 큰 상승 움직임을 소화한 후 심지어 하락했는데 정말 큰 수익을 거둔 적도 있다. 다우 지수가 만들어 내는 움직임은 배경 소음 그 이상이 아니며, 확실히 내 '박자'는 아니다.

거래를 억지로 하지 않는다

여러분에게 다음 거래에 적합한 후보들이 포함된 관심 종목 목록이 있다. 그중 한두 종목이 차트 패턴을 잘 형성하고 있다고 하자. 다만 아직 완성까지는 아니다. 물론 '거의' 행동을 취해도 될 여건이기는 하다. 이런 상황이라면 다소 성급하지만 매수해도 될까? 내 대답은 "절대 아니"다! 내 주요 규칙 중 하나가 *절대로 거래를 억지로 하지 않는다*이기 때문이다.

이럴 때는 시장이 나에게 오도록 해야 한다. 종목이 내 전략이 요구하는 기준을 충족할 때까지 기다려야 한다. 주가가 내가 정해 둔 진입 지점에 도달하고, 전략이 규정한 방식대로 움직이는지를 확인하려면 인내심이 필요하다. 종목이 진입점에 거의 닿았다가 반전하는 경우를 나는 많이 보았다. 조급하고 무리하게 거래를 진행하면 거래에 들어간 즉시 스톱 주문으로 거래가 자동 종료될 수 있다. 단지 기다리지 못했다는 이유로 완전히 불필요한 손실을 입었을 것이다.

거래 요건이 충족될 때까지 경기장 밖에서 대기하는 것이 어렵다면 기억하자. 트레이딩은 행동하고 안 하고의 문제가 아니라, 돈에 관련된 일이다. 무언가를 하고 싶다는 욕구가 계획을 벗어나게 하는 가장 큰 유혹 중 하나다. 여러분은 말한다. "조금만 사야지." 이런 종류의 혼잣말은 전략을 고수하는 대신 '탈선하는' 나쁜 버릇을 불러오는, 스스로를 속이는 망상이다.

가만히 앉아 있는 힘을 기른다

사냥감을 별안간 덮치기 위해 풀숲에서 적당한 여건—상처 입은 영양 쪽으로부터 바람이 불어올 때—이 형성되기를 기다리는 치타처럼 여러분은 '가만히 앉아 있는 힘'을 길러야 한다. '가만히 앉아 있는 힘'은 프로의 또 다른 특징으로, 거래에 들어가기 전에 참을성 있게 거래 요건이 충족될 때까지 기다리는 능력을 말한다. 치타는 굶주렸더라도 적당한 때를 기다리는 인내심을 발휘한다. 치타는 똑똑해서 확률이 낮은 사냥에 에너지를 낭비하지 않는다.

규칙과 원칙을 우회하려 들면 전략이 없어진다. 무리한 거래를 하고 그 결과, 손실을 입으면 다시 올라오기 위해 엄청난 노력이 필요하다. 무리한 거래는 구멍을 스스로 파고 내려가는 격이다. 단지 시장에 들어가고 싶다는 생각에 성급하게 어긋난 시기에 위험한 거래에 들어가지 않아야 한다. 원칙을 믿고 가만히 앉아 있는 힘을 길러야 한다. 그러고 나서 적절한 순간에 움직인다.

운은 라스베이거스에서나 필요하다

주사위를 굴리고 싶으면 라스베이거스로 가자. 거기서는 할 수 있는 한 모든 운을 받아야 한다.

시장에서 성공하고 싶으면 '운발'을 가능한 한 없애야 한다. 어떻게 그렇게 할 수 있을까? 다시 한 번 언급하는데 리서치를 하고, 매수할 주식에 대해 파악하고, 거래에 들어가기 전에 모든 결과에 대비한다. 행동하는 걸 좋아하고 '한 방'에만 관심이 있는 사람에게 한 번은 '운'이 따를 수 있다. 우연한 때에 종목 하나를 발견하고 내가 무얼, 어떻게, 왜 하고 있는지도 모른 채 수익을 낼 수도 있다. 하지만 그런 운이 언제까지 갈 수 있을까? 그런 경우는 접근 방식에 대한 실질적인 근거가 없기 때문에 결과의 일관성을 기대할 수 없다.

운발의 더 큰 문제는 나쁜 습관이 강화된다는 것이다. "이 쉬운 걸"이라는 말이 나온다. '감'이나 '무언가'를 들었기 때문에 다른 이유 없이 주식을 사며 더 큰 위험을 감수한다. 심지어 이렇게 해서 잘 되기도 한다. 불행히도 모든 사람이 시장에서 보인 나쁜 습관에 대한 보상을 받곤 한다. 그 순간에는 손실이 날 일은 없다고 느낀다. 이것이 시장이 매혹적인 이유다. 아름답게 보였는데 어느 순간 파리지옥처럼 삼켜 버린다. 임기응변식으로 감에 의지하려 한다면 시장은 통째로 여러분을 삼킬 것이다.

시간이 지나면서 규칙은 운을 제치고 승리한다. 운발로 몇 번을 이기든 중요하지 않다. 결과가 과정을 정당화하지 않는다. 다트 판에 주식 목록을 붙여 놓고 '선택'한 종목에서 30%, 40%를 벌었다고 해서 제대로 결정한 건 아니다. 운 좋게 얻은 수익은 결국 다시 내놓게 되고, 쉽게 번

돈은 희미한 추억으로만 남는다. 그래서 지금 그리고 미래에 결과를 낼 수 있는, 꾸준하고 지속 가능한 접근 방식에서 발생한 보상이어야 한다. 평생 수익을 창출할 수 있는 전략 말이다. 운은 단기적인 현상이다. 길게 보면 운은 실패자를 위한 것이다.

승리하는 사람은 준비가 되어 있다

5학년 때 선생님 말씀이 맞았다. 숙제를 해야 한다.

매일 밤 나는 다음 날 거래를 준비한다. 현재 보유 종목을 살펴본다는 의미다. 내 계획 대비 보유 종목들 성적이 어떠했는가? 내가 발견한 새로운 후보는 어떤 종목인가? 거래를 실행하기 위한 진입 지점에 근접해 있는가? 꼭대기에 앉아 포트폴리오의 모든 걸 파악하고 있지 않으면 갑자기 안 좋은 뉴스에 갭 하락이 발생하거나 TV에 논평과 들뜬 기대가 만연함에도 불구하고 방향성을 잃은 종목들이 그런 것처럼 숨겨진 위험에 노출된다.

그러는 와중에 내 레이더에 잡히지 않는 괜찮아 보이는 종목이거나 장중에 출현하는 종목이 있을 수 있다. 이런 종목들에 충분한 준비와 계획 없이 들어가기보다는 차라리 그 기회를 놓치는 편이 낫다. 힘겹게 번 돈을 걸고 위험을 감수할 때는 사전에 가능한 한 모든 사실을 알아야 한다. 장이 열리기 전에 숙제를 꼼꼼히 하면 훌륭한 기회를 잡을 수 있다. 시장 전반에 그물을 던져 내 기준에 맞는 몇 천 개의 후보를 골라낸다. 종목이 내 기준에 못 미치면 그냥 보낸다.

같은 접근법을 가진 두 사람의 성과를 비교하거나 한 사람의 초라한 성과와 훌륭한 성과를 별개의 두 기간으로 비교해 보면, 항상 원칙과 일관성이 둘을 가른다. 프로 선수들이 운동할 때나 악기를 연주할 때나 창업할 때만큼이나 트레이딩도 그렇다. 이 동일한 변수들이 평범한 자와 비범한 자를 가르는 요소다.

투자 성과가 좋은 사람은 해병대 교관이 '표준 행동 절차'에 따라 신병을 교육하듯 원칙과 일관성을 고수한다. 이 원칙과 일관성이 미국이 전 세계에서 가장 강력한 전투력을 갖게 된 이유 중 하나다. 일과로부터의 일탈이나 '이번 한 번만' 같은 흔들림이 없다. 육군 이병이 어느 날 일어나서 "병장님, 오늘 좀 피곤한데 아침 달리기는 빠져도 되겠습니까"라고 말하는 장면을 상상할 수 없다. 규칙은 규칙이다, 이상! 이 규칙은 성공을 위해 이미 증명된 것의 일부이고, 따라서 우회하거나 위반할 수 없다. 여러분이 꾸준한 성공을 원한다면 꾸준히 원칙을 적용해야 한다. 하나가 없으면 다른 하나를 가질 수 없다.

Chapter

6

어떻게 그리고 언제 매수할 것인가 1부

THINK
& TRADE
LIKE A
CHAMPION

2010년 이후 나는 나의 세파SEPA® 방법론을 배우고자 하는 주식 투자자들을 위한 워크숍을 진행하는 기쁨을 누리고 있다. 그런데 신기하게도 매 강의마다 *장기간 하향세*에 있는 종목에 대한 내 의견을 묻는 투자자들이 있다. 그럴 때마다 나는 해당 종목에 대해 알려고 하지 않는다. 나는 폭락한 종목을 굳이 저가에 낚으려 하지 않으며, 당연히 강한 추세와도 싸울 마음이 없다.

내 매매는 언제나 '순풍'을 타는 것부터 시작한다. 나는 장기 상향 추세에 있는 주식만 산다는 말이다. 당연해 보이는 말일 테지만—큰 폭의 상승주는 정의 그대로 상향 추세에 있으므로—보고 싶은 것만 보는, 근시안적인 시선에 갇혀 있으면 이러한 '큰 그림'을 간과하기 쉽다. 현재 차트 패턴에 매몰되어 버리면 이를 맥락과 연결하지 못할 위험이 있는 것이다. 강한 *상승세*에서 횡보를 보이는 주식은 매수를 염두에 둬야 하고, 역으로 박스권에서 강한 *하향세*를 보인다면 숏short(가격 하락으로 수익이 발생하는 포지션—역주)에 들어갈 기회다. 결국 모든 것은 관점이 결정한다.

내 방법론의 기본은 *추세의 편에 서서* 트레이딩하는 것이다. (추세는 당신의 친구다.) 나는 이를 종종 서퍼들의 '파도 타기'에 빗대어 설명한다. 파도를 거슬러 수영하는 것은 매우 어렵기 때문에, 서핑을 할 때는 파도가 나에게 유리한 방향일 때를 이용해야 한다. 기초적으로 들릴 수 있는데, 더 자세한 매수 요건들로 넘어가기 *전*에 이것부터 제대로 파악할 필요가 있다.

내가 차트를 보는 이유

매년 하는 건강검진에서 나는 심장 건강을 확인하려고 EKG 검사를 받는다. 내가 언제 심정지를 겪을지에 대해서는 의사 역시 확실하게 알려 줄 수 없겠지만, 심장박동을 차트로 담아내는 과정에서 내 심장 움직임에 관한 귀중한 정보를 나에게 제공해 줄 수는 있다. 차트 사용의 가치도 이와 비슷하다.

차트는 매우 유용한 단서를 제공한다. 차트를 검토할 때는 주가와 거래량이 정상적으로 움직이는지 혹은 우려할 부분은 없는지를 확인한다. 가격과 거래량을 분석하면 종목이 매집 구간에 있는지 분산 구간에 있는지, 즉 대규모 매수 구간인지 혹은 매도 구간인지를 판단하는 데 도움이 된다. 기민하게 차트를 관찰하는 트레이더는 차트를 통해 극도로 위험할 때를 감지하거나 잠재적으로 수익이 날 확률이 높은 상황을 구분해 낸다.

경매 시장을 결정짓는 근본적인 원리는 수요와 공급이다. 거래 요건에 부합되는 건설적인 가격 움직임과 잘못된 가격 움직임을 구분할 줄 알게 되면, 가능성이 높은 종목들을 걸러내 승률을 높일 수 있다. 올바로 차트를 읽고 초고수익을 낼 수 있는 후보 종목들의 특성에 대해 알고 있을 때, 위험과 잠재적 보상은 더 명확하게 보일 것이다. **여기서 핵심은 종목이 다음에 어떻게 '할 것인지'가 아니라 어떻게 '*해야 하는지*'를 알아내는 것이다. 그러고 나면 기차가 정시에 도착하는지 여부만 판단하면 된다.** 이러한 판단은 반드시 필요하다. 주식이 어떻게 움직여야 하는지를 알아야 훨씬 명확하고 쉽게 매도를 결정할 수 있기 때문이다. 제대로 움직이지 않을 때, 더 명확하고 쉽게 청산을 결정할 수 있다.

2단계의 중요성

나는 첫 책에서 가장 기초적인 요소 중 하나인 '단계 분석', 특히 2단계의 중요성에 대해 말했다. 모든 종목이 그렇듯이 초고수익 종목들도 단계를 거치는데, 이는 4개의 단계로 구별된다. 네 단계를 모두 거치기까지 몇 년 혹은 몇 십 년이 걸리기도 한다. 중점을 둘 단계는 2단계다. 나는 오직 2단계에서만 롱 포지션을 취한다. 다른 세 단계—1, 3, 4단계—가 진행되는 동안 여러분은 돈을 잃거나 시간을 잃을 것이다.

종목이 2단계에 있을 때는 큰 매수 세력이 들어와서 종목을 지지하고 있을 확률이 높다. **1800년대 후반까지 거슬러 가서 가장 큰 수익을 낸 주식을 연구한 바에 따르면, 95% 이상이 2단계 상승기에서 막대한 수익을 냈다.** 이는 의견이 아닌 사실이다. 누구나 5% 무리보다는 95% 확률을 가진 집단과 동조하고 싶지 않을까?

나는 주가의 움직임에서 나타나는 현상에 근거해서 네 단계를 구분한다.

1단계: 무시 단계: 바닥 형성

2단계: 상승 단계: 매집

3단계: 정점 단계: 분산

4단계: 쇠퇴 단계: 투매

나는 트레이딩에서 해당 주식이 어떤 단계에 있는지를 파악하는 것이 그 무엇보다도 중요하다는 걸 깨달았다. 2단계 주식에 집중하면 흔히 말하는 순풍을 받고 항해할 수 있다. 상승세에 있어야 상당한 수익을 거둘 수 있다는 명백한 사실 이외에도 사전에 트레이딩 기준을 결정해 놓으면 작업할 수 있는 기본 틀—기준선—이 생기므로, 특정 조건일 때

〈그림 6-1〉 웨이트워쳐스Weight Watchers, WTW 2006~2016. 웨이트워쳐스를 2단계가 아닌 단계에서 매수했다면 죽은 돈을 깔고 앉아 있었거나 손실에 매달려 있었을 것이다.

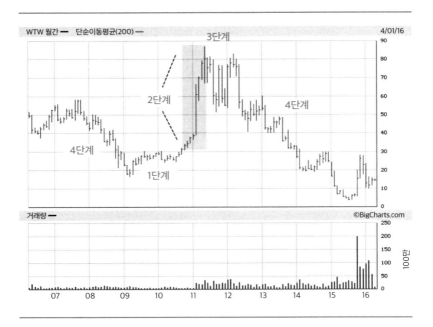

앞으로 무슨 일이 일어날지 어느 정도 예측할 수 있게 된다. 할 일과 목표에 대해 정의하고 결정하면서 내 전략과 계획의 경계를 이해하게 된다(〈그림 6-1〉).

트렌드 템플릿

경영학을 전공하지 않아도 된다. 다만 한 가지만 기억하라. 항상 지배적인 추세와 함께해야 한다.

- 폴 튜더 존스

위대한 트레이더 폴 튜더 존스는 "가장 중요한 규칙이 무엇이냐?"는 질문을 받았을 때, 주식이 200일 이동평균 위에 있어야 하며 "200일선 밑으로 떨어지면 그 어떤 것이든 빠져나올 것이다"라고 답했다. 단순한 규칙처럼 보이지만 겸허함이 엿보이는 말이다. 트레이딩을 얼마나 잘하든지—혹은 얼마나 잘한다고 생각하든지—간에 여러분은 겸손한 태도를 유지하고, 시장이 곧 움직임의 원천이라는 걸 깨달아야 한다. 장기간에 걸쳐 살아남고 싶으면 기차 꼬리 칸에 앉아 겸손하게 따라가는 법을 배워야 한다!

나의 트렌드 템플릿trend template은 내가 고려하는 모든 주식에 적용하는 기준으로, 나는 '예선 통과 자격' 혹은 '협상 불가 기준'이라고 부른다. 이 기준을 통과하지 못하는 종목은 내 레이더망에서 사라진다.

기준의 첫 번째는 예상하듯이 200일 이동평균선을 상회하는 주가 그리고 200일 이동평균선의 상승세다. 하락세의 종목을 매수하면 주식

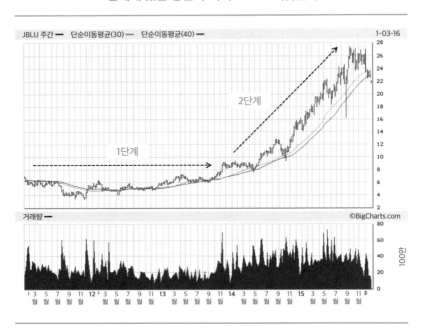

〈그림 6-2〉제트블루에어웨이스JetBlue Airways, JBLU 2011~2016.
2단계에 있는 동안 주식이 350% 치솟았다.

본연의 그리고 트레이딩 대상으로서의 '건강 상태'를 간과하게 된다. 이
는 의사에게 들은 암 진단 판정을 무시하고는 콜레스테롤이 낮으니 건
강하다고 생각하는 환자와 같다. 나는 투자에 들어가기 전에 주식이 건
강한 장기 상승세에 있는지를 확인한다(〈그림 6-2〉).

트렌드 템플릿의 기준

2단계 상승세임을 확정하려면 주식이 8개의 조건을 모두 만족시켜
야 한다.

1. 주가가 150일(30주)과 200일(40주) 이동평균선보다 위에 있다.

2. 150일 이동평균선이 200일 이동평균선보다 위에 있다.

3. 200일 이동평균선이 최소 1개월, 좋게는 4~5개월 혹은 그 이상 상승세를 보인다.

4. 50일(10주) 이동평균선이 150일과 200일 이동평균선보다 위에 있다.

5. 현재 주가가 52주 저점 대비 25% 이상 높다(최고의 종목들은 건강한 바닥 형성 구간을 벗어나면서 큰 규모로 상승하기 전에 현재 주가가 52주 저점 대비 100%, 300% 혹은 그 이상인 경우가 많다).

6. 현재 주가가 52주 고점 대비 25% 이내다(신고가에 가까울수록 좋다).

7. 《인베스터스 비즈니스 데일리》에서 제공하는 지수 대비 상대강도RS(S&P 500과 같은 지수 대비해서 얼마나 더 상승하고 있는지를 비교하는 지표로, 《인베스터스 비즈니스 데일리》에서 제공하고 있다. RS는 100에 가까울수록 강력하다. 안타깝게도 국내 HTS에서는 이 기능을 제공하지 않는다. 따라서 국내 독자의 경우 멀티 차트를 통해 코스피 지수와 비교함으로써 지수 대비 상대강도를 가늠해야 한다―감수자주) 순위가 70 이상, 좋게는 90 이상인 종목들이 일반적으로 더 우수하다. (참고: RS 선이 강한 하락세이면 안 된다. RS 선은 최소 6주, 되도록 13주 혹은 그 이상 상승세인 것이 좋다.)

8. 종목이 베이스를 빠져나와 50일 이동평균선 위에서 거래된다.

주식이 1단계에서 2단계로 전환되고 있다면 거래량이 의미 있게 증가하는 것이 보일 것이다. 기관이 지지한다는 신호다. 상승세가 검증된 주식을 찾으면 예비 후보 종목을 추려내고, 체계적으로 이들을 가려냄으로써 거래 대상 후보를 찾을 수 있다. 이는 크게 수익을 낼 만한 주식을 선별하는 데도 도움을 준다. 다만 몇 차례나 강조했듯이 초고수익을 낼 수 있는 종목을 찾고자 한다면 단단한 규칙과 규칙의 바탕이 되는 원칙에 기반한 일련의 기준이 필요하다. 그런데 아마추어들은 보통 이렇게 트레이딩하지 않는다. 한다 해도 꾸준히 하지 못한다. 종종 크게 상승한 종목을 놓쳤다는 아쉬운 마음에 '싸게' 보일 때 사거나, 주가가 계속 떨어지는 걸 눈여겨보면서 (몇 억 명이나 하루 종일 트위터에 글을 남긴다는 이유로) 분명히 조금 있으면 바닥일 거라고 추측한다. 이런 식으로 매수하는 사람들은 언제가 되었든 결국 본인의 포트폴리오에 심각한 해를 끼치고 만다.

프로도 틀릴 때가 있다

성장주의 경우 종종 '비싸' 보이는 주식들이 더 비싸진다. 반면 '싼' 주식들은 특히 주가 하락이 일어나는 4단계에서 더 싸지는 경향이 있다. 가장 싸게 매수하려 할 때가 알고 보면 좋은 때가 아닌 이유다.

초고수익을 가져다줄, 몇 안 되는 보석을 찾고 싶다면 웃돈을 주고 사야 한다. 이는 주식이 상승 중일 가능성이 높다는 의미다. 빠른 속도로 상승하는, 그러므로 더 올라갈 기반을 다진 주식은 더 높은 가치로 산정된다. 할인 코너에서 그런 주식을 찾을 수 있다고 기대하지 말자. 주가가 가파르게 하락하고 시장수익률을 크게 하회한다면 가격 할인이 아닌 경고 신호가 발동된 것이다.

억만장자 투자자인 빌 애크만Bill Ackman은 이 교훈을 힘겹게 얻었다. 그의 주요 투자 종목 중 하나였던 밸리언트제약VRX, Valeant Pharmaceuticals International이 갑자기 하락으로 돌아서고 주가가 200일 이동평균 밑으로

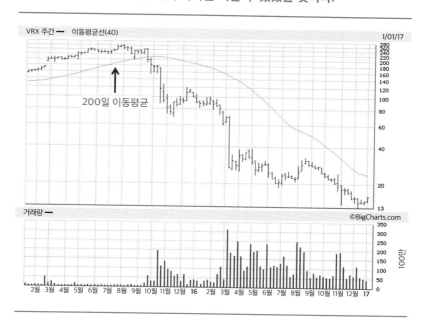

떨어졌을 때 아크만은 두 배로 포지션을 늘렸다(〈그림 6-3〉). 시장보다 본인이 더 현명하다고 생각했거나 밸리언트제약이 제시한 서사를 위험 신호를 무시하는 정도까지 사랑했던 모양이다.

2015년 9월, VRX가 200일 이동평균선 밑에서 마감한 주부터 밸리언트는 90%라는 엄청난 폭으로 하락했다. 200일 이동평균선 아래 있는 주식은 거래를 피하라는 단순한 규칙만 지켰다면, 애크만 씨와 그의 고액자산가 투자자들은 위험에 빠지지 않았을 것이다. 시장은 자신이 현명해서 시장이 내린 판결을 무시할 수 있다고 생각하는 사람들을 겸허하게 하는 법을 알고 있다. 2단계 상승기의 주식만 거래하면 밸리언트 같은 폭탄을 피할 수 있다.

연쇄 갭 생성기를 조심한다

2015년, 사우스캐롤라이나 머틀 비치에서 열린 마스터 트레이더 프로그램에서 동료 강사였던 데이비드 라이언과 나는 장기 하락세에 있는 주식의 특징과 위험에 대해 논한 적이 있다. 당시 데이비드는 이런 장기 하락세의 주식이 그가 '연쇄 갭 생성기serial-gappers'라고 부르는 종목이 될 때가 많다는 사실을 짚어 주었다. 연쇄 갭 생성기는 점차 하향하는 길에서 갭 하락을 많이 보여 주는 종목을 말한다. **하향세의 주식을 매수하면 단순히 잘못된 방향으로 가는 주식을 보유하는 것으로 끝나지 않는다. 더 안 좋게는 하룻밤 새 위험이 극적으로 증가하고, 그 결과 어느 날 아침에 깨어나 큰 갭 하락을 맞을 가능성이 급격히 올라간다.** 주식이 정점을 지나고 4단계 하락으로 전환되는 신호가 나타날 때 갭 하락은 빈번해진다. 여러분이 성취하고자 하는 바의 정반대다. 주식 투자자로서 여러분은 폭탄이 아닌 즐거운 서프라이즈를 만나고 싶을 것이다. 따라서 여러분은 연쇄 갭 생성기들을 피하기 위해 하락세의 주식을 피하는 일부터 시작해야 한다.

나는 주가가 하락해 200일선이 깨지고 첫 갭이 나오기 직전, 그날 저가로 막 장이 마감되려고 할 때 숏 포지션을 취했다(〈그림 6-4〉). 숏 포지션에 있었기 때문에 나는 이 연쇄 갭 생성기로 매우 좋은 수익률을 거둘 수 있었다. 반면 이때 저가 매수를 노리고 주식을 샀다고 상상해 보자!

다음으로 나타날 초고수익 종목을 보유하는 게 목표라면 상승 모멘텀을 이미 가진 주식을 찾아야 하기에, 장기 상승세가 여러분이 적용할 첫 관문 혹은 자격 요건이 될 것이다. 상승세 테스트로 여러분은 대형 기관—주가를 더 높일 동력을 부여하는 시장 참여자—이 종목에 참

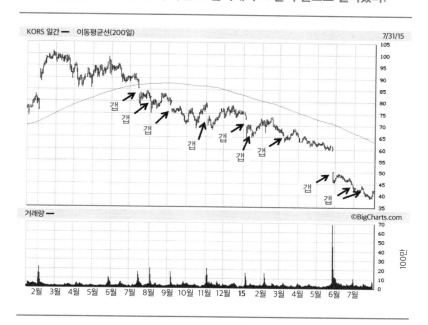

〈그림 6-4〉마이클코어스홀딩스Michael Kors Holdg., KORS **2014.**
주가가 200일선 밑으로 거래되고 4단계로 들어가자 고전적인
'갭 생성기'가 되었다. 주가는 85달러에서 35달러 밑으로 떨어졌다.

여하고 있다는 증거를 찾을 수 있다. 큰 수익을 달성하려면 거래 시점을
정교하게 맞추어야 한다. 그런 정교함을 얻으려면 우선 원하는 방향으
로 추세가 움직여야 한다. 그런 추세, 즉 상승세가 있고 그것이 가장 강
한 때를 진입 시점으로 특정하면 다음 초고수익 종목을 보유할 가능성
을 높일 수 있다.

변동성 수축 패턴

주식이 트렌드 템플릿의 기준 8개를 모두 충족하고 2단계에 있다면

다음으로 나는 현재 주가 차트 패턴을 본다. 특히 상승기에 생성된 이전 수익이 소화되는 혹은 건설적인 조정 구간 또는 내가 변동성 수축 패턴VCP, volatility contraction pattern이라고 부르는 것이 전개될 때를 기다린다. 나는 너무나 많은 사람이 건설적인 가격 베이스가 보이는 일반적인 형태에만 의존해서, 정작 그런 패턴을 무효화하거나 실패할 확률이 높은 가장 중요한 구조적인 요소를 간과하는 것을 보았다. 이것이 내가 VCP라는 개념을 생각해 낸 이유다.

전문 트레이더로서의 경험을 통해 나는 실패한 베이스를 거꾸로 추적하면, 그 원인은 몇 가지 간과한 문제적인 특징으로 귀결된다는 사실을 알게 되었다. 많은 책이 기술적인 패턴에 대해 피상적으로 기술하는데, 패턴을 이끌어 내는 공급과 수요를 이해하지 못한 채 그 형태를 인식하는 연습만 하다 보면 본질을 놓치고 헤매게 된다. **건설적인 가격 구조—즉 2단계에 있는 종목들—는 거래량이 눈에 띄게 잦아드는 순간이 베이스 안에서 발생하면서 동시에 변동성도 줄어든다는 보편적인 특징이 있다.** VCP를 올바르게 판단하는 것은 가격대와 진입 시점을 결정하는 데 있어 핵심이다. 나는 모든 차트 패턴에서 베이스의 왼쪽에서는 큰 변동성을 보이다가 오른쪽으로 갈수록 변동성이 줄어드는, 즉 수축되는 곳을 찾는다.

VCP 구간에서는 일반적으로 2~6개의 가격 수축이 발생한다. 특정 지점에서 거래량 감소와 더불어 가격 변동성이 점진적으로 줄어든다면 베이스 다지기가 끝났음을 의미한다. 절대적인 고가에서 저가까지 25% 떨어진 상황이라고 하자. 이후 주가가 단기간에 급상승하지만 매도세가 나타나며 15% 하락한다. 이 지점에서 매수자들이 다시 들어오면서 가격은 베이스 가격 진동폭 내에서 빠른 상승을 이어 가다가 결국

8% 후퇴한다. 일반적인 규칙이라고도 볼 수 있는데, 연속적으로 일어나는 변동성 수축은 조금 더하고 덜할 수는 있지만 이전 조정 혹은 수축 때 가격의 절반 이내로 한정된다. 고가와 저가 사이의 폭—변동성—은 매도를 통해 이익을 취하는 사람이 많아질 때 가장 커진다. 매도하는 사람이 부족해질수록 가격 조정폭은 그다지 크지 않게 줄어들고, 베이스의 오른쪽으로 향해 가면서 변동성이 줄어든다. VCP에 따른 거래 요건은 전형적으로 2~4회의 변동성 수축을 통해 형성되는데, 5~6회가 될 때도 있다. 이런 가격 움직임은 패턴을 만들어 내며, 이때 수축은 대칭형으로 형성된다. 나는 각각의 수축 구간을 'T'라고 칭한다.

수축 구간 세는 법

연속적인 수축이 일어나는 과정은 다음과 같다. 수건을 물에 담갔다가 비틀어 짠다고 상상해 보자. 완전히 건조되었을까? 아니다. 아직 젖어 있을 것이다. 그래서 다시 한 번 수건을 비틀어 수분을 더 짜낸다. 물이 더 나왔으니 이젠 다 마른 걸까? 아니다. 아직도 축축할 것이다. 물이 나올 때까지 비틀고 짤 때 물은 점점 더 적게 나온다. 그러다가 수건이 마침내 마르고 훨씬 가벼워진다. VCP 수축도 마찬가지다. 한 번 일어날 때마다 주가는 '타이트해진다'. 왼쪽으로 오른쪽으로 가는 동안 공급이 적어지면서 잇따라 거래량은 낮아지고, 점점 가격 조정폭도 좁아진다는 의미다. 젖은 수건을 비틀어 짤 때처럼 주가가 여러 번의 수축을 거치면서 더 가벼워지면 훨씬 쉽게 한 방향으로 움직일 수 있다.

실제 사례에서 VCP가 어떻게 작동하는지 보자. 2010년 9월 비트오토 홀딩스BITA는 잘 형성된 VCP 패턴에서 벗어났다. 가격이 28% 조정되며 건설적인 횡보 구간이 8주 동안 지속되었고 이후 가격이 16%, 최종적으로 가장 오른쪽에 보이는 6%로 조정되었다. 〈그림 6-5〉에서 가장 가격의 여유가 없는 상태로 거래 요건이 형성된 구간과 베이스의 오른쪽 끝에 가격이 가장 타이트해진 구간의 거래량이 감소된 것을 보자.

17달러 영역을 통과할 때 주가가 거의 저항 없이 빠르게 전진하는 것이 보인다. 이는 시장에서 공급이 멈췄기 때문이다. 매수 가능한 물량이 거의 없으므로 매우 적은 수요만으로도 주가를 올릴 수 있다. 장기 분석이 정확하고 대형 기관이 주식을 매집하고 있다면 주가가 상승하지 못할 이유가 없다. 이것이 매수 시점을 성공적으로 잡기 위해 이해

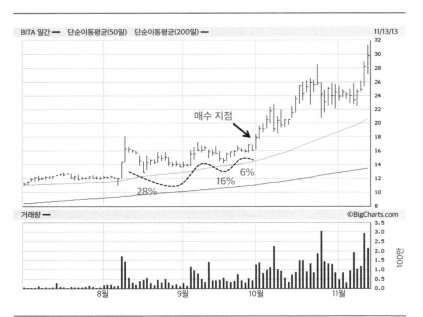

〈그림 6-5〉 비트오토 홀딩스BITA 2013. 주가가 10개월 만에 465% 치솟은 고전적인 VCP 패턴이다.

해야 할 결정적인 개념이다. 가격폭의 변동성이 줄어들면서 셋업을 만드는 구간은 매수와 매도가 균등해지면서 가격이 균형을 찾은 구간이다. 강한 투자자들이 약한 트레이더들을 교체하고 공급은 흡수된다. '약한 손'이 제거되면 적은 양의 수요로도 미미한 공급을 압도하게 되고 주가가 더 높이 올라간다(기업의 가치를 굳게 믿고 있어서 주가의 요동침에도 흔들리지 않는 장기 투자자들을 '강한 손', 손절을 쓰거나 단기 차익 실현을 노리는 트레이더들을 '약한 손'이라 칭한다. 주가가 지속적으로 상승하려면 시세가 변동할 때마다 매도를 하는 '약한 손'이 적어야 한다—감수자주). 이것이 전설의 트레이더인 제시 리버모어가 '최소 저항선'이라고 부른 것이다.

일반적으로 절대적인 고가와 저가 사이의 폭이 좁고, 다음 날 혹은 다음 주 가격이 거의 변하지 않은 타이트한 상태는 건설적이다. 이 타이트한 영역에서 거래량의 감소가 동반되어야 한다. 때때로 주가 상승기 초기에 형성된 가격대에서 거래량이 말라 버리기도 하는데 이런 전개는 매우 긍정적이며, 특히 일정 기간 조정이나 건설적인 횡보가 있은 후라면 더 그렇다. 이는 시장에 풀리는 주식 물량이 줄었다는 암시다. 건설적인 조정 구간에 있는 주식은 거의 항상 이 특징—거래량 축소와 타이트해진 가격—을 보인다. 우리는 이걸 최적매수점pivot buy point이라고 한다.

차트의 발자국

가격 폭의 변동성이 줄어들면서 셋업이 만들어질 때 주식은 독특한 발자국을 남긴다. 지문과 비슷하게 이들이 만드는 패턴은 멀리서는 서로 비슷해 보이지만, 확대해서 보면 서로 동일한 것이 없다. 결과적으로 나타나는 고유 패턴 혹은 윤곽이 우리가 차트의 발자국이라고 부르는 것이다. VCP를 즉각적으로 구별할 수 있는 특성은 베이스 내내 형성되는 수축의 횟수, 그 상대적 깊이 그리고 특정 지점에 나타난 거래량이다. 나는 매주 몇 백 개의 종목을 추적 관찰하기 때문에, 야간 일지와 종목별 발자국을 축약해서 적은 것을 재빨리 훑어보며 시각적으로 주식을 빠르게 이해하는 방법을 고안했다.

이 단축 참고표는 세 가지로 구성되어 있다.

1. 시간: 베이스가 형성된 이후 경과한 일수 혹은 주수
2. 가격: 가격 폭이 가장 큰 것과 베이스의 가장 오른쪽에 있는 가장 작은 수축의 폭
3. 대칭성: 베이스가 형성되는 과정에서 나타나는 수축의 횟수

〈그림 6-6〉 개인의 신체 묘사로 그 사람을 머릿속에서 그려 볼 수 있듯이,
주식의 '치수'로 베이스의 발자국을 떠올릴 수 있다.

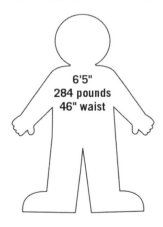

키 195센티미터, 몸무게 129킬로그램, 허리 46인치라는 묘사를 듣는 것만으로도 사람을 머릿속에서 그려 볼 수 있듯이 종목의 '치수'를 알면 발자국을 시각적으로 떠올릴 수 있다(〈그림 6-6〉). 이 고유 정보는 차트를 보지 않고도 베이스의 주요 양상들을 이해하는 데 도움이 된다.

VCP 발자국의 작동 방식

차트의 발자국이 작동하는 방식을 알아보기 위해 21개월 만에 500% 이상 상승한 넷플릭스Netflix를 보자(〈그림 6-7〉). 2008년 약세장일 때 저점에서 급격하게 반등한 주식은 큰 기관들이 물량을 매집하고 있다는 명확한 증거인 분명한 상승세를 만들었다. 기관들은 온라인으로 영화를 대여하는 서비스로 매출과 이익을 가속화하는 넷플릭스라는 신규 회사의 등장에 동네 비디오 대여점, 지역 체인점, 심지어 블록버스터비디오가 도전에 당면한 것을 보았다. 넷플릭스 사업이 아직 초기에 있을 때는 재래식 비디오 대여점이 곧 소멸할 거라는 걸 대부분의 사람은 알지 못했다. 비디오 대여업에 패러다임의 변화가 일어나고 있었고, 넷플릭스는 새로운 사업 분야를 창조했기 때문에 경쟁은 없었다. 이는 곧 매출과 이익 측면에서 커다란 잠재력을 의미했다.

비디오 대여 시장에 대해 알지 못해도, 소매 분야의 애널리스트가 아니더라도 기회는 보였다. 넷플릭스는 27주 건설적인 조정 구간에서 벗어나기 전에 세 번 수축했다(3T). 2009년 10월에 나는 블록버스터가 당기순이익의 단 2배에 거래되고 넷플릭스는 32배에 거래되었음에도 불구하고 공격적으로 넷플릭스 주식을 사고 있었다. 넷플릭스가 '비싸' 보

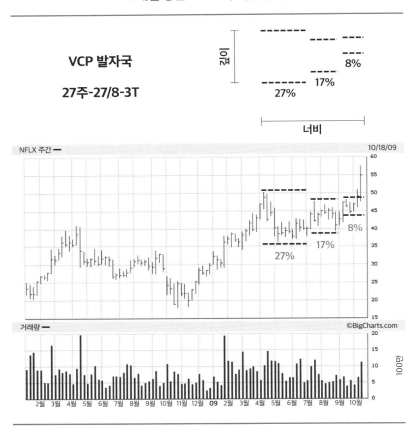

〈그림 6-7〉 넷플릭스^{Netflix, NFLX} 2009. 넷플릭스의 VCP '발자국'이
건설적인 가격 통합 구간을 드러낸다. 이 지점부터 주식은
21개월 동안 525% 수익을 냈다.

VCP 발자국

27주-27/8-3T

8%

17%

27%

너비

NFLX 주간 —

10/18/09

8%

17%

27%

©BigCharts.com

거래량 —

100만

2월 3월 4월 5월 6월 7월 8월 9월 10월 11월 12월 09 2월 3월 4월 5월 6월 7월 8월 9월 10월

인다는 것이 대다수가 기회를 놓친 이유였다. 대부분의 아마추어, 심지
어 많은 프로도 '더 싼' 주식을 산다. 월스트리트가 실제로 작동하는 방
식을 완전히 오해한 데서 비롯된 일이다. 최초로 상장한 이후 넷플릭
스 주가는 3,400% 이상 치솟았다. 같은 기간 블록버스터 주가는 가치의
99%를 잃었다.

이제 메리디안 바이오사이언스_{Meridian Bioscience}를 살펴보자. 이 주식

은 2단계 상승기 한가운데서 상승을 이어 가기 전에 건설적인 조정을 겪었다. 40주40W 조정 구간을 벗어난 이후 15개월 동안 100%를 상승하기 전에 네 번 수축했다4T.

〈그림 6-8〉은 베이스에서 보인 네 번의 변동성 축소를 보여 준다. 첫 구간은 2006년 4월 주가가 19달러에서 13달러로 하락하면서—고점에서 저점까지 31% 조정되면서—시작되었다. 이후 가격이 주당 17달러 바로 밑에서 14달러 아래 지점까지 떨어졌다가—17% 후퇴—더 높게 상승하고 다시 한 번 건설적인 조정 과정을 거쳤다. 변동성 수축의 첫 신호다. 두 번째 가격 후퇴 후에 이번에는 17달러 바로 위까지 급상승했다가 훨씬 좁은 8%의 가격폭을 보이며 16달러 바로 밑으로 후퇴했

〈그림 6-8〉 메리디안 바이오사이언스 Meridian Bioscience, VIVO **2007.**
메리디안 바이오사이언스는 교과서적인 VCP 패턴을 형성한 후
15개월 동안 118% 상승했다.

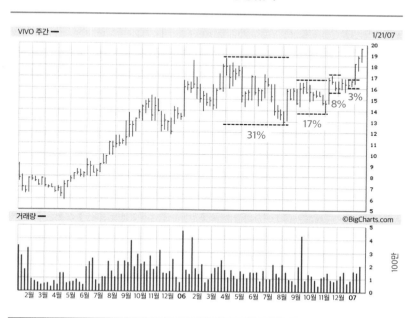

다. 나는 이 지점에서 이 종목에 관심이 생겼다. 마지막으로 2주 동안 3%의 짧고 좁은 폭의 조정이 매우 낮은 거래량과 함께 최적매수점을 형성했는데, 나는 이로써 매도 움직임이 말라 버렸다는 것을 알았다. 공급 물량이 증가하다가 줄어들었으니 이익 실현 물량이 소진된 것이다. 네 개의 T가 형성되는 동안 거래량이 연속해서 감소했다. 이로써 재고를 사고 싶어 하는 매수자가 들어오기만 한다면 급상승할 수 있는 밑작업이 완료되었다. 2007년 1월, 나는 메리디안 바이오사이언스가 주당 17달러 지점에서 최적매수점을 깨고 위로 올라가며 거래량이 눈에 띄게 증가할 때 이 종목에 올라탔다. 이후 종목은 다음 15개월 동안 118% 상승을 이어 갔다(〈그림 6-8〉).

매물대

가격이 조정을 거치고 하락할 때는 높은 가격에 샀다가 손실을 떠안게 된, '함정에 걸린' 매수자들이 존재하기 마련이다(〈그림 6-9〉). 함정에 빠진 매수자들은 더 깊어지는 평가 손실에 괴로워하는 동시에 매도할 시점을 기다리며 단기 상승을 염원한다. 하지만 시간이 흐를수록 손실은 점점 커지고, 많은 매수자가 매입가까지만 올라도 기쁠 것 같다고 생각한다. 이렇게 단기간 가격 급상승 혹은 각자의 매입가에서 나가고 싶어 하는 투자자들이 생기면 계속적으로 공급이 발생한다. 그들은 기다릴 수 없다. 가격의 롤러코스터를 타며 호된 시련을 겪은 그들은 매입가에 나갈 수 있는 것만으로도 감격한다.

공급을 추가하는 또 다른 무리는 저가에 주가를 매수한 사람들이다.

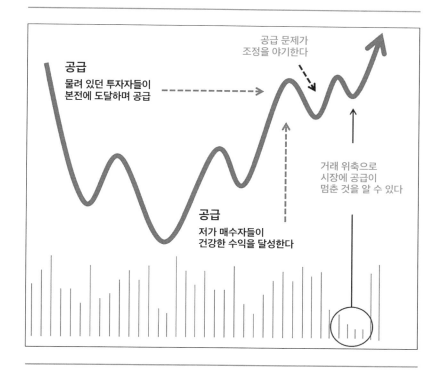

그들은 이미 상당한 단기 이익을 쌓아 올린 상태다. 그런 상황에서 주식이 최근 고가 근처에서 거래되고 함정에 빠진 매수자들에게도 매입가라는 구원의 손길이 오자, 이들은 서둘러 이익을 확정하고 싶은 충동을 느낀다. 이 모든 매도세가 베이스의 오른쪽에서 조정을 일으킨다. 기관들이 종목을 모으고 있다면 거래 가능한 공급 물량을 흡수하기 때문에 이때 나타나는 수축은 좌에서 우로 가면서 점점 작아진다. 이것이 공급과 수요 법칙이 작동하는, 있는 그대로의 방식으로 주식이 질서 정연하게 손을 바꿔 타고 있다는 징후다. 매수에 들어가려면 종목이 약한 손에서 강한 손으로 갈아타는, 손이 바뀌는 정상적인 과정을 거칠 때까지 기다려야 한다. **손절 스톱을 이용하는 트레이더로서 여러분은 약한 손이다. 핵심은 최후의 약한 손이 되는 것이다. 내가 매수하기 전에 최대한 많은 약한 손이 종목에서 빠져나가는 것이 좋다.**

베이스의 우측 모양이 만들어지기 시작하면서 거래량이 상당히 수축하고 가격 움직임도 꽤 조용해지면 시장으로 유입되는 공급이 멈추었다는 뜻이다. 종목이 이 조건을 만족하는지 확인하고 매수하면 종목이 대중의 레이더 밖으로 밀려나기 때문에 '혼잡한 거래'(소수의 기관 투자자들이 대량 매수를 하는 것이 아니라 호재를 듣고 물린 다수의 개인 투자자가 매수를 하면서 변동성이 심해지는 것—감수자주)를 피할 수 있고, 따라서 거래의 성공 가능성이 높아진다. 반면, 주가와 거래량이 통합 구간의 오른쪽에서 소강상태가 안 된다면 여전히 시장으로 공급이 유입되고 있을 가능성이 높다. 이럴 때의 거래는 너무 위험하며 실패하기 쉽다.

VCP가 우리에게 알려 주는 것

반복하자면 VCP는 약한 손에서 강한 손으로 손이 바뀌는, 공급과 수요의 법칙이 작동하고 있다는 증거다. 변동성이 수축되는 과정에서 시장으로 들어오는 공급은 점차 줄어든다. 매수 의지가 있는 장기 투자자들이 단기 수익을 취하고자 하는 매도자들을 만나면서 매물대는 흡수되어 사라진다. VCP는 상승세의 틀 안에 한정되어 발생한다는 것을 명심하자. VCP는 훨씬 더 큰 상향 움직임의 일부분으로 연속형 패턴 **continuation pattern**(패턴을 완성한 후 주가가 현재 방향과 동일하게 진행될 것을 예측하는 차트 패턴—역주)이기 때문에, 이미 30%, 40%, 50% 혹은 그 이상 상승한 후 높은 가격대에서 나타난다. 매집되고 있는 주식은 거의 항상 VCP 특징을 보여 줄 것이다. 이것이 베이스의 오른쪽에서 매수하기 전에 보여야 하는 것이고, 우리가 최적매수점이라고 부르는 것이다. 구체적으로 거래량이 늘어나면서 주가가 피봇 포인트 위로 주가가 움직일 때가 매수할 때다.

피봇 포인트

피봇 포인트는 '행동 촉매제'가 필요한 가격대로, 나는 최적매수점이라고도 부른다. 피봇 포인트는 신고가 영역으로 약진하거나 고가를 깨고 하락할 때 이와 연관되어 발생한다. 적절한 피봇 포인트로 건설적인 조정 구간이 완성되었고 다음 상승이 임박했음을 나타낸다. 다시 말해 피봇 포인트는 베이스가 형성된 후 주가가 거래를 촉발하는 일정 가격대를 형성하는 곳이다. 이제 주가가 매수 가격대로 움직였다고 하자. 주가 움직임이 일시적으로 멈추면 그때를 매수를 위한 촉매 가격으로 설정할 수 있다. 주가가 피봇 포인트 위로 돌파하면 지정가로 1,000주 주문을 넣는 식이다. 그럴 때는 가능한 한 피봇 포인트에 가깝게 몇 %p 이내로 매수해야 한다. 종목이 피봇 포인트의 고점 위에서 거래된다면 다음 상승을 의미하는 경우가 많다.

피봇 포인트 가격대가 최소 저항선과 나란히 정렬하고 주가가 이 경계선을 넘어간다면, 그때부터 이 종목은 매우 빨리 움직일 수 있다. 주가가 경계선을 돌파하는 순간 단기간에 상승할 가능성이 매우 높

다. 이는 공급이 적어 아주 적은 양의 수요로도 주가를 밀어 올릴 수 있는 지점에서 피봇 포인트가 형성되는 경우가 많기 때문이다. 즉 아주 적은 양의 수요로도 주가를 더 밀어 올릴 수 있다. 시장이 건강할 때 견고한 매집 구간을 나온 후 올바르게 형성된 피봇 포인트가 실패하는 경우는 거의 없다.

〈그림 6-10〉은 메르까도리브레Mercadolibre의 차트다. 6주 32/6 3T라는 기술적인 발자국을 보여 주는데, 6주간 바닥이 다져졌고, 32%에서 조정이 시작되었으며, 6%로 조정폭이 피봇 포인트에서 줄어든 것이 보인다. 차트가 설명해 주듯이 종목은 2007년 11월에 가격 떨구기를 거친 후 건설적인 방식으로 주가 변동폭이 줄어드는 모습을 보였다. 최적 매수점이 형성된 마지막 T에서 얼마나 적은 거래량을 동반한 손 바뀜이 발생했는지에 주목하자. 이후 주가는 피봇 포인트를 지나며 매수세가

〈그림 6-10〉메르까도리브레Mercadolibre, MELI 2007. 나는 주가가
13일 만에 75% 상승하기 직전에 이 종목을 매수했다.

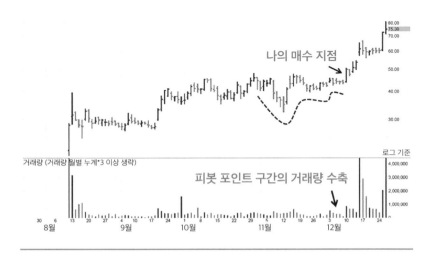

쌓이면서 단 13일 만에 75% 상승했다. 이것이 실제로 초고수익을 달성할 수 있는 잠재력을 가진, 내가 관심을 갖고 포착하고자 하는 가격 상승 유형이다.

피봇 포인트에서의 거래량

피봇 포인트가 제대로 형성될 경우 거래량이 수축되며 종종 거래량 평균보다 훨씬 낮아진다. 많은 경우에는 거래량이 거의 없거나 베이스 전체에서 가장 낮은 거래량을 보이는 날이 최소 하루는 있다. 가장 오른쪽의 수축 구간에서는 50일 평균 거래량보다 낮고, 하루 이틀 정도는 극

〈그림 6-11〉 마이클스The Michaels Companies, MIK 2014

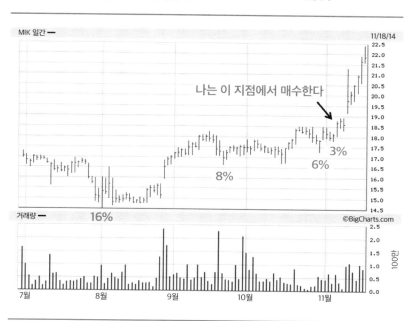

207

도로 거래량이 낮은 것이 좋다. 발행 주식 수가 낮은 종목이라면 거래량 흐름이 말라 드문드문한 수준일 것이다. 많은 투자자가 이를 유동성 부족이라며 우려하지만, 주가가 큰 폭으로 움직일 준비가 되었을 때 일어나는 현상이다. 앞서 말했듯이 유통 공급량이 거의 없을 때는 굉장히 적은 물량으로도 주가를 급격히 올릴 수 있다. 건설적인 조정 구간에서 가장 폭이 좁은 영역—피봇 포인트—에서 거래량이 심각하게 수축되는 것이 바람직한 이유다.

마이클스Michaels Companies Inc의 차트가 그 예다(〈그림 6-11〉). 16주 16/34T라는 기술적인 발자국에서 19주 동안 베이스가 16%, 8%, 6%, 3%의 폭을 가진 조정과 함께 형성되었다. 마지막 수축 구간의 가격 변동폭이 좁아졌을 뿐만 아니라 거래량도 평균보다 상당히 낮다. 매우 건설적인 징후다. 나는 주가가 피봇 포인트를 깨고 올라갔을 때 매수 주문을 넣었다.

MARK
MINERVINI

Chapter

7

어떻게 그리고
언제 매수할 것인가
2부

**THINK
& TRADE
LIKE A
CHAMPION**

거래 요건이 건설적으로 형성될 때는 대부분 10~35%, 어떤 경우에는 40%까지도 가격 조정을 겪는다. 하지만 매우 깊은 조정이 있을 때는 오히려 실패하기 쉽다. 가격 조정을 많이 받는 종목보다는 적게 받는 종목에 집중할 때 더 많은 성공을 거둘 수 있다. 주가가 가파르게 떨어질 때는 회사나 산업에 심각한 문제가 있거나 약세장의 초기일 수 있다. 주가가 고점 대비 50%, 60%에 거래된다는 이유로 크게 할인되었다고 생각하며 유혹에 빠지면 안 된다. 그 이유는 두 가지다. 첫째, 그런 주가 하락은 실적보고서나 펀더멘털상으로 드러나지 않는 회사의 근본적인 문제 때문일 수 있다. 둘째, 펀더멘털상으로 아직 문제가 보이지 않더라도 심한 매도세를 경험한 종목은 많은 수의 잠재적 매도자 및 매물대와 싸워야 한다. 주가가 더 떨어질수록 과잉 공급은 더 큰 짐이 된다.

　약세장의 주요 조정 구간에서 50%나 하락하고도 오르는 종목이 있을 수도 있다. 하지만 나는 그렇게 많이 떨어진 종목은 웬만하면 매수하지 않는다. 60% 이상 가격 조정을 받는 종목이라면 이런 규모의 하락은 자주 심각한 문제의 전조이기 때문에 내 레이더망 밖으로 내보낸다. **대부분의 상황에서 시장 하락폭의 두세 배 이상 조정받는 주식은 피해**

야 한다.

암벽등반을 할 때 머리에 착용 가능한 액션 카메라를 만드는 고프로 **GoPro**가 최근 예다. 이 종목은 2014년 10월, 주당 100달러 부근에서 고점을 찍고 2015년 3월에 급격한 매도세로 40달러 밑까지 떨어졌다(〈그림 7-1〉). 나스닥 지수가 10% 상승하는 동안 주가가 60% 이상 떨어진, 즉 종목수익률이 시장수익률을 크게 밑돌았을 때 경고음이 크게 울렸다. 다음 문제는 매물대였다. 높은 가격에 갇힌 매수자들에 더해 수많은 매도자가 잠재해 있었다. 주가가 엄청나게 하락하고 시장수익률을 크게 밑도는 것은 기관 투자자들이 회사 자체와 실적이 나빠질 것을 예상하고 주식을 던진다는 의미다. 고프로는 2015년 8월에 65달러까지 잠시 주가가 상승했지만 예전 고점에서 30%나 하락한 가격이었다. 이 종목이 상승하고 있다는 사실에만 주안점을 둔 사람이라면 매수의 유혹을 받았을 테지만, 장기적인 하향세이며 고점 대비 1/3이나 떨어진 상황이라는 점을 고려하면 고프로는 매수 후보 목록에 있을 수 없었다. 그래서 나는 고객들에게 이 시기에 매수를 자제하라고 권고했다. 책을 쓰는 지금, 고프로는 최고가 대비 90% 이상 하락한 주당 9달러에 거래되고 있다.

고프로 사례는 주식과 너무나 쉽게 사랑에 빠지는 트레이더들에게 교훈을 준다. 고프로가 90달러를 넘어섰을 때 모든 사람이 이 주식을 좋아했으며, 주가도 100달러 그 이상을 향해 가는 것처럼 보였다. 주가가 떨어졌을 때도 다시 일어나 고점으로 돌아가는 건 시간문제라고 생각하며 여전히 이 주식을 좋아하는 사람이 많았다. 그러나 상승은 매우 단기간에 그쳤다. 왜일까? 고프로는 강한 하강 기류를 타고 있었기 때문이다. 흔히 말하는 순풍을 타지 못했다.

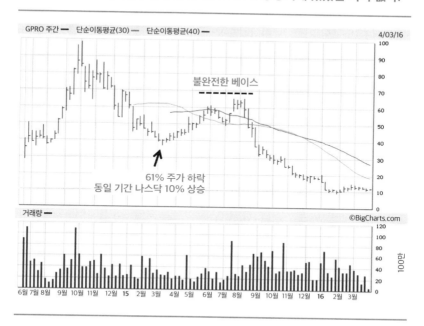

〈그림 7-1〉고프로GoPro, GPRO 2015. 주가가 주당 98달러에서 9달러 밑까지 하락했다. 하락을 겪는 내내 단 한 번도 2단계 상승기에 있었던 적이 없다.

고프로의 주가가 200일(40주) 이동평균보다 위에 있었던 건 맞다. 그러나 트렌드 템플릿 기준을 모두 충족하지는 못했다. 150일선이 200일선 밑에 있었고 둘 다 하락하고 있었다. 여러분이 하락 추세에 있다가 주가가 반등하고 상향하는 주식을 고를 수 있을지도 모른다. 하지만 상승세에 있는 종목이 충분히 많은데 정답을 옆에 두고 정답 맞히기 게임을 하며 위험을 택할 이유가 있을까? 스스로를 증명한 종목에 집중하자. 그러면 초고수익을 낼 수 있는 다음 종목을 찾을 확률이 훨씬 높아진다.

대형 수익은 신고가에서 온다

주식시장에서 가장 많이 듣는 문구 중 하나가 '싸게 사서 비싸게 판다buy low and sell high'이다. 이는 주식시장에서 돈 버는 방법 하면 대부분이 떠올리는 말이 되었다. 이익을 얻고자 한다면 살 때보다 높은 가격에 팔아야 하는 건 너무나 당연하지만, 그렇다고 사상 최저 가격에 또는 그 가까이에서 매수를 하라는 뜻은 아니다. 시장은 개인의 의견, 심지어 전문가 예측보다도 훨씬 정확하다. 새로운 강세장 초기에 52주 신고가를 경신하는 주식은 이제 막 태동하는 뛰어난 종목일 수 있다. 신고가를 찍는 종목은 매물대가 없다. 반대로 52주 신저점 가까이에 있는 주식은 해결해야 할 매물대가 있고 상승 모멘텀이 부족하다.

여러분 중 "2단계가 확인될 때까지 기다리고 싶지 않아요"라고 말하는 사람들도 있을 것이다. 일찍 종목에 들어가서 이익을 내고 싶을 것이다. 그런데 문제는 초기 단계에서는 확실한 판단을 할 수 없다. 종목이 기관 투자자들의 관심을 끌고 있는지는 어떻게 확인할까? 회사의 펀더멘털적 요건들이 따라 주지 않는다면 시작이 좋아도 움직임이 무산되거나, 주가가 요동치다가 나중에 김이 빠져 1단계에 답보하거나, 더 나쁜 경우 가격이 꺾이고 하락하는 주식을 사게 될 수도 있다. 〈그림 7-2〉에 보이듯이 진짜 신나는 상황은 주가가 사상 최고가를 찍을 때까지 시작도 안 한다.

몬스터음료MNST는 2003년 말 사상 최고가를 기록했다. 너무 비싼 것 같아서 혹은 너무 '높아' 보여서 사지 않았다면 엄청난 기회를 놓쳤을 것이다. 주가는 2006년 초까지 8,000% 상승했다. **20달러에서 80달러 그리고 180달러까지 상승한 것처럼, 초고수익을 내는 종목을 매수하**

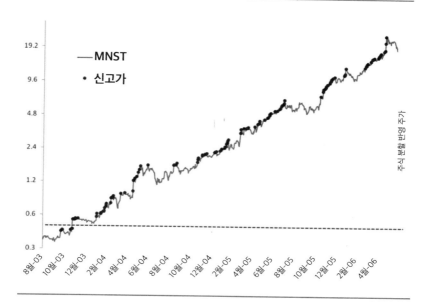

〈그림 7-2〉 몬스터음료Monster Beverage, MNST 2003~2006. 2003년 8월에
사상 최고가를 만들고 이후 8,000% 이상 빠르게 상승했다.
ⓒ롱보드자산운용(Longboard Asset Management)

는 유일한 길은 상승 과정 내내 신고가를 연속 경신하는 것뿐임을 기
억하자.

상대 강도를 올바르게 이용하는 법

《인베스터스 비즈니스 데일리IBD》는 시장의 다른 종목과 쉽게 비교
하도록 상대 강도RS에 1부터 99까지—99가 가장 강하고 1이 가장 약하
다—의 순위를 매겨 놓았다. 강한 RS 종목에 집중해야 하는 건 맞지만
그렇다고 IBD에서 RS 순위에만 초점을 맞춰서는 안 된다. 핵심은 RS 순

위, 종목을 시장과 비교해 주는 RS 선 그리고 기술적 분석으로 살펴본 종목의 움직임을 종합해서 이용하는 것이다. 이러한 지표들은 탄탄한 베이스에서 올바른 VCP 조건을 충족하는 동시에, 일반 시장수익률을 웃도는 수익률을 기록하는 종목의 매수 시기를 결정하는 데 도움을 준다. RS 순위에만 치중하면 너무 빨리 혹은 너무 많이 올라서 조정을 거치는 취약한 종목을 사게 될 수도 있다.

무엇을 봐야 할까?

사람들은 수익을 낼 수 있는 주식의 움직임을 잡으려면 미래를 보는 수정공이 있거나 방금 나온 속보에 순간적으로 반응해야 한다고 생각한다. 하지만 실은 그렇지 않다. 많은 경우 몇 주, 몇 달, 어떤 때는 몇 년 동안 명료한 매수 지점의 조짐이 나타난다. 단지 그것을 알아채야 할 뿐이다. 이제 내가 매수한 종목 중 몇 가지의 사례를 분석하겠다. 여기에는 매수 전에 살펴본 것과 초고수익 잠재력을 예견할 수 있는 중요한 요인들이 담겨 있다.

2001년 10월, 아마존AMZN은 신저점을 형성했다. 직후 주가는 200일 40주 이동평균선에서 반등하며 극적으로 상승했다. 이것으로 새로운 상승 구간의 시작이 명확해졌고, 나의 트렌드 템플릿에 따라 2단계 상승 기임이 확인되었다. 이때 나는 관심을 갖기 시작했다.

주가가 바닥을 형성한 지점을 보면 RS 선이 반등하고, 꾸준한 상승세를 유지한 것을 확인할 수 있다(《그림 7-3》). 아마존은 2002년 5월까지 8개월 만에 저점에서 300% 이상 상승했는데, 이로 인해 많은 사람이 주가가 매수 범위 밖에 있다고 결론 내렸을 것이다. 하지만 이 종목은 오히려 이때 거래에 적합한 요건을 갖추는 초기 단계에 있었다. 첫 번째 상승 움직임은 내가 찾던 모멘텀을 만들어 주었는데, 기관들이 대량으로 사고 있다는 것이 분명해 보였다.

2002년 5월부터 10월까지 종목은 완벽한 3C를 형성했다. 주가가 베이스를 돌파하기 전에 RS 선이 신고점을 갱신해서 종목이 상승할 거라는 강한 신호를 보냈다. 나는 2001년 11월부터 RS 선이 상승세에 있었다는 사실을 알고 있었기 때문에, IBD에서 RS 순위를 볼 필요도 없이

〈그림 7-3〉 아마존Amazon.com, AMZN **2001~2003. 시장이 바닥을 찍은 2002년 10월 10일에 아마존이 3C 패턴**cup completion cheat**에서 나와서 16개월 만에 1,700% 상승했다.**

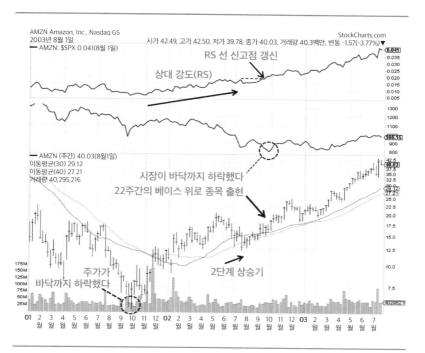

아마존이 순위의 최상위에 있을 거라는 걸 알았다. 아마존은 2002년 10월 10일에 22주 베이스 위로 떠오르며 최적매수점 위로 올라갔다. 31개월의 약세장 끝에 시장이 바닥을 찍은 정확히 그날 나는 포지션을 잡았다. 여러분은 이걸 우연이라고 할까?

주도주가 먼저 바닥을 찍는다

주도주는 시장이 약세이거나 조정의 저점에서 벗어날 때쯤에 건설적인 조정 구간 위로 나타나곤 한다. 어떤 때는 저점보다 조금 일찍 혹은 한두 달 후에 등장하기도 한다. 나는 시장의 절대적인 저점이 나온 다음 처음 상승하는 날 등장하는 주도주도 많이 봤다. 아마존이 바로 그랬다. 아마존은 12개월 만에 주가가 240% 치솟았고, 이후에 38배 상승을 이어 갔다. 최고의 종목은 시장이 저점을 형성하기 전에 저점에 닿는다. 또한 주요 시장 지표들이 전 저점보다 더 낮은 저점을 만들 때 주도주들은 방향을 틀고 나와 전 저점보다 높은 저점을 형성한다. 신규 강세장의 첫 4~8주 동안 가장 잘 버티고, 시장의 저점을 불식시키며, 신고가로 빠르게 상승하는 종목들이 굉장한 이익을 낼 수 있는 진정한 시장 주도주다.

그럼에도 최고의 종목들을 놓치게 되는 이유가 몇 가지 있다. 주도주의 새로운 상승세의 초기 단계에서는 동일 산업군의 다른 종목들에서 주도주의 가격 강세를 확인해 주는 움직임이 많지 않을 수 있다. 이는 정상적인 것이다. 높은 RS를 보이는 종목은 산업 내에 한두 개뿐일 때가 많다. **시장에서 가장 큰 수익을 내는 종목들 중 일부는 산업군 전**

체 움직임을 따라 움직이는데, 섹터의 강세가 명백해질 때쯤에 진짜 주도주들은 이미 가격이 급등한 상태일 때가 많다.

약세장이 바닥을 벗어날 때 하락을 잘 견딘 주도주들은 가장 먼저 반등하고 베이스를 깨고 나온다. 대부분의 투자자는 이 현상에 주목하기보다는 시장 하락의 영향으로 겁을 먹어서 주도주의 상승을 인정하려 하지 않는다. 시장이 바닥을 찍을 즈음 대부분의 투자자는 손절매를 거부한 결과 포트폴리오에서 큰 손실을 입은 상태다. 그래서 그들은 세상의 종말이 다가오고 있다고 전적으로 확신하면서 보유 중인 미결정 손실분이 어서 상쇄되기만을 바란다. 그 결과, 새로 나온 매수 신호를 인정하지 않고, 그렇게 황금 기회를 놓쳐 버린다. 적당한 매수 시점을 인식하는 데 어려움을 겪는 이유는 다시 한 번 말하지만 투자자들에게 주도주는 항상 너무 가격이 높고 비싸 보이기 때문이다. 주도주는 가장 먼저 등장해서 시장이 상승할 무렵에 52주 신고가를 기록하는 종목이다. 신고가 근처에서 매수하는 투자자는 적고, 정확한 시점에서 매수하는 투자자는 더 적다. 그들은 개별 종목보다는 시장 전체에 초점을 맞추기 때문에 종종 뒤늦게 매수하거나 후발 주자를 갖게 된다.

a. 이베이

시장보다 먼저 바닥을 찍고, 시장 지수들이 저점을 형성한 후에 건설적인 베이스에서 떠오르는 주도주들이 있다. 그중 하나였던 이베이는 시장이 저점을 형성한 2002년 10월보다 훨씬 전인 2000년 후반에 바닥을 찍었다. 이후 얼마 지나지 않아 이베이 주가는 7주 동안 좁은 가격폭의 베이스를 형성했다. 이때쯤 이베이는 확실한 2단계에 있었고, RS도 최상위권에 있었다. 〈그림 7-4〉가 잘 보여 주듯이 RS 선은 장기 상승세

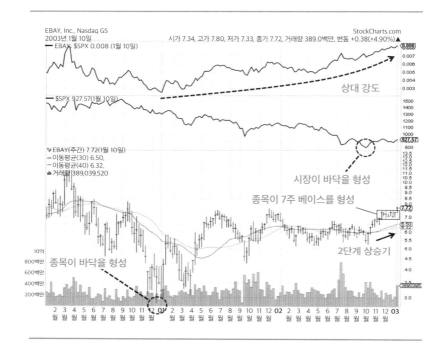

〈그림 7-4〉 이베이eBay, EBAY 2000~2002. 2001년에 바닥을 형성하고
2002년 말에나 베이스를 형성했다. 이후 23개월 만에 225% 이상 상승했다.

에 있었고 주가보다 먼저 신고점에 진입했다. 기관이 물량을 매집하고 있었을 가능성이 높다는 말이다. 이베이가 7주 베이스를 벗어난 지점부터 주가는 24개월 만에 234% 상승했다.

b. 넷플릭스

2008년 10월 넷플릭스는 바닥을 쳤고, S&P 500 지수는 2009년 3월이 되고서야 바닥을 쳤다. 〈그림 7-5〉에서 S&P 500 지수가 신저점을 만드는 동안 넷플릭스가 125% 치솟은 점에 주목하자. 이로써 넷플릭스의 주가는 2단계 상승기에 진입했고, 이때 IBD가 산출하는 RS 수치뿐만 아니라 RS 선도 급등했다. 넷플릭스는 이 지점에서 내 레이더에 걸렸는데 많은 투자자가 이 지점을 놓쳤다. 시장 지수가 반등하고 몇 달 동안 빠른 상승세를 보였을 때 넷플릭스는 27%를 조정받은 후 27주 동안 횡보했기 때문이다. 대부분의 아마추어 투자자가 충분히 지칠 만한 기간이다. RS 선을 보면 주가가 시장 대비 저조한 수익률을 보인 것처럼 보이고, 사실 일시적으로 그랬다. 하지만 주가는 이전 급상승분을 소화하고 숨을 고르고 있을 뿐이었다. 훈련된 사람의 눈에는 넷플릭스가 완벽한 VCP를 그리고 있었다는 게 보였을 것이다. 즉 넷플릭스는 사상 최대의 이익을 낼 준비를 하고 있었고, 큰 그림을 보고 맥락을 파악해야 했다.

언제나 주도주들이 시장 저점에서 바로 등장하지는 않는다. 일부

〈그림 7-5〉 넷플릭스^{Netflix, NFLX} 2009. 고전적인 VCP를 거쳐 주가는 21개월 만에 505% 상승했다.

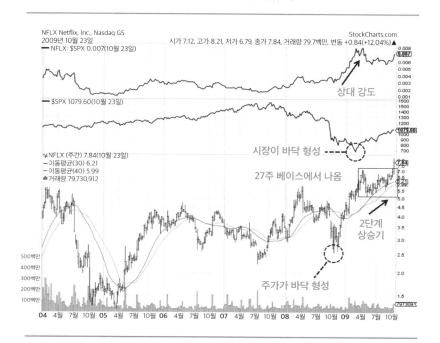

는 조금 더 일찍 브레이크 아웃을 보이고, 일부는 시장이 저점을 찍을 때쯤 혹은 넷플릭스처럼 절대적인 저점이 형성된 후 수개월이 지나고 나타나기도 한다. VCP에서 벗어난 넷플릭스 주가는 21개월 만에 500% 이상 상승했다. 2009년 3월부터 2010년 12월까지 넷플릭스는 8분기 연속 매출이 증가했으며, 수익은 평균 45%였다. 앞서 본 것처럼 넷플릭스 주가는 상장한 시점부터 2,400% 이상 상승했다. 반면 같은 기간 블록버스터 주식은 가치의 99%를 잃고 결국 파산했다.

c. 넷플릭스 대 블록버스터

넷플릭스는 매우 흥미로운 연구 사례다. 2002년 15거래일 차이로 넷플릭스는 상장되었고, 블록버스터비디오는 최고가를 찍고 내려온 뒤로 영원히 회복하지 못했다. 매출 감소에 시달리던 블록버스터의 주가는 0.13달러—18.00달러에서 하락—에 불과했고, 온라인 서비스를 제공하는 넷플릭스는 비디오 대여 업계를 완전히 장악하고 재래식 비디오 대여 업계를 밀어내 버리기 직전이었다. 2009년 3월 18일, 나스닥 종합지수가 약세장의 저점에서 거래된 지 불과 7일 후 그리고 다우가 약세장 저점인 6,469에서 거래된 지 10일 후에 넷플릭스는 사상 최고가를 기록했다(〈그림 7-6〉). 단 17거래일 만에 넷플릭스 주가는 20% 올라 있었다. 최근 3분기 수익은 각각 36%, 38%, 58%로 굉장했다. 문을 나서자마자 강력한 실적을 보인 넷플릭스 같은 주식은 이익을 취하고자 가볍게 팔 만한 종목이 아니다.

2009년 10월, 나는 명백한 VCP 패턴을 근거로 넷플릭스 주식을 매수했다. 블록버스터는 이익 대비 고작 2배에 거래된 데 반해 넷플릭스는 이익 대비 32배로 거래되고 있었다. 나는 '싼' 블록버스터 주식을 피하

〈그림 7-6〉 넷플릭스 대 블록버스터비디오BLOAQ 2002~2011.
넷플릭스 상장이 블록버스터 주가의 꼭대기와 시기상으로 일치했다.

고 대신 훨씬 더 '비싼' 넷플릭스 주식을 샀다.

d. 마이클 코어스 대 코치

산업군 하나는 보통 한두 개 혹은 많아도 세 개의 회사가 지배한다. 업계 선두 회사의 고객을 확보하기 위해 다른 업체가 경쟁에 뛰어드는 경우도 매우 자주 있다. 한 예로 코카콜라의 최대 라이벌은 펩시이고, 스타벅스와 던킨도너츠는 커피 음료를 두고 경쟁하고 있으며, 홈디포Home Depot와 로우스Lowe's는 주택 개량 산업 시장을 양분하고 있다.

넷플릭스가 상장되었을 때 블록버스터비디오 주가가 정점을 찍고 하락한 것이 우연이 아닌 것처럼 마이클코어스Michael Kors가 상장되었을 즈음에 액세서리 제조사인 코치Coach의 주가도 정점을 찍고 하락했다(《그림 7-7》). 이유는 간단하다. 등장한 경쟁자가 시장을 차지하거나 새로운 유행을 주도하면 기존 유행은 사라진다. 정상의 경쟁자들은 항상 선도 기업의 움직임을 따라가며 그들의 지위를 차지하기 위해 기다리고 있다. 이것이 항상 동종업계 최고 기업 두세 종목을 지켜보고 주의를 기울여야 하는 이유다.

경쟁자가 출현하면 시장 선도 기업이 바뀐다. 아메리카온라인은 검색엔진인 야후가 정상을 차지하기 전까지 인터넷 시장을 주도했다. 이후에는 야후의 직접적인 경쟁자였던 구글이 상장되었고, 지금은 구글이 검색엔진의 최강자로 꼽힌다. 진정한 시장 주도주와 비교했을 때 최대 경쟁 기업이 더 우월한 회사가 아닐 수도 있고, 그들에게 더 우월한 제품이 없을 수도 있다. 시기가 맞아떨어졌거나 주도주가 흔들려서 혹은 변덕스러운 소매시장처럼 유행이 변함으로써 선도 기업이 바뀌기도 한다.

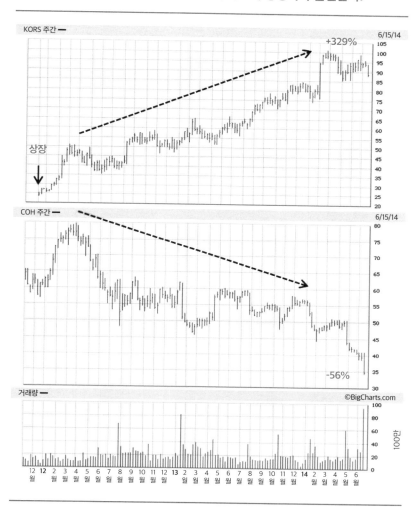

〈그림 7-7〉마이클코어스Michael Kors, KORS 대 코치Coach, COH 2012~2014.
기존 주도 기업의 약화와 더불어 최고의 경쟁자가 출현한다.

e. 월마트

월마트Wal-Mart는 고속 성장하는, 이름이 알려지지 않은 작은 회사였
다. 어떤 날은 4~5만 주가 거래되기도 했다. 상상이 되는가? 오늘날 월
마트는 하루에 3500만 주나 거래된다!

1980년대 초 위태롭던 약세장의 하락기에도 월마트 주식은 잘 버텼다. 주가가 워낙 강세였고, 시장 지수가 주요 하락 추세의 반동 성격의 상승을 하며 바닥을 만들 때마다 월마트 주가는 베이스에서 벗어나 상승을 시도했다(〈그림 7-8〉). 이것이 바로 주기가 바뀌어도, 해가 바뀌어

〈그림 7-8〉 월마트Wal-Mart Stores, WMT **1981~1982. 21개월 동안 360% 상승.**

도 매번 발휘되는 주도주의 힘이다. 시대를 초월한 원칙이다. 이런 급격한 탈추세 현상은 숨길 수가 없다.

f. 애플컴퓨터

한 주기의 주도주가 다음 주기까지 주도하는 경우는 거의 없지만, 강세장 후기에 등장해서 다음 주기를 주도하는 종목은 있다. 우리가 눈여겨봐야 할 것은 약세장 혹은 상당한 규모의 가격 조정에서 얼마나 잘 버티는가다. 좋은 예로 애플컴퓨터**Apple Computer**가 있다(〈그림 7-9〉). 이 종

〈그림 7-9〉 애플^AAPL **2004. 애플은 매수 기회를 여러 차례 제공했다. 주가는 6개월 동안 125% 상승했다.**

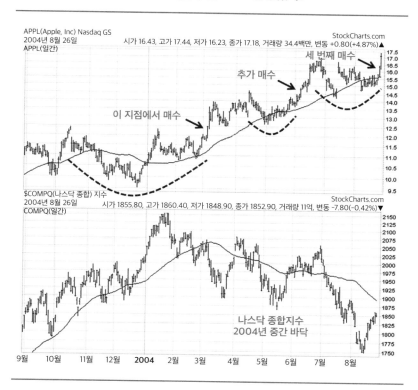

목은 시장이 고점을 찍고 조정에 진입할 즈음인 2004년 3월, 상승을 위한 기틀을 형성하면서 베이스를 벗어났다. 주가가 매우 강세였기 때문에 시장이 신저점을 기록했음에도 전 저점보다 높은 저점을 찍었고, 이후에 또 하나의 베이스를 형성했다. 첫 번째 매수 지점을 놓쳤더라도 시장 저점 직후에 발생한 교과서적인 매수 시점을 포함해서 기회는 두 번 더 있었다. 만약 주도주가 아닌 인기 지수만 중점적으로 보았다면 이런 환상적인 기회를 놓쳤을 것이다.

어떤 주도주를 먼저 사야 할까?

매수로 기어를 전환하면서 갖게 되는 질문은 '어떤 종목을 먼저 사느냐'이다. 답은 간단하다. 강한 순서대로 사면 된다. 나는 시장이 저점을 벗어났을 때 브레이크 아웃을 보이는 종목순으로 살 것이다. 가장 먼저 치고 나오면서 적당한 매수 지점을 형성하는 종목들이 그중 최상이다. 가장 강하게 움직이는 종목이 일반적으로 가장 좋은 선택이다. **궁극적으로 의견은 시장의 지혜 그리고 시장이 내리는 판결에 비하면 아무것도 아니다. 개인적인 의견이 아닌 시장의 강세가 알려 주는 투자처로 따라가자.** 새로운 상승장 초기 또는 조정 막바지에 가장 먼저 큰 힘을 발휘하며 등장하는 종목이 일반적으로 초고수익을 낼 수 있는 최고의 후보다. 시장이 조정의 바닥을 찍을 때쯤은 선점 효과를 얻지 못하고, 가장 좋은 종목 중 일부는 이미 놓쳤을 수도 있다.

내 관심 종목 중에서 무엇을 다음에 거래할지를 말해 줄 수는 없다. 나는 5, 6개 혹은 10개 종목 중 경마에서 특정 경주마를 응원하듯이 어느 한 종목만 응원하지는 않는다. 다시 말해 편애하는 종목이 없다. 편애는 내 기준에 부합하고 매수 지점에 도달한 종목이 있는데도—나에게 익숙하지 않거나 그다지 좋아하지 않는 종목일 수 있다—내가 좋아하는 종목이 거래 요건을 충족할 때까지 기다리려는 행위다. 매수 기준을 충족하는 다른 종목이 있는데 굳이 기다릴 필요가 있을까? 그런데 이런 일은 항상 있다. 보통은 회사의 지위가 마음에 들거나 특정 상품을 아끼는 등 개인적인 이유로 편애하곤 한다. 해당 종목이 친숙하기 때문에, 한편으로는 한 번도 들어 보지 못한 종목을 피하고 싶어서일지도 모른다.

나는 편애하는 대신 시장이 알려 주는 투자처를 본다. 가장 먼저 브레이크 아웃을 보이는 주식을 매수해서 선점 효과를 얻고자 하며, 새로운 종목은 피하는 대신 받아들인다. 큰 수익을 내는 종목의 대부분은 상장한 지 8~10년 이내의 기업이다. 상장한 지 얼마 안 된 기업들은 초기에 움직여 진정한 시장 주도주로 판명되기도 하지만, 뒤처져서 문도 나서지 못할 때도 많다. 보유 종목 10개 모두 거래 조건을 충족할 수도 있다. 그렇지만 먼저 움직이는 종목은 언제나 돈을 어디에 넣어야 할지 알려 준다. 주관적인 이유나 느낌 때문에 시장에 맞서면서 완벽한 거래 요건이 형성된 종목을 지나쳐야 할까, 아니면 시장의 의지에 내 의지를 굽히고 거래해야 할까?

여러분이 '편애'하는 종목이 2, 3일 후에 거래 요건을 형성할 수도 있지만, 거래 여건이 완전히 조성되지 못해서 상승에 실패할 수도 있다. 편애하는 종목이 있다는 이유로 찾아온 기회를 놓치지 말자. 매수할 때는 브레이크 아웃의 순서대로 하자. 인내하고 양질의 매매만 하는 단계까지 진화했다면, 여러분은 무언가를 하고 싶어서 거래하는 것이 아닌 수익을 내고자 거래하기로 결심했다고 할 수 있다. 이제 여러분은 프로다.

기다리는 조정은 오지 않는다

새로운 강세장의 첫 몇 달 동안은 새로운 고점 영역으로 진입하는 종목들이 밀려오는 파도를 보게 될 것이다. 시장의 조정은 미미해서 보통 고점에서 저점까지 단 몇 퍼센트로 한정된다. 경험이 부족한 투자자들은 시장이 과매수된 것처럼 보이기 때문에 강력한 신규 강세장의 초기 구간에는 매수를 꺼린다.

바닥을 벗어나는 초기 단계에는 폐쇄적 상승의 특징이 보인다. 이 폐쇄 기간 동안 투자자는 진입할 기회를 기다리지만 하락은 오지 않는다. 수요가 너무 강하기 때문에 과매수를 알리는 지표가 보이지만 이에 아랑곳없이 시장은 꾸준히 상승한다. 그 결과 시장 진입의 문이 잠겨 버린다.

약세장으로 인한 하락 또는 가격 조정이 온 후 주요 시장 지수들의 극도로 과매수된 상태를 무시하고 자신의 주도주 종목 목록이 확장되고 있다면 이는 강세 신호로 봐야 한다. 상승이 진짜로 판명되려면 상승일에 거래량 증가가 동반되어야 하고, 하락일에 시장 전체 거래량이 감소해야 한다. 더 중요하게는 주도주의 가격 움직임을 공부하고, 탄탄하고 매수 가능한 베이스를 벗어나는 종목이 있는지 그리고 그런 종목이 빠르게 늘고 있는지를 판단한다. 52주 신고가를 기록하는 종목 수가 52주 신저가를 기록하는 종목 수를 앞지르면 상승세가 추가로 확인된 것이다. 이 시점에는 '주식시장이 아니라 종목의 시장이다 **It's a market of stocks,**

not a stock market'라는 격언처럼 종목별로 각각의 트레이딩 기준에 따라 위험 노출 금액을 올려야 한다. 시장 바닥부터 시작되는 상승세의 초기에 큰 수익을 내는 종목을 붙잡고자 한다면 주도주에 집중해야 한다. 때때로 너무 일찍 들어갔을 수 있다. 그럴 때는 손절 스톱 원칙을 지켜야 한다. 상승세가 진짜라면 주도주 대부분은 잘 견딜 거고, 몇 가지만 조정해 주면 된다. 폐쇄적 상승의 징후를 보았다면 가격 움직임이 단단한 주식을 찾고, 이 종목들이 제대로 된 피봇 포인트를 나설 때 매수한다.

3C 패턴

컵 완성 속임수 패턴으로도 불리는 3C 패턴은 연속형 패턴이다. '속임수'이라 칭하는 이유는 나는 한때 이 패턴이 최적의 매수 시점보다 진입 시점을 더 일찍 알려 준다고 생각했고, 이에 "속임수 쓰고 왔지" 하고 말하곤 했기 때문이다. 요즘은 어떤 종목을 살 때건, 가장 빠른 매수 지점이라고 설명한다. 낮은 '속임수' 영역을 형성하는 주식도 있고, 컵이나 컵보다 먼저 나타나는 컵받침의 중간 지점에 속임수 패턴을 형성하는 종목도 있다. 핵심은 주가가 일시적인 바닥을 쳤을 때 이를 인식하고, 긴 2단계의 주 상승세와 동조하는, 새로 형성되는 상승세의 시작점을 알아내는 것이다. 속임수 패턴으로 피봇 포인트를 알고 상승으로 반전되는 시점에 맞춰 들어가면 성공 확률을 높일 수 있다.

속임수 영역이 유효하다면 거래량이 감소하고 가격 움직임의 폭이 좁아진다. 이런 소강상태는 가장 빠른 진입 기회를 제공하지만 포지션 전체를 이 가격으로 한 번에 들어갈 필요는 없다. 속임수 영역을 적극적으로 활용해서 트레이딩 규모를 점진적으로 키우면서 평균 매수 단가를 낮추는 것이다. 주식이 소강상태 혹은 피봇 포인트 위에서 거래된다면 내가 전환이라고 부르는 것이 형성된 것이다. 이는 해당 종목이 저점을 형성하고 2단계의 장기 상승세를 재개한다는 의미다.

속임수 영역은 컵 앤 핸들 패턴에서 컵 부분만 완성된 것으로, 고전적인 컵 앤 핸들 패턴과 갖추어야 할 조건은 같다. 핸들은 보통 컵의 위쪽 1/3 영역에서 만들어진다. 컵을 삼등분했을 때 중간 부위 또는 컵의 하반부에 핸들이 만들어지면 1회 이상의 매수 지점이 생길 수 있다. 매수 지점이 되려면 종목이 직전 3개월에서 36개월 사이 최소 25%에서 100% 혹은 경우에 따라 200%, 300%까지 올랐어야 한다. 또한 상승 추세인 200일 이동평균선 위에서 거래되고 있어야 한다(200일 이동평균이 있다는 가정 아래). 패턴은 최소 3주에서 최대 45주까지 형성될 수 있다(대부분은 7주에서 25주간 지속된다). 주가의 꼭대기에서 저점까지 가격 조정은 시장 상황에 따라 15%, 20%부터 어떤 경우 35%, 40%까지 혹은 50%까지도 될 수 있다. 60%를 초과할 경우 하락폭이 너무 커서 실패하기가 쉽다. 일반적으로 속임수 패턴은 시장에 조정이 왔을 때 발달한다. 시장 평균값들이 조정을 거치고 반전된 후 혹은 최소한 반전됨과 동시에 강력한 상승 종목들이 이 패턴에서 나와 상승을 시작할 것이다(〈그림 7-10〉).

〈그림 7-10〉휴매나Humana, HUM 1978. 다우지수가 저점을 기록한 지 며칠 만에 주가가 3-C 패턴에서 나왔다. 종목은 38개월 동안 1,000% 상승했다. 200일 이동평균선의 차이를 주목하자. 시장은 하락하는 평균선의 아래에서 거래되고 있는 반면 휴매나는 상승선 위에서 거래되고 있다.

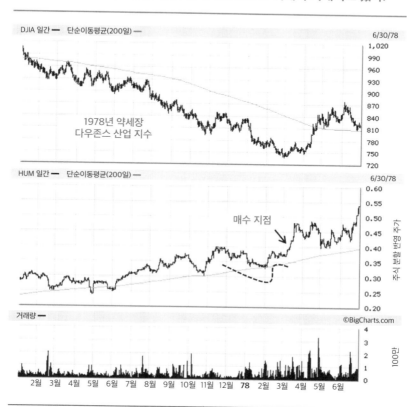

속임수 패턴이란

주식은 속임수 영역을 통과하며 다음의 네 단계를 거치며 반등한다
(〈그림 7-11〉부터 〈그림 7-13〉 참조).

a. 하락 추세

2단계 장기 상승세에서 종목은 중기적인 가격 조정을 겪는다. 이
하락 구간은 몇 주 또는 몇 달에 걸쳐 발생할 수 있다. 하락 추세
에 따라 거래량이 증가할 때 급작스러운 가격 상승이 나타나는
데, 정상이다.

b. 상승 추세

가격이 단기적인 상승을 시도한다. 그러나 아직은 매수할 때가 아
니다. 주가가 바닥을 찍고 새로운 상승 추세에 진입했다는 확신이
없기 때문이다. 가격은 보통 이전 하락의 1/3 또는 1/2을 회복하
면서 우상향을 시작하지만 중기 하락 단계에서 발생한 매물대가
상당해서 가격 상승을 저지하고 소강상태 혹은 조정을 만든다.

c. 소강상태

며칠 또는 몇 주에 걸쳐 주가의 움직임이 멈추고 평평한 가격대
—속임수 패턴—를 형성한다. 가격 변동폭이 고점에서 저점까지
5~10% 이내로 제한된다. 이때 주가가 전 저점 밑으로 내려가서
털어 내기 구간을 형성하면 최적의 상황이 된다. (컵 앤 핸들 패턴에
서 핸들이 형성될 때 필요한 바로 그 상황이다.) 이 시점에서 주식이 소

강상태의 고점 위로 이동하면 거래 요건이 충족되었으므로 매수 준비를 한다. 가격의 진동폭이 좁아지고 거래량이 급격히 말라가면 브레이크 아웃이 준비되었다는 전형적인 신호다.

d. 브레이크 아웃

주가가 평평한 고점 가격대 위로 상승할 때 매수 주문을 낸다. 이 시점에서 주식이 방향을 전환한 것으로 간주한다. 주가가 저점에 도달했고 중기 추세가 상향이라는 것은 2단계 주 장기 추세와 동기화되었다는 뜻이다.

〈그림 7-11〉 서커스로직Circus Logic, CRUS **2010. 고전적인 3-C 패턴 이후 4개월 동안 162% 상승했다.**

<그림 7-12> 젯블루JetBlue Airways, JBLU 2014. 종목이 고전적인 3-C 패턴에서 나온 후(D) 11개월 동안 130% 상승했다.

<그림 7-13> 맥시젠Maxygen, MAXY 2000. 맥시젠은 1999년 12월에 상장한 후 2000년 2월 전형적인 3-C 패턴에서 등장했다. 주가는 14일 만에 100% 상승했다. ⓒ인터렉티브 데이터Interactive Data

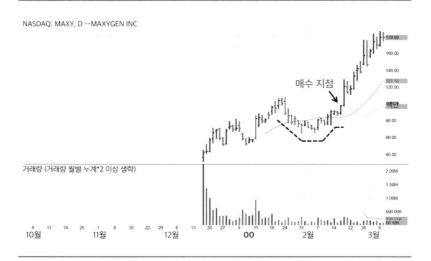

낮은 속임수 패턴

낮은 속임수low cheat 패턴은 베이스의 1/3 하단부에서 형성된다. 이때 매수하는 것은 1/3 중간부(전형적인 속임수 영역) 또는 1/3 상단부(핸들)에서 매수하는 것보다 위험하다. 그러나 제대로만 공략하면 더 낮은 가격에 매수할 수 있기 때문에 잠재적인 수익은 더 크다. 앞서 언급했듯이 나는 낮은 속임수 패턴에서 매수한 다음 추가적으로 발생하는 피봇 포인트에 따라 포지션을 늘린다. 위험이 더 클 때 들어가지만 궁극적으로 평균 매수 단가를 낮출 수 있다.

나는 시가총액이 큰 종목과 신규 상장주에 낮은 속임수 패턴을 잘 사용한다. 낮은 속임수 영역은 공모가 아래에서 오랜 기간 머무르지 않고 지나치게 조정되지 않을 때 쓸 수 있으며, 주가가 공모가보다 높게 유지될 때 가장 효과가 좋다. 저점 밑으로 가격이 잠깐 치고 내려가는, 털어내기 구간이 만들어져도 여전히 유효한 경우도 있다. 베이스 형성은 기업 공개 이후 최소 10일은 되어야 하며, 매물대가 과할 때나 함정에 걸린 탈출하려는 매수자가 많을 때는 피한다.

2004년 8월에 상장한 구글의 차트를 보자. 단시간에 상승한 후 주가가 조정을 받았고, 14일에 걸쳐 낮은 속임수 패턴을 형성했다. 〈그림 7-14〉가 설명하듯이 낮은 속임수 패턴을 이용할 때의 핵심은 다른 모든 매수 지점이 그렇듯이 매도 공백 상태에서 나타나는 매우 제한된 가격 변동이다. 매수 전에 나는 낮은 거래량과 함께 나타나는 인사이드 데이inside day(2일짜리 가격 패턴으로, 거래일의 고가가 전일 고가보다 낮고 거래일의 저가는 전일 저가보다 높아서 거래일의 가격 막대가 전날 가격 막대 안으로 완전히 들어가는 경우, 즉 가격 변동폭이 줄어들고 전일 범위를 벗어나지 않은 경우를 말한

〈그림 7-14〉 구글Google, GOOG은 **2004년에 상장했다. 주가가 낮은 속임수 패턴 위로 등장하고 이후 40개월 동안 625% 치솟았다.**

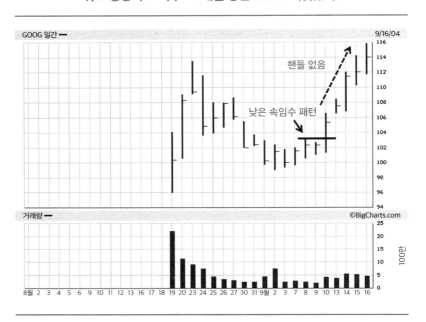

다—역주)를 보고 싶다. 이는 시장으로 유입되는 공급이 줄어서 거의 없고 최소 저항선이 형성된다는 또 다른 신호다.

2013년 12월 트위터는 10년 전 구글과 거의 동일하게 거래 여건이 형성되었다(〈그림 7-15〉). 트위터의 베이스는 19일 만에 만들어졌다. 트위터는 구글처럼 엄청난 이익은 내지 못했지만 낮은 속임수 패턴이 좋은 트레이딩 기회를 제공했다. 주가는 단 16일 만에 77% 상승했다.

또 다른 예로 2004년 8월에 저점을 벗어난 애플을 들 수 있다(〈그림 7-16〉). 애플 주가는 7월 엄청난 거래량과 함께 큰 폭으로 갭 상승했고, 8월 상대적으로 적은 거래량을 동반하며 하락해 갭을 메웠다. 피봇 포

240

〈그림 7-15〉 트위터Twitter, TWTR 2015. 주가가 낮은 속임수 패턴에서 빠르게
움직임을 만들었다.

인트 혹은 낮은 속임수 패턴이 저위험으로 진입할 수 있는 기회가 되었
다. 큰 폭의 갭 상승과 낮은 거래량의 조정이 나왔으니 명백하다. 주가
가 더 낮은 가격으로 이어졌다면 잘못되고 있다는 것이 명백해졌을 테
고, 그때의 가격이 확실한 청산 지점이 되었을 것이다.

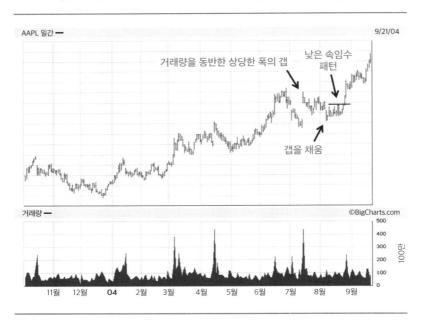

꿈의 패턴

1960년대 윌리엄 L. 질러William L. Jiler는 오늘날까지도 가치 있는 연구
결과를 담고 있는, 시대를 앞선 『실전 차트 패턴 63』이라는 책을 썼다.
나는 이 책을 주식시장에서 차트를 이용해 성과를 개선하는 데 관심 있
는 사람들을 위한 필독서 목록에 올리고 싶다. 질러는 플랫폼이 있는 접
시형 패턴을 최초로 강조한 사람이고, 이 패턴은 이후 컵 앤 핸들 패턴
으로 대중화되었다. 의심할 여지없이 이 패턴은 초고수익 종목이 극적

으로 가격을 전개하기 전에 보이는 가장 반복적이고 신뢰할 만한 가격 구조다.

질러는 패턴 인식의 용이함과 신뢰성을 언급하며 접시 패턴을 '꿈의 패턴'이라고 불렀다. 나는 질러의 의견에 동의하지만 이 패턴은 잘못 해석하기 쉽다. 다만 VCP 개념과 거래량에 대해 약간의 교육만 받으면 잘못된 분석을 바로잡고, 다음에 나타날 대형 수익 종목을 찾을 수 있다. 앞서 언급했듯이 변동성 축소는 모든 패턴에서 핵심이다.

1990년 유가가 치솟고 이라크 전쟁이 코앞에 다다르자 주식시장은 혹독한 약세장에 진입했다. 거의 모든 사람이 시장이 훨씬 내려갈 거라고 생각했다. 하지만 나는 엄청나게 많은 종목이 커다란 3-C와 컵 앤 핸들 패턴을 형성하는 것에 주목했다. 많은 종목이 속임수 영역을 형성했고, 조금 올라가더니 다시 핸들을 형성했다. 주요 시장 지수들이 200일 이동평균 밑에서 거래되었던 반면, 이들 주식은 모두 각자의 200일선과 50일선 위에 있었고 RS 수치가 90대 중반에 있었다.

다행스럽게도 나의 자제력이 내 감정을 눌렀다. 차트를 관찰한 결과를 바탕으로 1990년 10월부터 주식을 매수하기 시작했고, 매매 실적이 좋게 나와서 1991년 1월까지 매수를 이어 갔다. 공교롭게도 내가 종목 몇 개를 매수한 직후에 《인베스터스 비즈니스 데일리》는 '컵 앤 핸들이 급속하게 확산되고 있다'는 표제를 쓰고, 컵 앤 핸들 패턴을 형성하고 나왔거나 곧 나올 종목 몇 개의 차트를 게재했다. 이후 얘기는 말하지 않아도 알 것이다. 역사상 가장 큰 상승장 중의 하나가 1991년 1월에 (미국이 이라크를 공격한 바로 그날) 시작되었다. 감정이 아닌 차트의 안내를 따랐기 때문에 나는 전설적인 수익률을 기록한 시장 주도주들을 보유할 수 있었다. 이들 주식 중 상당수—마이크로소프트, 암젠, 홈디포,

243

델컴퓨터, 시스코시스템즈 등──는 누구나 아는 유명 기업이 되었다(〈그림 7-17〉, 〈그림 7-18〉). 하지만 당시에는 이 회사에 대해 들어 본 사람이 거의 없었고, 모두 비교적 잘 알려지지 않은 작은 주식이었다.

〈그림 7-17〉 마이크로소프트^{MSFT} 1989~1990. 9년 동안 5100% 상승

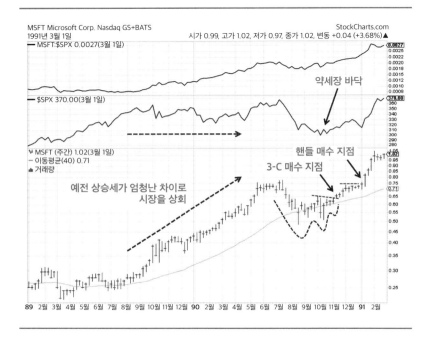

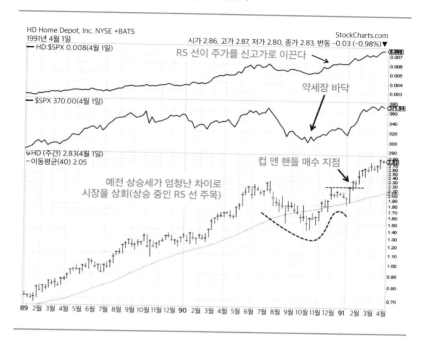

이중 바닥

이중 바닥은 베이스 모양이 W 자인 것을 의미하며, 두 번째 다리가 첫 번째 다리—전 저점—를 하회하거나 시험하는 것을 말한다. 나는 두 번째 다리가 첫 번째 다리를 하회하는 것을 선호하는데, 이를 통해 심약한 보유자들을 보다 털어 낼 수 있기 때문이다. 또 여느 베이스에서 거래할 때와 마찬가지로 베이스 오른쪽에서의 소강상태나 피봇 포인트도 봐야 한다. 이중 바닥은 속임수 영역을 만들고 내가 논했던 다른 패턴들과 동일하게 핸들을 만들 수도 있다. 속임수 패턴과 핸들 없이 저점에서

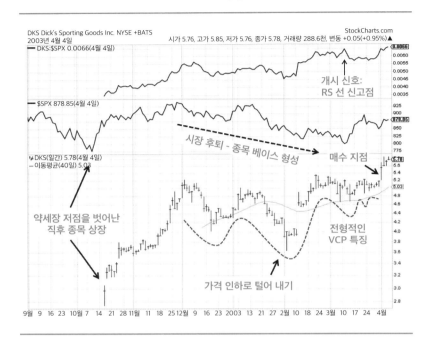

〈그림 7-19〉 딕스스포츠용품DKS 2002~2003. 이중 바닥 이후 15개월 만에 200% 상승

곧바로 상승하는 구조는 실패하기 쉽다.

이중 바닥 패턴은 상장 직후에 1단계 혹은 2단계 베이스로 발전할 수 있다(〈그림 7-19〉 참고). 2003년 4월, 시장이 바닥을 다지고 있을 무렵 딕스스포츠용품**Dicks Sporting Goods**은 상장 후 이중 바닥을 만들고 올라왔다.

파워 플레이

2부 주제의 마무리로 높고 좁은 깃발 패턴**high tight flag**이라고도 하는 파워 플레이power play에 대해 얘기해 본다. 파워 플레이는 가장 중요하고 수익성이 높은 가격 배열 방식 중 하나이고, 모든 기술적 패턴 중에서 가장 잘못 해석되는 방식 중 하나다. 하지만 제대로만 활용하면 가장 수익성이 높은 패턴 중 하나가 될 것이다.

나는 파워 플레이를 두 가지 이유로 강속 패턴velocity pattern이라고 부른다. 첫째, 파워 플레이가 되려면 상당한 모멘텀이 필요한데, 실제로 첫 번째로 필요한 것이 급격히 치고 올라가는 상승세다. 둘째, 이 패턴에서 가격은 단기간 빠르게 올라갈 수 있으며 기업 전망의 지각 변동을 알리는 신호일 때가 많다. FDA의 의약품 승인, 소송 해결, 신제품이나 새로운 서비스 발표 또는 실적보고서 등의 주요 뉴스가 나오면서 급격한 가격 상승이 촉발되지만 전혀 뉴스가 없을 때도 있다. 이 패턴에 따라 발생하는 좋은 기회들 중에는 이유를 설명할 수 없는 경우도 있다. 따라서 나는 이 패턴이 나오면 펀더멘털 분석 결과가 미진하더라도 거래에 들어간다. 그렇다고 회사의 펀더멘털이 약하다는 의미는 아니다. 사실 개선되는 경우도 매우 자주 있다. 사실 파워 플레이에서는 종목이 너무나도 강한 상승 동력을 드러내기 때문에 회사의 현재 이익, 매출과는 무관하게 어떤 일이 벌어지고 있다는 것을 알 수 있다.

파워 플레이를 위해 종목이 펀더멘털 면에서 기준을 갖추고 있을 필요는 없지만, 다른 거래 여건과 마찬가지로 VCP는 있어야 한다. 수요와 공급 또한 적절히 소화가 된 상태여야 한다. 파워 플레이를 하려면 3~6주 동안 주간 기준으로 가격 변동폭이 좁아야 한다.

나는 다음의 기준을 충족해야만 파워 플레이로 본다.

- 가격 상승을 추진하는 엄청난 거래량으로 8주 이내에 주가가 100% 이상 폭

발적으로 상승해야 한다. 말기 베이스를 벗어나고 있는 이미 상당한 수익을 낸 주식은 보통 해당되지 않는다. 최상의 파워 플레이 대상은 1단계에서 움직임이 없이 조용하다가 갑자기 폭발적으로 움직이는 주식이다.

- 폭발적인 움직임 이후 주가가 3~6주 동안(일부의 경우 단 10일, 12일일 수도 있다) 20% 이상(일부 저가 종목은 25%까지) 가격 조정 없이 좁은 변동폭으로 횡보해야 한다.
- 베이스에서 가격 조정이 고가 대비 10%를 초과하지 않으면 가격은 이미 타이트해진 상태이므로, 변동성 수축 형태로 나타나는 변동폭이 좁은 구간이 나타나지 않아도 된다.

2010년 2월 4일—나스닥 종합지수가 신저점을 갱신하던 날—나는 파마시클릭스Pharmacyclics Inc.를 매수했고, 미너비니 프라이빗 액세스 고객에게도 이 종목을 추천했다(〈그림 7-20〉). 다음 48거래일 동안 파마시클릭스는 90% 상승했고 같은 기간 나스닥은 약 18% 상승하는 데 그쳤다. 90% 상승은 시작에 불과했다. 파마시클릭스는 시장을 확실히 주도하며 43개월 동안 2,600% 상승했다.

주식을 매매할 때는 감정을 배제하고, 치밀하게 계획을 세운 후에 실행해야 한다. 다행히 여러분에게는 여러분의 결정에 안내가 되어 줄 규칙과 기준이 있다. 좋은 종목 후보를 발굴하고 최적의 매수 시점을 짚어내는 방법을 배우는 데는 시간과 훈련이 필요하다. 배울 의지가 있고 올바른 기준을 적용하기 위해 기꺼이 노력하는 사람들은 적기의 매수가 초고수익으로 가는 길을 열어 줄 것이다.

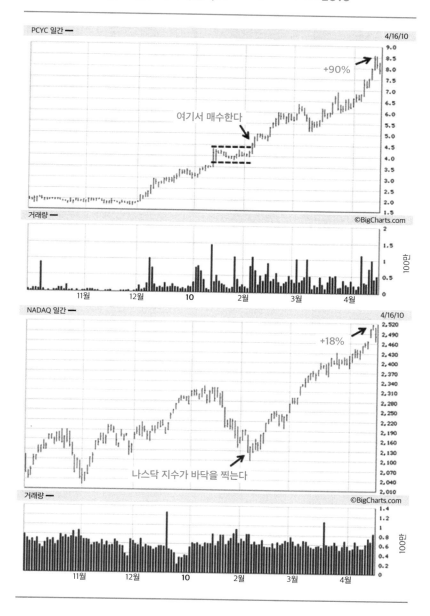

〈그림 7-20〉 파마시클릭스 Pharmacyclics Inc., PCYC **2010**

PCYC 일간 ━

4/16/10

+90%

여기서 매수한다

거래량 ━

©BigCharts.com

100만

11월 12월 10 2월 3월 4월

NADAQ 일간 ━

4/16/10

+18%

나스닥 지수가 바닥을 찍는다

거래량 ━

©BigCharts.com

100만

11월 12월 10 2월 3월 4월

Chapter

8

최적의 결과를 위한
포지션 규모

THINK
& TRADE
LIKE A
CHAMPION

1991년 하와이의 한 강연장에서 '시장의 마법사' 에드 세이코타Ed Seykota는 본인의 투자 체계를 따랐을 때의 기대 수익을 우선 파악한 후 트레이더가 해야 할 가장 중요한 질문은 "얼마를 투자해야 하는가?"라고 했다. 내가 자주 받는 질문 중 하나도 '거래당 적절한 포지션 규모를 어떻게 결정하는가'이다. 궁극적으로는 얼마나 많은 주식을 보유할지를 논하는 문제가 된다. 한 종목에 집중하면 단기간에 더 큰 수익을 거둘 수는 있지만, 이는 어디까지나 거래가 내가 예상한 대로 풀렸을 때의 얘기다.

포지션 규모를 정할 때의 첫 번째 규칙은 절대로 계좌 전체를 한 종목에 몰아넣지 않는 것인데, 이는 너무 큰 위험을 감수해야 하기 때문이다. 모든 걸 감수하고 단기간 한 방을 노리다가 한 방을 맞고 완전히 뻗을 수 있다! 초토화될 가능성이 1%라도 있다면 용납할 수 없는 위험이다. 거래는 한 번만 하고 마는 것이 아니다. 평생 최소 100번, 아마도 1,000번은 거래할 것이기에 100분의 1의 확률이라도 파산할 가능성이 있다면 이 경우의 수는 현실이 된다. 자금을 위험에 노출시킬 때마다 실질적으로 이 비운을 불러들이는 것이다. 한편, 최상의 수익을 내고 싶을 때 너무 많이 분산된 포트폴리오는 생산적이지 않다. 분산투자는 특정 종목이나 산업이 하락할 경우 손실을 제한하기 위해 투자처를 여럿으로 나누는 방법으로, 보통의 종목에서 이익을 기대할 수 있다는 것을 전제로 한다. 분산투자는 한 상품의 변동성이 다른 상품의 변동성을 상쇄하여 결과적으로 단기 포트폴리오의 변동성이 완화되기 때문에, 단일 종목 투자 대비 어느 정도 심리적인 이점이 있다.

여러분은 최적의 포지션 규모를 설정하는 것을 목표로 해야 한다. 포지션 규모는 거래가 나에게 불리하게 전개될 경우 전체 자본 중 내가 손실을 감수하기로 한 액수에 따라 결정한다. 이제 구체적으로 살펴보자. 포트폴리오가 10만 달러 규모이고 50%(5만 달러)를 한 포지션에 넣는다고 하자. 10% 손절 스톱을 설정하면 손실은 5천 달러로 제한된다. 하지만 이는 이 총자본금의 5%로 너무 큰 위험이다. 이런 손실을 연달아 입는다면 파산할 위험에 노출된다. **최대 위험은 임의로 정한 숫자가 아닌, 거래 하나에 투입된 자본금 대비 1.25~2.5% 미만이어야 한다.** 경험이 적을수록 학습곡선의 바닥 혹은 그 근처에 있을 것이고, 실수 및 손실에 쉽게 노출되기 때문에 위험 금액도 더 낮춰야 한다.

포지션 규모가 위험에 미치는 영향을 더 자세히 이해하기 위해 10만 달러의 포트폴리오를 갖고 있고 2만 5,000달러(계좌의 25%)를 한 종목에 투자했다고 하자. 10% 손절 시 해당 거래에서 손실이 발생하면 2,500달러, 즉 총자본금의 2.5%가 위험에 노출된다. 이는 이상적인 위험 노출 범위의 최대치다. 위험 노출 금액을 낮추고 싶다면 손절 가격을 5%로 조이고, 자본의 위험 노출 금액을 1,250달러, 즉 총자본의 1.25%로 맞출 수 있다. 10% 손절 가격을 유지하고 싶다면 포지션 규모를 1만 2,500달러(계좌의 12.5%)로 줄여 위험 노출 금액을 1,250달러, 즉 총자본의 1.25%로 조절할 수 있다. **즉 스톱 가격이나 포지션 규모를 조정하**

10만 달러 포트폴리오일 때 포지션 크기 조정

총자본의 1.25% 위험 10% 손절 스톱	총자본의 1.25% 위험, 5% 손절 스톱	총자본의 1.25% 위험, 2.5% 손절 스톱
1.25%=$1,250 100,000x12.5%=$12,500 $12,500x10%=$1,250	1.25%=$1,250 100,000x25%=$25,000 $25,000x5%=$1,250	1.25%=$1,250 100,000x50%=$50,000 $50,000x2.5%=$1,250
12.5% 포지션	**25% 포지션**	**50% 포지션**

는 것이다. 적절한 위험 금액을 설정하기 위해 둘 중 하나는 조정해야 한다. 만약 매우 공격적으로 계좌의 50%를 한 포지션에 넣고 싶다면, 위험을 자본의 2.50%로 제한하기 위해 5%의 손절 가격을 설정해야 한다. 하지만 스톱 가격을 더 가깝게 설정할수록 손절매될 가능성은 더 커진다. 핵심은 포지션 크기가 만족스러우면서 손절매되지 않고 주가의 정상적인 변동폭을 수용할 수 있게끔 균형을 잡는 것이다. 이를 '위험 재진입'이라고 한다.

위험으로 재진입할 때는 위험 중심적인 사고를 해야 한다. 다음의 포지션 규모 조정 기준을 준수한다면, 너무 많은 위험에 노출되는 일은 없을 것이다. 최대 위험 내에서 위험을 줄이고 늘리는 것은 여러분이 결정하기 나름이다(〈그림 8-1〉).

포지션 크기 조정 기준

- 총자본의 1.25~2.50% 위험
- 최대 손절 10%
- 손실은 평균 5~6%를 초과하지 않는다.

- 포지션 크기는 50%를 초과하지 않는다.
- 최고의 종목에 최적의 규모인 총포지션의 20~25%를 넣는다.
- 최대 종목 수는 10~12개로 제한한다(규모가 큰 전문 트레이더의 경우 16~20개).

보유 종목의 수는 포트폴리오의 규모와 위험 성향에 따라 4~8개, 대규모 포트폴리오의 경우 10~12개가 좋다. 이 정도면 과하지 않으면서 충분한 분산 효과를 얻을 수 있다. 종목을 20개 이상 보유할 필요는 없다. 동일 가중치를 적용해서 분배하면 포지션당 5%밖에 안 되기 때문이다. **나는 가장 좋은 종목에 집중하고자 하는데, 말하자면 내 포트폴리오의 최상위 4, 5개 종목에 20~25%씩 투자하려고 한다.** 그런데 항상 이렇게 되지는 않는다. 종목이 증명되기 전까지는 위험을 낮게 유지하고 싶기 때문에 5~10%로 포지션을 시작한다. 종목이 내가 기대한 대로 수익을 내면, 포지션의 규모를 걸맞게 늘리거나 매수 조건을 충족하는 새 종목이 있다면 이들을 추가한다. 4~5개의 최상위 종목에 모든 자본을 투입했다고 해서 그 외 모든 것에서 손을 떼는 게 아니다. 항상 보유 종목을 평가하면서 어떤 종목의 투자 실적이 가장 좋은지, 또 관심 종목 목록에서 새롭게 떠오르는 이름들은 없는지 살펴본다. 포트폴리오에 실적이 뛰어난 종목이 있다면 그 종목에는 시간과 여유를 더 주고 가격 상승을 이어 가도록 할 것이다. 반면 제때 주가가 오르지 않거나 상승세가 끝나갈 것 같으면 더 유망한 후보 종목으로 포지션을 재분배한다.

포트폴리오를 정원이라고 생각하자. 여러분은 잡초를 뽑고 꽃에 물을 주면서 키우고 싶은 것에 영양을 주고, 자원을 고갈시키기만 하는 것은 모두 제거해야 한다. 때로는 포트폴리오의 주식 일부가 내가 기대한 '꽃'이 아니라는 것도 깨닫게 될 것이다. 이들은 잡초처럼 보이지만, 그렇다고 손절가에 도달하지는 않았다. 움직이지 않고 제자리걸음을 하고 있을 수도 있다. 시간이 경과함에 따라 여러분은 상승 태세를 갖춘 더 좋은 종목에 투자할 수 있는 방법에 대해 반드시 생각해 봐야 한다.

새로운 씨앗

6개 종목 중 4개 종목은 수익률이 좋지만 2개는 그저 그런 수준이거나 저조하다면, 자본을 재분배할 때다. 이때 실적이 부진한 두 종목을 완전히 내던질 필요는 없고, 대신 포지션을 줄인다. **예를 들면 실적이 저조한 포지션 물량의 절반을 매도하고, 매도한 금액으로 더 유망한 종목 포지션을 채우는 것이다.** 포트폴리오에서 각각 20%를 차지하는 주식 5개를 보유하고 있다고 하자. A 회사와 B 회사의 실적이 저조하다면 포지션 크기를 20%에서 10%로 줄인다. A 회사와 B 회사의 각 10%씩 도합 20%는 다른 유망한 종목에 투자한다. 자본을 재분배해서 정원을 새롭게 단장할 '새로운 씨앗'을 뿌리고 키우는 것이다.

주도주를 너무 빨리 팔지 않는다

새로운 강세장이 시작되었고 시장을 주도해 온 종목을 매수했다면 상승 후에도 포지션을 일부 유지해야 한다. 수익이 났다고, 또 다른 종목을 매수하고 싶다고 너무 빨리 종목을 매도하지 않길 바란다. **때로는 보유한 종목이 최상의 매수 대상일 수 있다.** 나는 수익률이 좋은 종목은 일부 매도해서 수익을 실현하고 다른 유망 종목에 투자하기도 한다. 최초 포지션의 나머지는 더 큰 상승을 기대하며 놔둔다. 새로운 강세장의 시작에서는 이미 크게 상승한 주식도 더 상승할 잠재력이 있을 수 있다. **신규 강세장의 초기에는 주도주에 포지션 전체를 할애하지는 말아야 한다.** 가장 강하게 치고 나오는 종목은 앞으로도 가장 좋은 성과를 내는 경우가 많다. 나는 보통 이런 강한 주도주의 경우 최초 포지션의 35~50%는 추가 상승분을 위해 보유한다.

di-worsify하지 않는다

종목 일부를 매각하고 자본을 다른 종목에 재분배할 때는 포트폴리오가 지나치게 얇고 광범위하게 분산되지 않도록 한다. 이건 분산투자가 아니다. 나는 이것을 'di-worsify'라고 부른다(리스크를 헷징하기 위해 분산투자하는 것을 diversify라고 부르는데, 저자는 분산투자하려다가 수익만 깎아 먹고 헷징도 못하는 상황을 빗대어 di-worsify라고 표현했다—감수자주). 종목 수가 많으면 일일이 따라가기 힘들 뿐 아니라 포지션 크기가 작아져서 잠재적인 초고수익을 훼손한다. **결론: 지나치게 분산투자하면 초고수익 성과를 절대 달성할 수 없다.**

반대의 극단적인 경우로 포트폴리오의 75%, 심지어 100%를 한 종목에 집중하면 파괴적인 하락 이벤트에 노출될 수 있다. 주식에 문제가 생기고 엄청난 하락—말하자면 50%의 갭 하락—이 발생하는 경우 5~10%

의 손절 스톱은 소용이 없다. 이때는 시장가로 전환되어 차선 가격에 여러 가격 수준을 거치고 내려가며 거래되기 때문이다. 전일 종가와 다음 날 시가 사이에는 불길한 고요함만 있을 뿐이다. 이제 포지션의 가치가 50% 줄었다! '주가가 회복될 때까지 기다렸다가 그때 팔자'라고 생각할 수도 있겠다. 하지만 가격이 돌아올 거라는 보장은 없으므로 위험만 가중된다. 포트폴리오의 80%에 해당하는 종목이 50% 하락을 겪었다면 여러분은 방금 자본의 40%를 잃은 셈이다. 매입가까지 회복하려면 많은 시간과 엄청난 노력이 필요할 것이다. 포지션 규모 기준을 고수하고, 거래 하나에 자본의 1.25~2.50%만 위험에 노출했다면 전액 손실을 우려하는 일은 없을 것이다. 포지션이 25%라면 50% 하락해도 12.5% 손실만 입게 된다. 물론 자본 증가세에 심각한 손상을 입었지만 복구할 수는 있다.

한 번 더 강조할 필요가 있겠다. 성공적인 트레이딩의 비밀은 꾸준히 창출된 수익이 지속적으로 서로 엮여 매우 강력한 수익률이 되는 것이다. 이는 현명하고 전술적일 때, 너무 큰 규모로 도박을 하거나 과도한 위험을 취하지 않을 때 실현 가능해진다. 큰 규모의 손실은 금방 복구할 수 없기 때문이다. 이것이 앞서 얘기한 것처럼 평균 손실, 평균 수익, 평균 승률 같은 통계치를 통해 자신의 트레이딩에 대한 진실을 파악하는 것이 매우 중요한 이유다. 나의 자존심을 위해서 혹은 내 성적을 보고 기분이 좋아지거나 나빠지려고 숫자를 마주하는 것이 아니다. 포지션 크기를 정하는 문제에 있어서는 현실을 직시하는 것이 중요하다. **트레이딩 결과로 통계치를 계산해 도구로 이용하고, 수익률에 근거하여 적절한 위험 규모를 계산한 후에 이를 바탕으로 확률적으로 우위에 서야 한다.**

평균 손실은 거래당 위험 노출 금액을 정하는 중요한 요소다. 평균 손실—가장 크거나 가장 작은 손실이 아닌 손실의 평균—이 5%대라고 하자. 또 성공 대 실패, 즉 '평균 승률'이 50%라고 하자. 두 번 거래하면 한 번 성공하고 한 번 실패한다는 뜻이다. 그리고 평균 수익은 10%다. 이 통계치를 이용하면 포지션 규모는 '최적 계수 F Optimal F' 또는 그 사촌인 '켈리 공식Kelly formula'을 이용하는 수식을 통해 산정할 수 있다(최적 계수 F는 랄프 빈스Ralph Vince가 고안한 투자금을 분배하는 계산식의 계수다. F로 표시하는데 총투자금, 과거 거래 데이터를 바탕으로 최대 손실률과 승률 평균 등을 이용해 계산한다. 켈리 공식은 수학자 존 켈리John Kelly가 만든 거래당 적정 투자 자금을 계산하는 공식이다. 기대 수익과 투자자의 위험회피도, 과거 승률을 이용해 최적의 투자 규모를 계산한다. 게임과 투자에 두루 쓰인다—역주). 최적 포지션 규모를 수학적으로 계산해 보는 모험을 했다면 2대 1 승률을 가진 트레이더에게는 4개의 종목에 균등하게 포지션을 분배하는 25%가 수학적으로 최적의 크기임을 알 수 있을 것이다. 따라서 큰 폭으로 상승한 종목이 포트폴리오에 실질적인 기여를 하게 될 것이다. 4개, 5개 혹은 6개 기업을 살펴보면서 각 종목에 대해 많이 공부하는 것이 15개 혹은 20개 회사를 따라가며 지켜보는 것보다 훨씬 쉽다. 보유한 종목이 많으면 시장이 나에게 불리하게 바뀔 때 서둘러 현금화하기 어려울 것이다. 그렇다고 위험을 완화하겠다고 포트폴리오를 여기저기 펼쳐 놓는 것도 좋지 않다. 비교적 적은 수의 최상의 종목에 자본을 집중하자.

이 주제에 대해 다른 관점을 덧붙여 보자면 나는 전체 포지션을 4~5개 종목에 치중한 기간이 가장 많다. 이 기간은 물론 내가 큰 이익을 낸 기간들과 겹치기도 한다. 위험은 당연히 존재하지만 내가 제시한 기준 범위 내에서 손절 스톱을 통해 적절히 포지션 규모를 조절하여 위험을 완화할 수 있다. 엄격한 선별 기준으로 최고의 종목만 고른다면 그런 엘리트 집단에 들어갈 정도의 종목은 많이 찾기 힘들 것이다. 기억하자. di-worsify는 나를 손실로부터 보호해 주지 못하고. 지나친 집중화는 파산의 위험을 불러온다. 목표는 최적의 포지션 규모를 정하고 유지하는 것이다.

Chapter

9

언제 매도하고
수익을 확정할
것인가

THINK
& TRADE
LIKE A
CHAMPION

이번 장은 의심할 것도 없이 이 책에서 가장 기다려온 논의 대상이다. '언제 어떻게 매도해야 하는가?' 『초수익 성장주 투자』에서 얘기하고 싶었지만 지면이 한정적이었기에 주제를 선별하는 어려운 결정을 내려야 했다. 이 장에서는 첫 번째 책에서 요약 수준으로만 담았던 주제에 대해 얘기한다. 독자들은 나의 책들을 '연재'로 생각하길 바란다.

　앞서 손실을 차단하는 맥락에서 매도에 대해 논의했다. 1장에서는 매수 지점이 형성된 직후 주가가 비정상적으로 움직일 때, 손절 스톱이 활성화되기 전에 매도 시점에 대한 정보를 주는 '규칙 위반'에 대해 설명했다. 주가가 나에게 유리한 방향으로 움직여 상당한 이익을 보고 있는 상태에서 매도하는 것은 별도의 주제다. 이번 장에서는 수익을 확정하는 방법에 대해서 자세히 알아본다.

　처음 트레이딩을 시작했을 때 나는 매수의 방법과 시기를 배우는 데 나의 모든 에너지를 쏟았다. 펀더멘털 분석과 기술적 분석에 대부분의 노력을 들였고, 내가 힘들게 번 돈을 거래해도 되겠다는 자신감을 얻기까지 종목 선별 기준을 갈고닦았다. 그다음 도전 과제는 실패 없이 위험을 완화하는 방법이었다. 자본을 거래에 투입하니 원금 손실 위험에 노출되었다. 나는 계좌를 보호하기 위해 이 위험을 효과적으로 통제할 수 있는 방법을 배워야 했다. 내가 트레이딩 계획에 구멍을 발견한 때다. 종목 선별에 너무 많은 시간을 쏟은 나머지—매수에는 역량을 키울 수 있었지만—, 언제 매도할지 그리고 큰 수익을 어떻게 처리해야 할지에 대해 전혀 몰랐던 것이다. 이게 문제될 거라고는 전혀 생각하지 않았다. '괜찮은 수익이 나면 팔면 되겠지' 하고 생각했다. 그러나 종목 선별 기준이 더 다듬어지고 수익을 내는 거래가 많아질수록 더 큰 압박감이 찾아왔다. 수익이 나면 압박감이 완화될 거라는 직관적인 생각 때문에 사람들은 종종 이런 사실에 놀라워한다. 이익을 내면 행복한 것이 당연하지 않은가? 그러나 트레이딩의 다른 모든 면과 마찬가지로 매도 과정은 압박이라는 감정을 동반한다. 수익이 난 상태에서 하는 매도는 보이는 것처럼 쉽지만은 않으며, 그 과정은 감정으로 가득 차 있다.

이익을 남기며 팔 때의 감정

트레이딩에서 매우 우유부단한 순간 중 하나가 매도를 할 때다. 너무 일찍 매도하면 미래의 수익을 잃을까 두렵고, 너무 늦게 매도하면 도로 내준 수익 때문에 후회된다. 두려움과 후회라는 두 감정은 우유부단함으로 이어진다. '팔아야 할까, 보유해야 할까? 너무 빨리—혹은 너무 늦게—파는 거라면?' '매도자'의 두려움은 주식을 사기 전에 느끼는 두려움과 아무런 차이가 없다. '지금 사야 할까? 어제 샀어야 했나? 더 기다려야 할까?' 이 감정들을 제어하고 이들이 성공을 방해하지 않도록 하는 가장 좋은—사실은 유일한—방법은 트레이딩 규칙을 지키는 것이다.

규칙을 지키지 않는다면 항상 여러분은 흥분과 의심이라는 감정 사이에 끼어 이러지도 저러지도 못하게 되고 말 것이다.

　매도를 할 때는 기본적으로 다음의 두 가지 방식으로 전개된다. 첫 번째는 주가가 나의 포지션 방향으로 움직이고 있고 매수자가 충분히 많을 때 하는 매도다. 큰 수익을 내는 종목을 주가의 강세를 이용해 매도하는 것이다. 프로들이 쓰는 매도 방법인데, 특히 덜어 내야 할 물량이 많을 때 이렇게 한다. 팔아야 할 주식이 많을 때 그리고 유동성이 문제가 될 때는 원하는 때보다는 나올 수 있을 때 나온다. 대부분 개인 트레이더들은 이런 문제가 없지만, 그래도 강세에 매도하는 법은 배워야 한다. 왜일까? 주가가 꺾여 수익의 상당 부분을 반납할 기회를 허용하지 않고 싶기 때문이다. 추세가 약해지면서 매도 신호가 분명해질 때까지 기다리고 싶을 수도 있다. 하지만 그런 경우 보통은 강세에 파는 것이 더 나은 결정이다. 뒤돌아보면 이때 가격이 더 유리하기 때문이다. 두 번째는 약세에 매도하는 방식이다. 주가가 기분 좋게 상승세를 이어 갔지만 어느덧 움직임이 약해지고 추세가 전환된다면 수익을 보호해야만 한다. 이런 상황은 전혀 예상치 못했을 때 발생하고 대부분의 경우 신속한 대응이 필요하다. 두 계획 모두 '조감도'와 함께 시작한다.

차트는 항상 멀리 떨어져 객관적인 관점에서 본다

　첫 책에서 나는 '조감도' 관점에서 시작해 미시적 관점까지 들여다보는 트레이딩을 자세히 설명했다. 이것이 내가 거래할 종목을 발굴하고 진입 지점을 정확히 짚는 방법이다. 일단 나는 장기 추세부터 시작하는

데 이 추세는 항상 나에게 도움이 되는 방향이어야 한다. 그다음 보는 것은 현재 차트 패턴과 펀더멘털이다. 그리고 나서 최근 며칠 동안의 가격과 거래량의 움직임을 수술을 집도하듯이 매우 정교하게 살펴본다. 이 과정이 구체적인 진입 시점을 알려 준다.

매도 역시 과정이 비슷하다. **큰 그림부터 시작하는, 어느 정도 넓은 관점이 필요하다. 조감도로 현재 주가의 움직임을 보며 맥락을 짚어 내는 것부터 시작한다. 이렇게 넓게 보지 않으면 본인의 두려움과 감정의 희생양이 될 위험이 높다.** '지금 팔고 금방 오르면 어떡하지?' 하고 되뇌거나, 수익을 한 푼이라도 더 내고 싶은 것 외에 특별한 이유 없이 기다리다가 '아, 내가 왜 그때 안 팔았지?' 하고 후회할 수 있다. 두려움과 후회는 앞서 말했듯이 트레이딩의 원동력이 되는 감정이다.

장기 추세와 현재 차트 패턴을 살펴보는 것과 더불어 필요한 것은 자신의 수치에 근거한 기준과 규칙이다. 이를 통해 목표를 갖게 되면 완벽하지는 않아도, 트레이딩에서 우위를 유지하기 위해 어디서 수익을 확정해야 하는지를 어느 정도 알 수 있다. 예를 들어 8% 손절 가격으로 위험을 관리한다고 하자—주당 100달러에 매수하고 92달러에 손절 스톱을 설정한다—. 주가가 5% 혹은 6% 올라가면—주당 105달러 혹은 106달러일 때—매도할 것인가? 이에 많은 사람이 그렇다고 대답한다. 왜일까? 두렵기 때문이다. 이들은 작은 이익을 얻고 기쁘게 판다. 5~6%의 수익을 얻었고, 위험 대비 보상이 불리하다는 생각은 하지 않는 것이다. 그런데 5~6%만 수익을 볼 것이었다면 굳이 8%의 위험을 감수할 이유가 있을까? 이것이 정당한 이유 없이 너무 빨리 매도하는 것에 대한 완벽한 예이자 추후에 후회를 품을 이유이다.

그렇다면 8% 손절 스톱을 설정하고 주가가 이 가격 근처에도 가지 않는 경우를 생각해 보자. 주가는 아래가 아닌 위쪽으로, 100달러에서 105달러, 110달러 그리고 125달러까지 오른다. 매도할 때일까? 규칙과 근거가 없다면 안일하게 생각하고 이 100달러짜리 주식이 150달러 혹은 200달러까지 갈 거라고 확신할지도 모른다. 이때 다시 한 번 두려움이 여러분을 움직인다. 이번에는 나만 상승을 놓칠 것 같은 공포가 작동하고 과욕을 부린다. 조금만 더 보유하면 수익을 더 잡을 수 있을 것 같다. 여러분은 해당 종목이 장기 보유용이라며 스스로를 설득한다. 그 순간 두세 배로 오를 수밖에 없다고 생각한다(여기서도 객관적인 관점이나 나의 통계 수치는 고려하지 않는다). 호가가 한 번 오를 때마다 주문에 걸린 것처럼 '얼마나 올라갔는지' 외에는 아무것도 생각나지 않는다. 하지만 여러분은 이번이 이 종목의 첫 번째 상승기가 아니라는 것을 깨닫지 못한다. 사실 이 종목은 훨씬 큰 상승세의 마지막 단계에 있고 상승세는 곧 무너진다. 첫 하락은 120달러에서 108달러로 급격하게 움직인다. 여러분은 이 움직임에 공황 상태에 빠지지만 주가는 분명 다시 오를 거라며 자신을 설득한다. 점점 옅어지는 희망을 품은 채 기다리지만 하락은 계속되고, 여러분은 결국 포기를 선택한다. 매우 작은 수익, 어쩌면 손실을 보고 만다. 직설적으로 말하면 두려움이 여러분을 어리석게 만들 수 있다. 여러분은 초기에 보이는 작은 이익을 잃을까 봐 두려워서 너무 빨리 매도한다. 한편으로는 좋은 패를 쥐고도 판을 떠나고 싶지 않은 마음에 너무 오래 매달린다. 이 두 감정에는 자존심이 걸려 있다. 내가 '옳았으면' 하는 생각이 모순적으로 내가 틀릴 가능성을 높인다.

베이스 세는 법

매수할 종목을 발굴하고 매수 지점을 정확히 짚어 내야 하는 것처럼 매도 시기와 지점을 알기 위해서는 분석이 필요하다. 종목이 어떤 주기에 있는지도 매도 결정에 영향을 미치는 중요한 요소다. 이를 판단하는 방법 중 하나는 '베이스를 세는 것'인데, 이는 종목이 상승 구간의 초기인지 후기인지를 파악하는 데 도움이 된다. 베이스의 수는 주가의 움직임이 계속될 것인지, 아니면 구체적인 매도 신호를 찾아봐야 하는 상황인지를 판단하고 추측할 수 있는 정보를 주기 때문에 엄청나게 중요하다.

종목이 상승 궤도의 초기 단계에 있다면 본격적으로 상승할 수 있도록 시간 여유를 준다. 종목이 엄청난 움직임을 보일 주도주일 것 같다면 보다 많은 시간을 주어야 한다. 한편 강세장의 말기이고 종목이 확산 단계에 도달해 있다면, 주가는 무너지기 전 태우는 마지막 불꽃일 수 있다. **말기 주식은 초기 주식과는 다르게 다루어야 한다. 그런데 차트를 공부하지 않은 상태라면 두 단계의 차이가 무엇인지, 종목이 각자의 생애 주기에서 어디에 있는지를 알 수 없을 것이다.**

내 첫 책에서 내가 설명한 것을 빌리자면 주식이 생애 주기에 따라 각 단계를 거치며 만들어 내는 가격의 움직임은 평지에서 고원지대가 되었다가 다시 평지가 되는 산의 윤곽과 비슷하다. 산을 오르다 보면 평평한 고원지대가 나온다. 오르기를 멈추거나 잠시 쉬어가는 구간이다. 고원지대에서 등산가들은 베이스캠프를 설치하거나 재충전한다. 베이스에서 일어나는 일도 다르지 않다. 한 차례 상승 후에는 차익 실현 매물이 나오고, 일시적인 주가가 후퇴한다. 이런 움직임은 베이스—직전 상승이 소화되는 짧은 정지 구간—를 야기한다. 종목이 진정으로 중대한 흐름의 한가운데 있고 장기 매수자가 단기 트레이더를 넘어선다면 장기 추세가 재개된다.

큰 상승 움직임의 90% 이상은 시장 조정 구간에서 출현한다. 이 시기는 초기에서 중기 단계의 베이스로 가고 있는 종목에 들어갈 수 있는 황금 기회다. 약세장 이후 최초의 평지를 첫 베이스로 센다. 시장 조정 이후 첫 번째 또는 두 번째 베이스를 벗어날 때가 일반적으로 신규 추세에 올라타기 위한 가장 좋은 시기다. 세 번째와 네 번째 베이스도 괜찮을 수 있지만 주기의 후반이므로 이때는 트레이딩의 기회로 본다. 다섯 번째와 여섯 번째 베이스는 실패하기가 굉장히 쉽고 브레이크 아웃 이후 곧 확산 단계로 이어질 수 있기에 매도할 시기라고 생각해야 한다.

때때로 주가가 후반기에 '폭발' 같은 상승을 하면서 움직임의 절정을 보이곤 하는데, 이때는 주가가 치솟고 끝이 보이지 않기 때문에 매도하기에 가장 어려운 구간이라 할 수 있다. 주의해야 할 점은 후기 베이스들은 점차 명확해진다는 것이다. 그리고 그럴수록 더 많은 사람이 종목에 매수 물량을 쌓는다. 남은 건 잠재 매도자들뿐이다.

이것이 내가 '혼잡한 거래'라고 부르는 것이다. 시장에서 흔히 말하듯이 명확한 것은 명확하게 틀린다. 사람들이 몰려 혼잡해질 때 모든 눈길이 이 종목을 향한다. 이미 강한 움직임을 만들어 냈고 투자자들은 베이스가 효과적으로 작동하는 것을 여러 번 봤기 때문이다. 그리고 이것이 다시 정보가 부족한 투자자의 주의를 끈다. 일찍 들어와 있던 '스마트 머니'(시장에 대해 잘 알고 정보가 많으며 시장에 영향을 끼치는 기관 투자자—역주)가 이익을 확정하고 나가려고 기회를 보는 틈에 개인 매수자가 고맙게도 들어온다. 종목이 뉴스 헤드라인을 장식하고 모든 사람이 신나는 상승 구간에서 기관들은 이런 식으로 종목을 청산한다. 그러나 대부분의 투자자는 이를 알아채지 못한다.

데커스 아웃도어

데커스Deckers Outdoors는 2006년 9월 12일에 1단계 베이스를 나오고 15개월 동안 260% 이상 상승했다(〈그림 9-1〉). 2008년 12월, 주가가 주간 차트로 봤을 때 식별 가능한 네 개의 베이스를 거쳤다. 이 종목은 네 번째 베이스를 나오면서 후기 움직임을 보이기에 이르는데, 만약 베이스를 세지 않았다면 후기 베이스를 초기 베이스로 오인했을지도 모른다. 다섯 번째이자 마지막 베이스는 눈에 띄게 넓고 느슨해서 실패할 확률

〈그림 9-1〉 데커스 아웃도어Deckers Outdoors, DECK 2006~2008

이 높았다. 종목이 3단계 꼭대기를 지나고 있다는 명백한 증거다. 이때쯤에는 이미 종목에서 나왔거나 다섯 번째 베이스가 실패하고 주가의 방향이 바뀌기 시작할 때 공격적으로 매도했어야 했다.

PER 확대

나는 PER을 거의 신경 쓰지 않는다. 내가 보통 매수하는 성장주는 이미 '비싸'고, '강력한 성장성'을 가지고 있다. 나는 높은 PER에 겁을 먹기보다는 이를 빠르게 성장하는 기업의 특징으로 여긴다. 사실 PER을 높을 때보다는 예외적으로 낮을 때 더 신경이 쓰이는데, 뭔가 심각한 문제가 있다는 신호일 수 있기 때문이다. 이외에도 PER이 도움 될 때가 있는데, 그중 한 예가 종목이 생애 주기의 어느 단계에 있는지를 어느 정도 알려 줄 때다. 구체적으로 PER 확대를 통해 상승세가 후기 단계인지, 더 나아가 상승 모멘텀이 소진될 가능성이 있는지도 알 수 있다.

다음은 내가 PER을 베이스와 연계해 보는 방법이다. 나는 주식을 처음 매수할 때 PER을 기록해 놓는다. 내년 한 해 동안 보유할 포지션을 보고 있다고 가정하자. 그 기간 동안 주가는 두 개, 세 개 혹은 네 개의 베이스를 거칠 것이다. 주가가 후기 베이스에 있을 때—베이스 4 또는 5라고 하자—나는 PER을 주목하고 이를 매수 시점과 비교한다. 혹은 더 늦은 단계의 베이스에서 매수했다면 나는 현재 PER과 첫 번째 베이스일 때의 PER을 비교할 것이다. 만약 PER을 두 배 혹은 그 이상 높아졌다면—예를 들어 20에서 40으로—나는 조심해야 한다는 걸 안다(〈그림 9-2〉부터 〈그림 9-4〉). 이유는 이렇다.

〈그림 9-2〉 데커스 아웃도어(2006~2008)

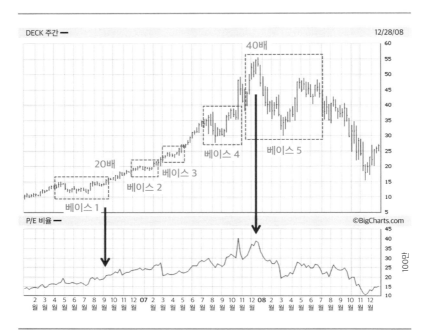

〈그림 9-3〉 럼버리퀴데이터[LL] 2013년 9월

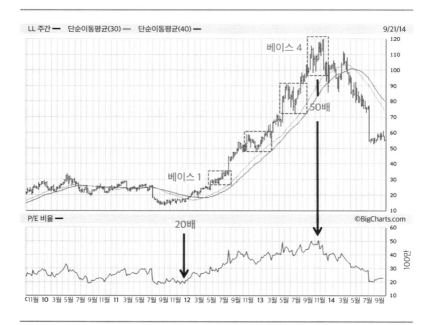

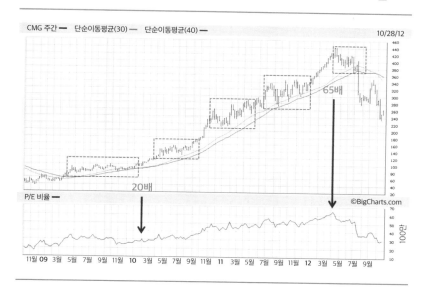

PER의 분자는 주식의 현재 가격이고, 분모는 순이익이다. 성장주의 경우 사람들은 미래에 성장할 수익에 대한 기대로 지금 주식을 매수하기 때문에 가격이 수익의 몇 배수가 될 거라고 예상한다. 하지만 주식의 인기가 높아지고 모든 사람의 레이더에 잡히면 주가는 회사가 실현할 수 있는 것을 훨씬 앞설 수 있다. 특히 초기 단계에서는 주가가 상승하는 속도보다 PER이 더 빠르게 성장하기 때문에 주가는 상승하더라도 PER은 하락하거나 같은 수준을 유지할 수 있다. 다만 주가 상승 속도가 실제 수익 성장 속도를 훨씬 앞선다면 PER이 확대되는 것을 볼 수 있다.

PER의 절댓값은 그다지 중요하지 않다. 비교가 가장 중요하다. **내가 우려하는 건 PER이 매수 초기보다 2배 이상 확대될 정도로 주가가 실적보다 앞서 나가는 경우다. 특히 베이스를 제대로 식별했다는 가정 아래 주가가 후기 베이스에 있을 때다.** 만약 그런 상황이라면 나는 구체적인 매도 신호를 찾기 시작한다. 같은 분석 방식이 매수할 때도 도움이 된다. 예를 들어 2년 전 첫 조정 이후 생긴 베이스의 수를 세어 봤더니 다섯 번이며 그사이 PER은 두세 배가 되었다면, 매수 때 각별히 주의해야 한다. 이제 상승 여력이 얼마 없을 수도 있다.

절정의 정점

많은 주도주는 급격히 상승한 이후에 정점 혹은 폭발 같은 꼭대기를 지난다. 큰 상승이 이런 방식으로 끝나는 이유는 대형 기관들이 그들의 대규모 매도 물량을 흡수해 줄 일반 매수자들을 필요로 하기 때문이다. 그 결과로 가격이 오르며, 매수자가 있는 꼭대기에서 청산이 일어난다. 이때 주식은 강한 전문가의 손에서 약한 개인 투자자의 손으로 이동하며, 결국 기관 투자자의 물량이 개인 투자자의 수요를 압도하며 주가가 무너진다. 이때까지 기다리면 너무 늦은 것이며, 수익의 상당한 부분을 반납하게 될 것이다. 따라서 정점의 꼭대기를 포착하고 상승 중일 때 매도하는 방법을 배워야 한다. 배우고 나면 얻은 수익의 많은 부분을 되돌려주는 일반적인 실수를 피할 수 있다.

여러 달 동안 건강하게 상승한 주가는 어느 순간 가속화되면서 상승기의 그 어떤 구간보다 가파른 각도를 보인다. 그럴 때는 수익의 전부, 그게 아니라면 어느 정도는 확정을 해야 한다. 절정의 꼭대기는 1~3주 동안 주가가 25~50% 혹은 그 이상 상승하면서 나타난다. 5~10일 만에 70~80% 상승하는 경우도 있다. 역사상 가장 절정의 움직임을 보인 종목은 1990년대 퀄컴이다(〈그림 9-5〉). 투자자들에게는 절호의 매도 기회가 두 번이나 찾아왔다. 첫 번째는 1999년 11월에 주가가 단 9

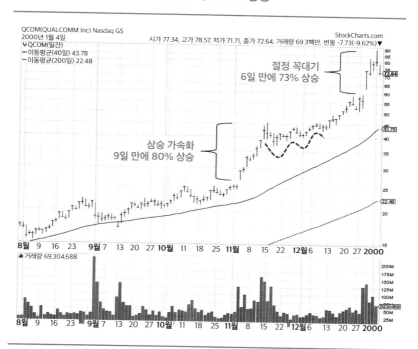

〈그림 9-5〉 퀄컴Qualcomm, QCOM 1999. 종목이 절정기의 꼭대기를 연출했다.
2개월 만에 260% 상승

일 만에 80%나 급등하면서 생긴 상승 가속화 구간이었다. 주가 절정기에 최후의 폭발적인 움직임이 6일 동안 지속되면서 가격이 73%나 올랐다. 두 달 만에 퀄컴의 주가는 260% 치솟았고 이후 주가는 정점을 찍고 반년 만에 88% 하락했다. 아마존도 비슷한 패턴을 따라갔다(〈그림 9-6〉).

〈그림 9-6〉아마존Amazon, AMZN **1999. 종목이 절정기에서 단 6일 만에 97%**
오르며 꼭대기를 형성했다. 이후 100달러를 웃돌던 주가가 5.51달러까지
떨어진 후 이전 가격대로 돌아가기까지 10년이 걸렸다.

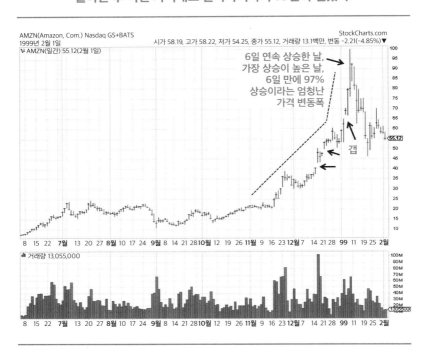

강세에 매도하기

예전에 매수한 종목의 베이스를 세어 보니 후기 단계에 있다고 하자.
PER을 확인해 보니 주가가 회사의 수익 증가를 앞질러가서 상당히 고
평가되어 있다는 걸 알았다. 게다가 최근 베이스에서 상당한 거리를 두
고 떨어져 있다—'확장된' 상태다—. 그렇다면 여러분은 구체적인 매도
신호를 면밀하게 찾아봐야 한다(〈그림 9-7〉과 〈그림 9-8〉).

278

주가가 상승 마감한 날—상승일—대비 하락 마감한 날—하락일—을 비교하는 것부터 시작한다. 주가 상승기에는 감정에 취약해지기 때문에 이 대조 과정이 매우 중요하다. 예를 들어, 주가가 매우 빠르게 상승하기 시작하고 절대 하락하지 않을 것 같을 때 후반 가격 상승은 절정기의 폭발적인 정점으로 전환될 수 있다. 주식이 계속 오르는 것을 목격하고 점점 더 많은 돈을 벌고 있을 때는 매도에 대해 올바로 생각하기 어렵다. 상승일과 하락일 수를 세어 보면 상승일이 하락일을 압도하는 지점에서 전환을 감지할 수 있을 것이다. 상승일이 8일 중 6일이다가 또 몇 주 후에 11일 중 8일일 수 있다. 이렇게 7~15일 기간에 상승일이 하락일 대비 70% 이상인 곳을 찾는다. 예를 들면 10일 중 7일인 곳을 찾

〈그림 9-7〉테슬라 Tesla Motors, TSLA **2014. 16개월 만에 9배 이상 상승한 후 테슬라는 단 30일 만에 주가가 2배 오르며 절정기 상승을 거친다. 주가는 14일 중 10일 동안 상승하며 갭 세 개를 만들고 51% 올랐다.**

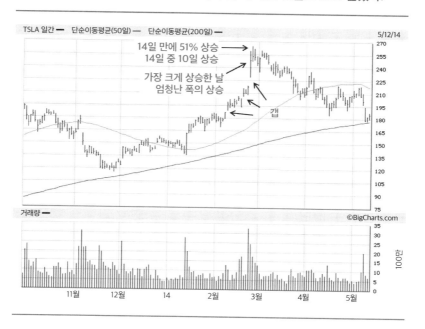

〈그림 9-8〉 몬스터베버리지MNST 2006. 9일 중 8일을 상승하면서 주가가
연속 갭 상승을 보였다.

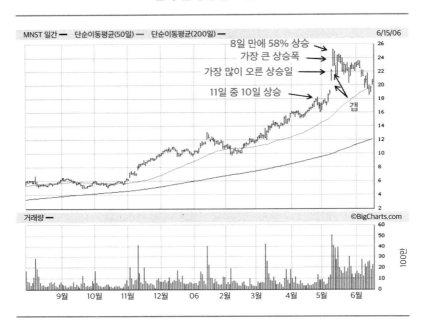

는 것이다. 일반적인 기준은 주가가 일단 확장되기 시작했다면 10일 중
6일 동안 상승이 가속화되는 과정에서 2~3일만 하락하는 구간을 찾는
다. 이 지점의 가격은 베이스보다 상당히 높을 것이다. 이제 움직임이
시작된 후 가장 크게 오른 상승일 혹은 가장 크게 일일 가격 변동폭이
나온 날을 찾는다. 상승 모멘텀의 마지막 폭발은 일반적으로 상승이 끝
났다는 신호이며, 꼭대기가 형성되고 며칠 이내에 나타날 때가 많다. 최
근 소진성 갭이 보였는지도 찾아봐야 한다. 이는 주가가 곧 무너진다는
또 다른 신호다. 이 모든 것을 종합해서 강세에서 공격적으로 매도할 때
임을 알 수 있다.

다음과 같은 경고 신호를 찾아본다.

- 네 번째 베이스 후기와 다섯 번째 베이스에서 신고가가 나타난다.
- 주가의 후기 움직임이 나타날 때 PER이 확대된다.
- 절정기의 상승 혹은 폭발적인 정점을 만든다(1~3주 동안 가격의 25~50% 혹은 그 이상 상승).
- 확장 단계의 주식인 경우 7~15일 기간 동안 상승일이 하락일 대비 70% 혹은 그 이상이다.
- 주가가 확장 단계에 있고 6~10일 동안 2~3일을 제외하고 모든 날 상승이 가속화된다.

추가로.

- 초기에 빠르고 긴 상승 움직임 이후 가장 크게 오른 상승일을 찾는다.
- 가장 주가 변동폭이 큰 날을 찾는다.
- 최근에 나타난 소모형 갭exhaustion gap(상승 갭이 하락으로 메워지거나 더 하락하는 것—감수자주)을 찾는다.

추세 반전 징후

이런 식으로 전개된다고 생각해 보자. 베이스 개수로 후기 단계로 확인된 주식이 11일 중 10일 동안 상승한다. 가장 큰 상승일에 특히 주의를 기울이고, 가장 거래량이 높았던 날도 찾는다. 가격 움직임은 어떠한가? 대량 거래량이 하락일에 나왔는가? 만약 그렇다면 큰 기관 투자자들이 포지션을 청산하는 것을 본 것이다. 이 시점에 매도하지 않았다면 곧 그렇게 해야 할 것이다. 명심하자. 청산은 상승 때 일어난다. 기관 투자자들은 모든 것이 좋아 보이는 강세에 판다. 그리고 그들의 대량 공급은 결국 개인 수요를 압도한다. 기관이 종목에서 빠지려 할 때 주가는 매우 빠르고 급격하게 몰아친다. 큰 폭으로 상승하는 동안 주가 움직임에 비해 비정상적인 하락 움직임이 보이면 경계해야 한다!

항상 그런 건 아니지만 많은 경우 주가가 꺾일 때 경고 신호등이 켜진다. 가격이 확장되었고 상승일이 대부분일 때 여러분은 아마도 안심할 것이다. 이때가 감정을 가라앉히고 하루 혹은 며칠 안에 나타나는 구체적인 매도 신호들에 접근해야 할 때다(〈그림 9-9〉와 〈그림 9-10〉). 신호는 다음과 같다.

〈그림 9-9〉 그린마운틴커피Green Mountain Coffee Roasters, GMCR 2007. 큰 상승 움직임 후에 나타난 고전적인 소모형 '매도 신호'

〈그림 9-10〉 바이오젠Biogen, BIIB 2011. 강한 상승세 이후 부정적인 신호를 만든 결과 6개월 동안 주가가 지지부진했다.

- 대량 거래량과 함께 나온 추세 반전
- 거래량이 높지만 가격 움직임에 별다른 변화가 없음: 과당매매churning(기관 투자자들이 강세를 이용해 매도하는 경우)
- 움직임이 시작한 이후 가장 큰 거래량으로 주가 하락

약세에 매도하기

주가가 상당한 약세를 보일 때 여러분의 자존심이 버티라고 말할지도 모른다. 그런 경우 '주가가 다시 반등할 때까지 기다려야지'라고 마음먹을 테지만, 만약 그사이에 신호가 떴다면 결코 무시해서는 안 된다.

신호가 떴음에도 더 버틴다면 그저 불필요한 위험에 노출하는 것에 지나지 않는다. 항공기가 예기치 않게 대기가 희박한 에어 포켓을 지날 때 급추락을 경험하듯이 가격 하락을 겪을 가능성이 더 높다. 거래량이 급증하면서 고가에서 크고 빠르게 하락할 가능성이 높다는 것이다. 이런 일이 발생했다면 큰 선수들이 떼 지어 빠져나가는 상황에서 개인들은 기관 매도의 쓰나미에 대응할 수 없기 때문에 이는 중대한 매도 신호로 봐야 한다. 실적보고서와 함께 '좋은' 뉴스가 나왔는데도 이런 일은 종종 발생한다. 좋은 뉴스로 보이는데도 급격한 매도세가 나타나는 이 괴리가 종종 투자자들을 혼란스럽게 한다. 머릿속에 있는 주가가 올라야 한다는 생각 때문에 주가가 왜 내려가는지 파악하지 못한다. 내가 앞서 설명했듯이 이것은 '차등 공시'의 경우일 수 있다.

회사의 재무 등 기본 사항이 변했다는 것이 명백해지기 전에 압도적인 거래량으로 주가가 급락할 수 있다. **주식이 2단계 상승기 이후 일간 또는 주간 혹은 둘 다 주가가 매우 큰 폭으로 하락한다면 이는 거의 항상 노골적인 매도 신호다.** 겉으로 좋아 보이는 발표나 뉴스가 나온 직후 주가가 하락한다면 저가 매수 기회가 아닐 가능성이 높으므로, 회사나 언론의 말이 아닌 주가에 귀를 기울여야 한다. 회사의 근본적인 문제가 명백해지기 전에 주가에 중대한 변화가 일어날 때가 종종 있다. 투자 심리가 갑자기 바뀐 이유가 보이지 않더라도 이런 변화는 항상 중요시해야 한다. 실적이 여전히 좋아 보일 수 있고 성장 전망도 그대로일 수 있다. 그러나 주가가 큰 폭으로 하락하기 전에는 안 드러날 이유를 파악하려고 기다리느니, 주식에서 우선 나간 후 나중에 이유를 찾아보는 것이 훨씬 낫다.

어떤 경우든 주가가 크게 꺾일 때는 매수 기회가 아니다. 많은 투자자는 다음과 같이 함정에 걸린다. 보유한 종목이 갑자기 급락할 때 시장이 틀린 거라고, 이 주식은 수익을 잘 낼 종목이라고 믿으면서 더 사야 한다고 생각한다. 기관 투자자들이 무언가 잘못된 (최소한 의심되는) 것을 알고 있기 때문에 주가가 떨어진다고 생각하지 못한다. 이런 현상이 발견되면 나가야 한다. 이 매도 신호는 사전 경고 없이 발생할 수 있지만, 많은 경우 다수의 '매도 위반'이 쌓이는 것이 보일 것이다. 주가가 강세를 보일 때 용기가 없어서 매도하지 못했다면, 이럴 때는 현명함을 발휘해 즉시 매도해야 할 것이다.

정점을 만드는 패턴이 매번 같지는 않다. 한 예로 가장 큰 폭의 하락일에 반드시 가장 높은 거래량이 나오는 건 아니다. 거래량이 평소보다

〈그림 9-11〉 드라이쉽스 DryShips, DRYS **2007. 종목이 고전적인 신호를 넘치도록 많이 보였다. 결과적으로 주가는 99.8% 하락했다.**

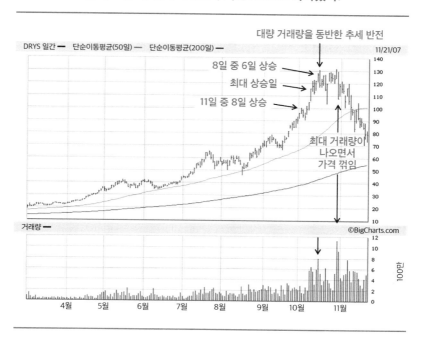

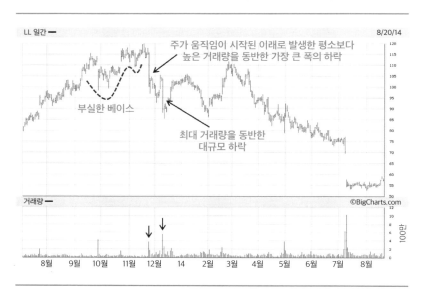

〈그림 9-12〉 럼버리퀴데이터^{LL} 2013~2014. 2013년 11월 주가가 정점을 찍었다. 종목은 부실했던 베이스를 벗어나려고 시도했으나 5 거래일 후 대규모 거래량이 나오고 가장 큰 폭의 하락을 경험했다.

증가하지만 최대 거래량이 아닌 날 하락폭이 가장 클 수도 있다. 그러므로 미묘한 차이를 알아차려야 하며, 후기 움직임이 전개될 때는 더욱 그렇다. 거래량이 많은 날에 15~20% 하락할 수도 있고, 4~5%만 내려가는데 거래량이 가장 클 수도 있다. 이때 규칙 위반이 발생했다면 분명히 중대한 경고 신호다.

주가가 정점을 찍고 떨어져 가치의 99%를 잃기 직전, 드라이쉽스 **DryShips Inc.**는 주기의 최종 단계에 들어서면서 경고등 여러 개를 깜박였다(〈그림 9-11〉). 11일 중 8일 동안 상승한 후 다시 한 번 8일 중 6일 동안 올랐는데, 그중 하루는 상승 추세가 시작된 이후 가장 상승폭이 컸다. 이후 추세가 시작되고 처음으로 주요 반전 움직임이 최대 거래량을 동반한 채 발생했다. 마지막 매도 신호는 2007년 10월 30일에 발생했는데

이날은 주가가 압도적인 거래량을 동반하며 가장 크게 하락한 날이었다. 럼버리퀴데이터도 비슷한 방식으로 전개되었다(〈그림 9-12〉).

매입가 혹은 그 이상 규칙

매도할 방식으로는 '매입가 혹은 그 이상 규칙'을 따라 트레일링 스톱을 고려해 보자. 이 규칙은 많은 주도주 움직임에 중요한 역할을 하는 50일 이동평균선에 근거를 둔다. XYZ 주식이 베이스에서 나오고 있고, 이 주식을 주당 50달러에 매수했다고 하자. 스톱은 8%, 46달러에 설정한다. 5%, 10%, 15%까지 오르는 동안 주가는 손절 가격을 건드리지 않는다. 주가가 전진하면서 마침내 50일 이동평균선이 매입가인 주당 50달러에 도달한다. 이제 스톱 가격을 50일 이동평균 가격으로 바꿀 때다(〈그림 9-13〉). 나는 그 미만으로 마감하는 날을 기다리거나 어떤 때는 다음 주에 어떻게 움직일지를 보기 위해 금요일까지 보려는 편이다. 50일 이동평균선이 상승하고 매입가에 도달했다면, 50일 이동평균 가격이 수익을 보호하는 트레일링 스톱이 된다. 이것이 내가 매입가 혹은 그 이상 규칙이라고 부르는 이유다.

강세장의 후기에는 아직 강세일 때, 수익 구간일 때 확정해 놓아야 한다.

한편 신규 강세장의 초기에는 트레일링 스톱이 특히 도움이 되는데, 트레일링 스톱을 통해 큰 추세의 상당 부분을 계속해서 따라갈 수 있기 때문이다. 일부 주도주들은 50일 이동평균선 밑으로 마감하기까지 놀랍도록 먼 거리를 전진한다.

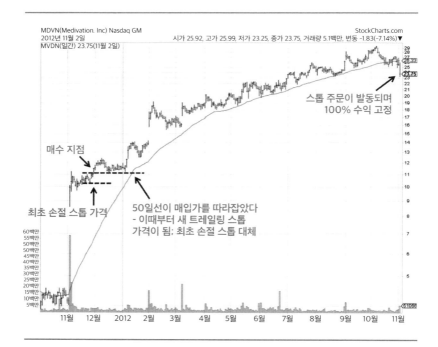

〈그림 9-13〉메디베이션Medivation, MDVN 2011~2012

MDVN(Medivation, Inc) Nasdaq GM
2012년 11월 2일
MVDN(일간) 23.75(11월 2일)

시가 25.92, 고가 25.99, 저가 23.25, 종가 23.75, 거래량 5.1백만, 변동 -1.83(-7.14%)▼

StockCharts.com

스톱 주문이 발동되며
100% 수익 고정

매수 지점

최초 손절 스톱 가격

50일선이 매입가를 따라잡았다
- 이때부터 새 트레일링 스톱
가격이 됨: 최초 손절 스톱 대체

무위험 플레이

주가가 스톱 가격의 두세 배가 오르면—2R 또는 3R—융통성을 발휘
할 여유가 생긴다. 이때 취할 수 있는 방향이 몇 가지 있다. 매수할 때
7% 스톱을 설정했는데 다음 1~2주 동안 주가가 14% 상승했다고 하자.
첫 번째 선택지는 절반은 팔고, 스톱 가격을 매입가로 옮기는 것이다.
그러면 나머지 절반으로 추가 수익을 얻을 기회를 가질 수 있고, 최악의
경우 매입가에서 거래를 종료하며 7% 수익을 보장받는다.

두 번째 선택지는 절반을 팔고 처음 설정한 7% 스톱 가격을 유지하

는 것으로, 이번에도 나머지 절반은 추가 이익을 위해 보유한다. 최악의 경우 전체 포지션이 매입가에서 매도되지만, 한편으로는 나머지 절반 보유분으로 7% 스톱 가격 이상에서 가격 변동에 따른 추가 수익을 얻을 수도 있다. 앞쪽 절반에서 확정한 수익으로 뒤쪽 절반의 위험에 대해 투자하는 것이다. 물론 전부를 계속 보유하는 방법도 있다. 이 경우 전체를 위험에 노출하겠지만, 나는 금전등록기의 벨소리를 듣는 것을 좋아하는 사람이다. 나는 항상 큰 수익을 위해 '무위험으로 굴릴' 포지션을 취하려고 노력한다.

백 스톱

거래에 들어갈 때 최초 스톱 가격은 미리 정한 손실로, 예를 들면 10% 스톱 가격인 경우 20달러 주식을 사고 18달러에 손절 스톱을 설정한다. 이때 주가가 상승하고 적절한 수익을 얻었다면, 다음으로 본전을 방어해야 할 것이다. 그다음으로 해야 할 것은 수익 보호 스톱을 설정하는 일이다. 수익을 지킨 상태로 매매를 끝낼 수 있게 하며, 나는 이걸 백 스톱**Back Stop**이라고 한다. 백 스톱은 주가가 변동할 수 있는 여유를 주면서도 어느 선 밑으로 주가가 빠지는 것을 용인하지 않도록 명확한 선을 긋는 것이다.

백 스톱은 트레일링 스톱이 아니다. 주가에 엄격하게 연동되어 상승하지 않는다. 백 스톱은 내가 지키고 싶은 수익 금액을 기준으로 스톱 수준을 설정하고, 이후에 그 이상으로 주가가 오르면 변동분을 용인하는 것이다. 이 부분에서 트레일링 스톱과 다르다. 백 스톱을 이용하면 너무 일찍 거래가 자동으로 종료되는 상황을 막을 수 있다. 주가가 올라 갈수록 백 스톱을 옮기며 훨씬 높은 수익을 방어할 수 있다.

나는 보통 내 평균수익률이나 그보다 높게 백 스톱을 설정한다. 최소한 평균수익률을 유지하고, 되도록이면 시간이 지남에 따라 수익률을 향상시키고 싶기 때문이다. 다시 한 번 말하지만 본인의 트레이딩의 진실을 알고 실적 통계를 이해할 필요가 있다. 만약 여러분의 평균 수익이 10%인데, 보유한 종목이 20% 올랐다고 하자. 여러분은 스톱을 올리거나 백 스톱을 10% 수준으로 설정하여 더 큰 수익을 목표로 보유할 수 있다. 혹은 절반은 매도하고 나머지를 백 스톱으로 설정할 수도 있다. 실험해 볼 만한 조합은 다양하다.

또 하나의 시나리오를 생각해 보자. 보유 종목이 만족스러운 수익률인 15%만큼 올랐다. 주가가 더 상승해서, 말하자면 20%가 올랐다면 매도할 가능성이 높다. 그런데 다음 날 아침 주가가 예상치 못한 갭 상승을 만들고 더 큰 폭으로 상승해서 이제 수익률이 23%가 되었다고 하자. 이럴 때 백 스톱을 20%로 설정하면 최초 목표수익률로 수익을 확보하면서 갭 상승 이후 추가적인 가격 움직임이 따라오는지 확인이 가능해진다. 내 경우에도 이런 상황일 때 훨씬 더 크게 상승하는 종목이 많았다. 5센트, 10센트 혹은 1, 2달러 차이의 스톱 가격을 주가가 하락하면서 건들지 않았기 때문에 계속 해당 포지션을 유지하면서 훨씬 큰 수익을 올릴 수 있었다.

항상 너무 빨리 또는 너무 늦게 팔 것이다

트레이딩의 목표는 저점과 고점을 맞히는 것이 아니라 적절한 수익을 내는 것이다. 저점과 고점을 맞히는 것은 불가능에 가까우며, 맞힌다 해도 가끔 가다 한 번 정도에 그칠 것이다. 그래서 99%는 둘 중 하나일 것이다. 너무 일찍 팔거나 너무 늦게 팔거나. 20달러에 산 주식이 40달러까지 상승했다고 가정하자. 이후에 40달러에서 30달러로 떨어진다면 여러분은 더 일찍 팔지 못한 것을 후회하며 자기 머리를 쥐어박을지도 모른다. 하지만 이는 가장 사기가 저하되는 경험을 하지 않아서일 것이다. 보유 종목이 하늘로 솟아올랐다가 고꾸라지며 모든 수익을 회수하거나 최악의 경우 손실로 전환되는 것을 지켜보는 경험은 하지 않았잖는가! 기억하자. 여러분의 목표는 수익이 났을 때 적당한 규모의 수익을 확보하는 것이다.

한 가지 알고 있어야 할 것이 있다. 여러분은 주식의 최고가를 잡을 일이 거의 없을 것이다. 그러나 실망하지 말자. 초고수익을 위해 최고의 수익률을 달성할 필요는 없다. 높은 가격에 팔고 낮은 가격에 살 걱정을 하는 대신, 트레이딩이 무엇을 하는 것인지를 고민하자. 트레이딩은 적당한 수익을 내는 행위를 반복하는 것이다. 내가 산 가격보다 더 높은 가격에 파는 게 트레이딩의 목표다. 이는 종목이 앞서 얼마에 거래되었고, 현재 얼마에 거래되는지와는 거의 관계없다.

초기 단계의 예외

주가가 베이스에서 나온 후 종목을 계속 보유할지 여부를 결정하려면 자연스러운 조정이 나올 때 테니스공을 찾아본다(1장 참고). 주가의 움직임이 강하고 회복 탄력성이 있다면 더 큰 움직임을 보일 가능성이 있다. 반면 종목이 여러 번의 주가 후퇴를 경험한 후에 다시 신고가로 돌아오면, 특히 베이스의 후기에서 나와 상승하고 있다면 가격이 너무 앞서 나가고 있다는 신호를 찾아야 한다. 스윙 트레이더의 경우 매도를 고려할 때 후기 베이스가 필요 없을 수도 있다.

1장의 논의에 포함된 데이비드 라이언의 MVP 지표에 따르면 15일

〈그림 9-14〉사우스웨스트항공Southwest Airlines, LUV 2013~2014.
11개월 동안 127% 상승

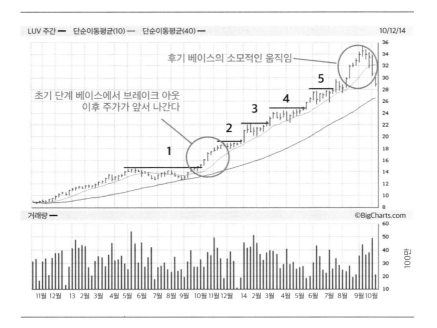

중 12일이 상승일일 때 더 큰 상승을 위해 계속 보유해야 한다. 지금부터는 본질적으로 정반대의 얘기를 해서 혼란스러울 수도 있는데, 하락일보다 상승일이 70% 많을 때는 매도해야 한다. 이는 이제부터 다룰 내용이 초기 단계가 아닌 후기 단계의 소모적인 움직임이기 때문이다. 즉 1장에서 논의한 바와는 반대다.

모든 일련의 규칙이 그렇듯 예외가 있다. 앞서 설명한 종류의 가격 움직임—시장 조정 이후 찾아온 첫 상승 구간 이후에 나타난 *초기 단계의* 베이스에서 발생한 움직임—이라면 유심히 살펴봐야 한다(그림 9-14). 이렇게 전개되었다면 이때의 움직임은 강세 신호다. 주기상 종목이 현재 어느 구간에 있는지를 파악하는 것이 중요한 이유이기도 하다.

〈그림 9-15〉 더블류알그레이스WR Grace & Co, GRA **2004. 55일 만에 147% 상승**

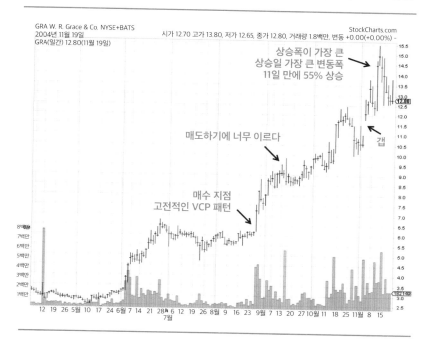

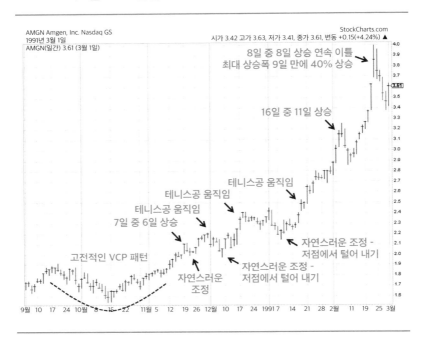

후기 단계의 매수세가 소진된 것처럼 보이는 구간을 매도의 근거라고 생각할 수 있지만 실제로는 조기 강세 신호이며 종목을 유지해야 할 이유가 될 수도 있다. 그러므로 종목이 어느 단계에 속하는지를 알고, 그에 따라 대처해야 한다(〈그림 9-15〉와 〈그림 9-16〉).

매도 시기와 이유를 파악한다

여러분은 매수 기준을 다듬는 데 집중할 것이고, 트레이딩을 처음 시작하는 경우는 더 그럴 것이다. 하지만 어디서, 어떻게, 왜 파는지에 대한 주의를 게을리해서는 안 된다. 매수할 때 규칙이 필요하듯 매도할 때도 규칙이 필요하다. 언제 어디서 팔지를 알려 주는 매도 신호에 대한 규칙이 있어야 감정, 특히 두려움과 후회에 휘둘리지 않고 결정을 내릴 수 있다.

Chapter

10

초고수익의
문을 여는
여덟 가지 열쇠

THINK
& TRADE
LIKE A
CHAMPION

'케이크를 갖고 있으면서 동시에 먹는 방법은 없다You can't have cake and eat it too'라는 속담이 있다(두 마리 토끼를 동시에 잡을 수 없다는 영어권의 속담 —역주). 인생에서 가능한 것과 불가능한 것을 파악하고, 과도한 기대치를 억제하라는 세상의 지혜가 담긴 말이다. '케이크' 격언에 따라 자연스럽게 추론한다면, 큰 위험을 택하지 않고는 큰 수익을 잡을 수 없다. 하지만 내 트레이딩에 이런 태도는 적용되지 않는다. 이건 결코 사실이 아니다.

이 오래된, 한계에 갇힌 생각을 불식시키기 위해 나는 초고수익의 문을 열 8가지 열쇠를 제시하고자 한다. 이는 낮은 위험으로 초수익을 낼 수 있는 방법이다. 큰 수익 창출을 위한 네 개의 열쇠는 상승 여력을 확보하고, 손실을 제한하는 네 개의 열쇠는 트레이더로서 가장 중요한 두 가지 자산인 원금과 자신감을 보호한다. 모두가 합쳐지면 뛰어난 수익률을 달성하기 위해 해야 할 것의 핵심이 구성된다.

주식시장에서 큰 수익을 원한다면 두 가지를 이뤄낼 줄 알아야 한다. 첫째, 내가 맞았을 때 큰돈을 번다, 둘째, 내가 틀렸을 때 큰 손실을 피한다. 이번 장에서는 이에 대해 다룰 것이다. 주의 사항이 하나 있다. 여러분이 갖고 있던 전제가 도전을 받을 것이며, 결국 생각이 180도 바뀔 것이다. 내가 안내하는 이 방법은 기존의 현명한 가르침이 아니다. 소위 '전문가'라고 불리는 사람들에게서 듣는 충고의 대부분과 정반대일 것이다.

큰 수익을 창출하기 위한 네 가지 열쇠

a. 첫 번째 열쇠: 타이밍

'전문가'들이 불가능한 영역이라고 말하는 부분 중 하나가 바로 시장 타이밍을 맞힐 수 *없다*는 것이다. 하지만 아니다. 시장 타이밍은 맞힐 수 있다. 나는 성공적으로 몇 십 년 동안 그렇게 해 왔다. 심지어—인생과 트레이딩 모두에서—타이밍이 전부다. 우리는 종종 운 좋게 적절한 때에 적절한 곳에 있어서 대박의 기회를 잡은 누군가에 대한 얘기를 듣는다. 한 예로 해리슨 포드는 목수로서 무대를 만들던 중 잠깐 와서 대사 한 부분을 읽어 달라는 요청을 받은 게 계기가 되어, 〈스타워즈〉의 '한 솔로' 역에 뽑히게 되었다. 엄청난 행운 같지만 해리슨 포드는 몇 년을 준비한 터였다.

지속적인 성공은 운 좋게 행운의 숫자를 고르고 복권에 당첨되는 것과는 다르다. '적절한 때'에 '적절한 곳'에 있어야 하며, 순간의 기회를 마주하기 위해 여러 해에 걸쳐 준비해야 한다. 트레이딩에서도 마찬가지다. 어느 날 갑자기 다트를 던져 종목을 고르는 행위로 일관성 있게 수익을 낼 수 없다. 높은 수준으로 트레이딩을 한다는 것은 준비된 상태에서 '적절한 때, 적절한 곳'을 찾는 문제다.

'시장 타이밍을 맞힐 수 없다'고 말하는 사람들은 *본인*들이 할 수 없기 때문에, 다른 이들이 할 수 있다는 걸 상상하지 못한다. 명심하자. 물론 나의 타이밍이 항상 맞을 수는 없다. 사실 절반만 맞을 것이다. 다만 성공한 종목과 실패한 종목을 관리하는 방법이 타이밍을 수익률로 바꿀 수 있다. **인생에서 무언가 위대한 일을 하고 싶다면 그런 건 할 수 없다는 사람들의 말을 믿는 것부터 그만둬야 한다. 이런 부정적인 말은 항상 그것을 이루지 못한 사람들의 입에서 나온다.** 대신 여러분은 할 수 있다고 말하는 사람들, 이미 정상에 올라 장엄한 경치를 바라보는 성공한 사람들을 믿는 것부터 시작해야 한다. 타이밍이 큰 수익을 내는 종목과 평범한 종목을 가른다. 큰 수익을 발생시키기 위해서 여러분은 돈을 빠르게 불려야 한다. 수익을 더 빨리 창출할수록 투자 수익도 더 커질 것이다—예를 들어 일 년에 20%보다는 한 달에 10%—. 시의적절한 때 포지션에 들어가고 나오는 것이 매수와 매도의 타이밍을 맞히는 일이다.

개별 종목, 특히 작고 투자자의 관심이 적은 종목을 거래할 때는 매일 시장의 방향을 파악하는 것보다 타이밍을 맞히기 훨씬 쉽다. 여러분이 할 일은 '최소 저항선'에 따라 매수를 적절한 시기에 하는 것이다. 앞서 설명한 것처럼 최소 저항선은 주식이 단기간에 큰 폭으로 상승을 시작하는 가격대다. 나는 이를 강속 트레이딩이라고 한다. 초고수익을 추구하는 트레이더로서 여러분은 항상 20%, 30%, 50%의 수익을 순서대로 몇 주 내지 몇 달 이내에 만들 수 있는 거래를 찾아야 한다. 몇 주 내지는 몇 달 동안 20~30% 수익으로도 장기간 여러 거래를 통해 상당한 총수익을 매집할 수 있다. 시장 또는 개별 종목의 타이밍을 맞히려면 규칙에 기반한 접근법을 활용해야 한다. 이때 차트는 필수적이다. 앞서도 언급했듯이 나는 변동성 수축 패턴vcp이라는 차트 청사진을 활용하는데, 내 세미나에 참여했던 사람들과 첫 책의 독자들로부터 굉장한 인기를 끌었다.

b. 두 번째 열쇠: 분산하지 않는다

여러분이 시장 초과 수익을 달성할 수 있는 패를 쥐고 있다면 분산은 도움이 되지 않는다. 성과를 오히려 희석시킨다. 지속적으로 큰 수익을 거두려면 계좌 크기 및 위험에 대한 선호도에 따라 4~12개의 주식에 집중해야 한다. 실제로 거래가 잘 풀릴 때 나는 내가 면밀하게 지켜보는 4~5개 최상위 종목에 대부분의 자금을 투자한다. 여러분이 무슨 말을 듣고 무엇을 읽었건 간에 개인 투자자는 너무 많은 분산투자를 할 필요가 없다.

포트폴리오의 집중을 강조하는 내 주장은 분산이 위험을 방지하고 적당한 수익을 거둘 수 있는 최고의 방법이라는 통념에 정면으로 반박한다. 우선 나는 '적당한' 수익에는 관심이 없다. 나는 엄청난 수익을 원한다. 둘째로 나는 내 위험을 제어하고 싶다. 분산을 선호하는 사람들은 주식 하나—혹은 섹터 하나—가 내려갈 때 다른 주식—혹은 섹터—이 오르면 위험에 대한 노출이 균등해지고 변동성이 완화될 거라고 주장한다. 하지만 시장에 있는 섹터 전반에 걸쳐 많은 종목을 매수하면 평균 수익밖에 얻지 못한다. 운이 좋다면 수익률이 가장 좋은 시장 지수만큼이 될 테지만, 이런 경우라면 더 광범위한 시장을 포함하는 S&P 500 ETF SPY를 사는 것이 차라리 낫다. 물론 엄청난 상승장에서는 시장 전체가 오르기 때문에 분산투자로도 높은 수익률을 낼 수 있다. 그러나 분산투자로 꾸준히 높은 수익률을 기록할 수는 없을 것이다. 그래서 적시에 최상의 종목에 집중해야 하는 것이다.

초고수익—통상 40~100% 혹은 그 이상의 연간수익률—을 추구한다면 시장수익률을 확실하게 능가해야 한다. 즉 '알파alpha(트레이더나 펀드매니저 등의 능력으로 시장수익률을 초과하는 수익률—역주)를 만들어 내야 한다. 분명히 말하면, 집중한다는 것이 한 종목에만 투자한다는 것은 아니다. 만약 한 종목에만 투자하는 사람이 있다면 여러분은 어느 날 아침에 일어나 자산의 반 또는 전부가 사라진 장면을 목격하게 될 것이다! 초고수익은 몇 개의 종목에 투자를 집중할 때 달성할 수 있다. 캐피탈 그로스 운용Capital Growth Management의 켄 히브너Ken Heebner의 예를 생각해 보자. 켄은 몇 십억 달러 규모의 자산을 비교적 집중된 포트폴리오로 운용하는데, 대체로 전체 자산의 80%를 종목 15~20개에 투자한다. 이 범위를 넘어서는 일은 매우 드물다. 켄이 몇 십억 달러를 20개 종목만으로 운용하는 만큼 여러분도 당연히 5~10개 종목으로 운용할 수 있다.

항상 공격적으로 매수 물량을 쌓으라는 얘기가 아니다. 그 반대다. **거래가 잘 풀리고 예상한 방향대로 흘러가는 적절한 시기에는 집중하고, 트레이딩이 어려워질 때는 가볍게 거래하는 것이 주식으로 큰돈을 버는 방법이다.** 결국 종목의 일거수일투족을 지켜봐야 한다는 뜻이다. 보유 종목이 몇 십 개라면 그렇게 못한다. 포트폴리오가 집중되어 있으면 모든 종목을 면밀히 관찰하고, 순식간에 시장에 대한 노출을 늘리거나 빠르게 현금화할 수 있다. 속도는 엄청난 강점이다.

내가 분산투자를 좋아하지 않는 또 다른 이유는 한 무더기의 주식을 사 놓고 잊어버려도 될 것 같은 안정감을 허위로 주기 때문이다. 이는 초고수익을 달성하기 위해 받아들여야 하는 사고방식과 정반대다. 면밀히 관찰해서 신중하게 선별한 소수의 종목에 포트폴리오 그리고 관심을 집중하면 의미 있는 수익을 지속적으로 창출할 수 있다. 옳은 판단을 하면 돈을 벌 수 있다.

몇 종목에 집중하는 것이 위험해 보이는 사람들을 위해 지금까지 거의 손실을 보지 않은 내 투자 성과를 예로 들어 보려고 한다. 2003년에 대형 자산관리회사에서 컨설팅 건으로 접촉을 해 왔다. 회사에서 내 계좌에 대해 감사를 진행하겠다고 했을 때 나는 물론 흔쾌히 응했다. 회계사들로 꾸려진 소규모팀이 내 계좌명세서와 거래확인서를 검토했고 심지어 내가 거래하는 증권사에도 연락을 취했다. 결과가 나왔는지 자산관리자에게서 전화가 왔다. "어떻게 이렇게 하시는지 알 수 없지만 알파—시장 초과 수익—가 212%이고 베타—변동성—가 0.43입니다." 이 기간 동안 수익을 기록한 달이 전체 개월 수의 88%였고 단 한 분기에만 손실을 기록했다. 손실이나 위험이 거의 없이 달성한, 그들이 본 것 중 가장 놀라운 투자 성과였다. 나는 해당 수익을 낸 방법을 궁금해 하는 그에게 대부분의 기관이 너무 위험하다고 간주하고 절대 허락하지 않을 접근법이라고 설명했다. 그러나 내가 지금껏 설명했듯이 실상은 정반대였다. 몇 개의 최상의 종목에 집중한 덕분에 매우 엄격한 위험 관리를 할 수밖에 없었다.

c. 세 번째 열쇠: 매매는 금기가 아니다!

대부분의 자산관리자와 뮤추얼 펀드들이 따르는 또 하나의 규칙이 수수료와 세금을 이유로 낮은 포트폴리오 회전율을 유지하는 것이다. 매매는 그들의 얼굴을 찌푸리게 할 때가 많다. 하지만 초과 수익을 낼 패를 갖고 있고 집중된 포트폴리오를 운용한다면 매매는 좋은 것일 수 있다. 시장에 대한 우위가 있다면 포지션에 들어가고 나오면서 여러분의 자금을 더 빠르게 불린다는 목표에 더 가까이 갈 수 있다. 모든 거래에서 여러분은 되도록 짧은 시간 내에 최대한 많은 수익을 내고, 다음 잠재적인 성공 종목으로 넘어가고자 노력한다. 잘 굴러가는 종목을 보유하면 안 된다는 말은 아니지만 돈의 시간 가치는 되도록 잃지 말아야 한다.

자, 간단한 예시다. 동전 뒤집기를 한다고 하자. 앞면이 나오면 2달러를 벌고, 뒷면이 나오면 1달러를 잃는다. 통계적으로 앞면이 나올 경우가 반이고 보상이 2대 1이라고 하면 수학적인 우위 때문에 더 많이 동전을 던질수록 더 많은 돈을 벌게 된다. 주식시장에서의 우위도 거의 같은 방식으로 작동한다. 나는 거래회전율이나 이익에 대한 세금을 걱정해서 종목 매매를 자제하지는 않을 것이다. 내 목표는 세금을 낼 이익을 얻는 데 있다. 나는 위험 대비 높은 보상을 얻을 확률이 있을 때 매수하고, 보유 시 위험이 높아질 때 매도한다. 거래회전율이나 세금 때문에 매도를 결정하는 일은 없다.

30년 전 내가 처음 트레이딩을 했을 때는 수수료가 매우 비싸서—한 번 매매에 350달러—매매를 자제해야 했다. 특히 계좌 규모가 작았기 때문에 수수료를 충당하고 수익이 나기 시작할 때까지 꽤 시간이 걸렸다. 그러나 요즘은 심지어 계좌 규모가 작더라도 매매를 제한할 이유가 없다. 수수료가 저렴하고 휴대폰이나 태블릿에서도 버튼 한 번만 누르면 쉽게 거래할 수 있다. 주가가 자유롭게 오르내리는 동안 스윙 매매를 할 수 있는 기회가 많다.

결론: 매도 신호를 받는다면 나온다. 혹은 더 좋아 보이는 것이 있을 때는 덜 매력적인 종목에서 나와서 조금이라도 더 나은 곳에 들어간다. 트레이더들은 주식과 결혼하는 것이 아니라 그냥 '데이트'를 하는 것이

다. **여러분의 투자금은 항상 원금을 위험에 빠트릴 수 있기에, 좋은 성과를 거둘 수 있는 곳으로 이동해야 한다.** 투자를 할 만한 종목이 없다면 현금으로 옮길 수도 있다. 결과적으로 매매는 손실을 차단하고 위험을 관리할 때 발생하는 것이다. 주요 주도주는 때가 되었을 때 큰 상승 움직임을 위해 보유하지만, 작은 수익이 복리로 쌓이는 힘을 과소평가해서는 안 된다. 시장보다 우위를 가질 수 있는 패가 있을 때의 매매는 좋다.

d. 네 번째 열쇠: 항상 위험/보상 관계를 유지한다

타이밍, 집중화된 포트폴리오, 포지션 진입 및 청산하려는 의지, 지금 살펴볼 보상 대비 위험 관리까지 초고수익을 달성하는 데 필요한 모든 핵심을 통합한다. 여러분은 거래가 불리하게 돌아간다면 신속하게 포지션을 나올 수 있는 방어책을 갖추고, 엄청난 상승 잠재력을 이용할 준비가 되었다. 포트폴리오 내 몇 개의 기업에 크게 집중하지만, 위험과 보상을 지속적으로 재조정해서 이들 사이의 균형을 맞추면서 하락 위험을 완화하거나 무력화하는 것이다. 손실에는 단기적으로 접근하고, 이익에는 장기적으로 접근한다. 즉 손실은 잘라 내고 수익을 계속 굴려 갈 수 있도록 놔둔다는 말이다. 투자 시간과 무관하게 나는 항상 위험/보상의 관계를 유지한다. 예를 들면 주가가 15% 높게 거래될 것 같으면 손절가를 8%, 7% 혹은 더 낮게 설정한다. 내가 옳을 확률이 50/50이더라도 15% 보상에 대해 7%의 위험만 지면 되므로 위험/보상 비율이 괜찮은 거래다.

위험 대 보상 비율을 기준으로 매일 포지션을 평가해야 한다. 다음 예시를 보자. 2010년 12월, 나는 10월에 상장된 보디 센트럴**Body Central**

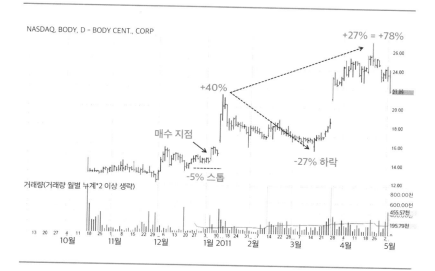

이 첫 VCP 구간을 나올 때 이 주식을 매수했다(〈그림 10-1〉). 나는 5% 손실 위험을 지고 이 거래에 들어갔다. 종목은 6일 만에 40% 급등했고 나는 강세에 매도해서 큰 단기 수익을 확정했다.

자, 이제 스톱을 매입가로 옮겨 더 큰 수익을 얻고자 종목을 계속 보유했고, 3개월 후 종목이 78% 수익을 기록했을 때 고점 근처에서 나왔다고 하자. 괜찮은 거래였을까? 아니다, 왜일까? 위험/보상 관계를 유지하는 것을 목표로 하지 않았기 때문이다. 78% 수익을 실현하고자 했다면 수익 27%를 더 얻기 위해 27% 하락을 용인했어야 했다. 그러면 보상/위험 배율이 1대 1이 된다.

하락을 제한하는 네 가지 열쇠

위쪽을 언급했으니 아래쪽도 언급할 차례다. 정교하게 시기를 맞추고 가까이 지켜보는 종목들로 포트폴리오를 집중해도 어렵게 벌어들인 수익이 대규모 하락에 잠식된다면 초고수익을 달성할 수 없다. 2년 연속 50% 수익을 내고 세 번째 해에 50% 손실을 냈다면 사실상 수익이 없다고 할 수 있다. 다음 식에 대해 한 번 생각해 보자.

1년 차 50% 수익: 100+(100×50%)=150

2년 차 50% 수익: 150+(150×50%)=225

3년 차 50% 손실: 225-(225×50%)=112.50(3년 동안 연 4% 수익)

큰 하락을 피하고자 한다면 사고방식에 변화가 필요하다. 먼저 '큰 위험 없이 큰 수익을 얻을 수 없다'는 통념을 버린다. 이런 식으로 생각하면 하락을 당연한 것으로 받아들이고 심지어 큰 하락을 예상하게 되는데, 사실 손실은 최소 수준으로 유지할 수 있다.

기술적 분석을 하는 트레이더는 모두 사전에 정한 가격 수준으로 손실을 제한하고 위험을 줄인다고 말한다. **손절을 정하는 것이 훌륭한 원칙인 건 맞지만, 손절 가격은 보상 대비 위험을 감안해서 적절한 수준으로 설정해야 한다. 균형을 유지하지 못하면 작은 보상에 비해 너무 큰 위험을 감수할 수 있다.** 여러분이 할 일은 반대로 큰 잠재적 보상을 위해 작은 위험을 감수하는 것이다. 여러분은 대형 뮤추얼 펀드 매니저처럼 대규모 포트폴리오를 운용하는 것이 아니다. 본인이 아무리 '큰손'이라고 생각해도 개인 투자자인 여러분이 유동성이 가장 빈약한 종목을 거래할 때조차도 시장을 움직이지는 못할 것이다. 이것이 위험/보상 관계를 매우 효과적으로 관리할 수 있는 엄청난 장점이다. 유동성 덕분에 거래 속도가 빨라지고, 자유로운 거래 진입 및 청산이 용이해지면 유리한 포지션 확보 또한 가능해진다. 다음에 소개하는 열쇠 꾸러미가 여러분이 포트폴리오의 변동성을 낮추고 손실을 제한하는 데 도움을 줄 것이다.

a. 첫 번째 열쇠: 강세에 매도

일반적으로 일찍 매도하는 것이 늦게 하는 것보다 낫다. 이를 항상 유념하자. 매수한 종목이 꾸준히 올라가고 포지션이 20%, 30% 혹은 40% 오르면 여러분은 어떻게 하는가? 이 질문에 대한 대답이 프로와 아마추어를 가른다. 전문 트레이더는 강세에 매도한다. 그들은 열정에 넘치는 매수자가 있을 때 판다. 아마추어는 반대로 상승하는 자신의 주식이 절대 내려갈 일 없다고 생각하며 들떠 있다. 그렇게 욕심이 자리 잡고 매도하지 않는다. 30% 수익이 40%, 50%가 되고 얻는 것이 꽤 괜찮음에도 불구하고 종목에서 나가려 하지 않는다.

내 경우 매도한 후에 종목이 더 많은 상승을 하는 일이 종종 있다. 40% 수익에서 매도했는데, 시간이 더 흘러 두세 배가 되었을 때는 내가 벌어들일 수 있었던 돈을 생각하며 불평하고 투덜대기도 한다. 여러분에게 이런 일이 일어날 것이다. 그런데 강세에 매도하지 못하면 남겨 둔 잠재적인 이익보다 훨씬 더 큰 문제에 직면하게 된다. 너무 오래 기다리면 얼마 지나지 않아 상승이 끝나고 주가는 무너진다. 첫 번째 급락은 떨쳐 낼 수도 있다. 오르거나 내리거나 한 방향으로만 움직이지는 않지 않은가! 하지만 이내 5% 하락이 15% 하락으로 바뀌면 이제는 '더 비싸게 팔 수 있었는데 왜 팔지 않았을까!' 하며 스스로를 책망한다. 심지어 그 와중에도 팔고 싶어 하지 않는다. 하지만 너무 오래 기다리면 주가가 더 큰 폭으로 떨어져 지금까지 얻은 수익의 전부 혹은 대부분을 내어 주게 된다. 마침내 매도를 하면 수익은 굉장히 줄거나 완전히 없었던 것처럼 되는데, 이 모든 것은 더 큰 상승 기회를 놓칠까 두려웠기 때문이다.

강세에 매도하는 것이 한때 나에게 왔던 꽤 큰 수익의 모두 혹은 대부분을 잃는 것보다는 훨씬 낫다. **강세에 매도할 때 내 자본의 가치는 최고점에 있다. 지속적으로 계단을 올라가듯 상승하는 자본 곡선을 유지하려면 적당한 수익이 발생했을 때 매도하는 법을 배워야 한다.** 매도할 때까지 너무 오래 기다리는 행위는 돈의 시간 가치를 잃어버릴 위험을 안고 가는 것이다. 상당한 조정을 거칠 때 종목을 보유하면 다시 상승기에 들어갈 때까지 몇 주, 몇 달 혹은 더 오래 기다려야 할 수도 있다. 그동안 수익을 실현하고 다음 순서를 기다리는 좋은 기회로 넘어가는 대신 돈을 묶어 두게 된다. 시간 가치에 대한 가르침을 기억하자. 복리의 힘 덕분에 작지만 꾸준히 수익을 내는 것이 몇 달 혹은 일 년이 걸릴 수도 있는 큰 수익 한 번보다 훨씬 생산적이다.

시간 가치와 복리의 힘

40% 수익 두 번=96% 수익률

20% 수익 네 번=107% 수익률

10% 수익 열두 번=214% 수익률

초고수익을 낼 수 있는 유일한 희망이 '대박' 종목을 찾는 것이라고 생각하는 초보 트레이더들은 이 숫자를 보고 눈이 뜨일 것이다. 10% 수익률로 여덟 번을 거래하면 자산이 두 배 이상이 된다. 10% 수익을 내는 거래가 열두 번—평균 한 달에 한 번—이면 세 배 이상 늘릴 수 있다. 이제 스스로에게 질문을 해 보자. 10% 상승하는 종목 열두 개를 찾는 것과 40% 수익률을 내는 종목 서너 개를 찾는 것 혹은 두세 배 오르는 종목 하나를 찾는 것 중 무엇이 더 쉬울까? 이것이 기회비용이라는 것이다.

b. 두 번째 열쇠: 크게 거래하기 전에 작게 거래한다

여러분이 '옳았을' 때는—분석이 잘 맞고 타이밍이 정확히 맞았을 때—더 큰 규모로 매매하고 전반적으로 위험 노출 금액을 늘려도 된다. 여러분의 작업이 시장에서 효과적이라는 것이 입증되었고, 충분한 여유가 쌓였기 때문이다. 여기서 핵심은 성공을 이전 성공 위에 쌓아 간다는 것이다. 반대로 매매가 생각대로 진행되지 않을 때는—분석은 정확한데 타이밍이 안 맞는 등—공격적인 태도를 유지할 수 없다. 이때는 시장과 맞춰 나가지 못하는 이유를 분석하면서 매매 속도를 늦추거나 잠시 쉬어야 한다. 나의 의견이나 감을 따르지 않고 시장의 안내를 따른다는 것의 본질이 이것이다. 이런 자제력을 키우면 '감'이 아닌 시장에 귀를 기울이고 시장을 믿는 훈련을 할 수 있다. 직감은 트레이딩과 아무 상관이 없다. 개인의 감정이 사실을 대신하는 경우는 매우 드물다.

실제 트레이딩에서 이것이 어떻게 적용되는지 보자. 관심 종목 목록에서 매수 지점을 형성한 종목들을 매수한다. 수익을 몇 번 낸 결과 포지션 여러 개에서 평가 수익이 보인다. 이것으로 더 큰 규모의 트레이딩을 위한 자금이 조달된 셈이다. 매매 하나로 1,000달러를 벌고 나서 또 한 번 1,000달러를 벌었다면 총 2,000달러다. 이제 조금 더 큰 매매를 할 수 있다. 4,000달러의 수익을 위해 2,000달러를 위험에 노출시킬 수 있는데, 이 위험은 쌓아 둔 2,000달러의 수익으로 '조달'되었다. 이처럼 피라미드마냥 이미 만들어 놓은 토대 위에 단계적으로 포지션을 쌓아 가는 것이다. 손실이 불어나면 금전적으로뿐만 아니라 감정적으로도 큰 타격을 입는다. 자신감이 흔들리는 것이다. 하지만 시장이 '말하는' 대로 시장의 안내에 따라 움직이면 전략, 타이밍이 맞든 안 맞든 간에 길에서 크게 벗어나지는 않는다. 결과적으로 여러분의 원금과 자신감은 손상되지 않고 유지될 수 있다.

손실은 일이 제대로 돌아가지 않음을 알려 주는 귀중한 정보다. 타이밍이 안 맞거나 시장이 전체적으로 주식을 압박하고 있을 수도 있다. 일이 잘 안 돌아가는데, 돈을 굳이 나쁜 데 쓸 필요가 있을까? 만약 그렇게 한다면 그건 전적으로 자존심 때문이다. 시장보다 내 의견에 의해 더 많이 투자하는 것이다. 이 규칙은 손실을 낮게 유지하고자 할 때 가장 중요한 원칙 중 하나다. 그러나 대부분의 투자자는 이런 식으로 움직이지 않는다. 일이 어려워지고 손실이 쌓이면 대부분의 투자자는 '보복 매매'를 하면서 손실을 본 것만큼 되찾아오려고 한다. 즉 잃은 돈을 되찾기 위해 더 큰 규모로 거래하거나 손실이 난 포지션을 두 배로 키운다. 이 방법으로 효과를 볼 때가 있다. 연패에서 빠져나올 수 있을지도 모른다. 하지만 장기적으로는 큰 손실을 야기하고 재앙을 불러들일 뿐이다.

트레이더들이 빠지는 치명적인 함정 세 가지

1. 감정. 비합리적인 행동을 하게 한다.

2. 의견. 미래를 내다보는 시각을 제한하는 생각을 만들어 낸다.

3. 자존심. 실수를 받아들이고 고치는 걸 방해한다.

c. 세 번째 열쇠: 항상 방향성이 있는 트레이딩을 한다

비교적 여유가 없는 빡빡한 손절 가격으로 위험을 관리하고 있다면 이 세 번째 열쇠가 특히 중요하다. 방향성을 갖고 거래해야 한다. 추세에 역행하려 하는 내 판단이 옳을 때가 드물 것이다. 추세가 한 번 형성되면—예를 들어 좋아하는 종목이 매도세에 놓였다면—언젠가 가격이 돌아올 거라고 생각하며 매수하는 행위는 매우 위험하다. 종목이 여러분이 예상한 때에 추세를 반전하고, 지속적으로 여러분이 생각하는 방향으로 움직일 가능성은 굉장히 낮다. 상대적으로 빡빡한 손절가를 사용하고 있다면 작은 하락에도 손절매가 발동되고 결국 손실을 보고 말 것이다. 작은 손실은 누적될 수 있으므로 손실의 위험이 가장 작아지는 바로 그때 매수해야 한다.

다시 한 번 말하자면 이는 자신의 의견이 아닌, 시장이 알려 주는 대로 따라 하는 경우다. 매수는 거래의 방향으로 한다. 좋아하는 종목의 가격이 내려갔다면 힘들게 번 돈을 걸기 전에 다시 반등이 시작될 때를 기다린다. 나는 떨어지는 주식은 절대 사지 않는다. 나는 항상 방향대로 거래한다. 이 원칙은 장기 투자부터 스윙 트레이딩과 심지어 데이 트레이딩까지 모든 투자에 적용된다. 시장과 동기화 상태가 되듯 시장의 안내에 따르면 수익을 내고 손실을 제한할 가능성이 높아진다. 그러면 시간이 흐르면서 적어도 작은 손실만 볼 수 있다.

d. 네 번째 열쇠: 적절한 수익을 확보했다면 매입가를 지킨다

이 열쇠는 융통성 없이 절대적으로 지켜야 하는 전형적인 규칙이라기보다는 정교함이 더 요구되는데, 이 전제를 이해하는 것부터 시작한다. 원금은 가능한 한 일찍 보호해야 한다. 언제 어떻게 이 규칙을 지키게 될지는 시장 상황과 내 트레이딩이 얼마나 잘 진행되고 있느냐에 따라 달라진다. 시장 상황이 좋지 않다면 하락 움직임에 일찍 대비해서 손절 스톱을 더 위로 옮긴다. 반대로 전략과 타이밍이 시장과 맞아떨어져 동기화되었다면 주가 움직임에 관대해져서 보유 종목이 주가 변화에 따라 더 움직일 수 있도록 여유를 더 둔다. **포지션에서 이익이 나고 적절한 수익이 보이면 매입가를 지키거나 위험을 낮추기 위해 스톱을 올린다.**

거래에 들어갈 때는 미리 결정한 금액에 맞춰 진입 가격보다 낮게 스톱을 설정한다. 만약 수익이 계속 늘어난다면 나는 스톱 가격을 그대로 두지 않는다. 매입가를 지키기 위해서 매수가로 스톱 가격을 올려야 한다. 그런데 주가가 어느 정도 오를 때까지는 스톱 가격의 상향 조정을 미룰 필요가 있다. 그렇지 않으면 정상적인 가격 변동을 위한 충분한 여유를 주지 않아 거래가 자동으로 종료되어 버리는 수가 있다.

내 손 안에 있는 여덟 개의 열쇠

초고수익의 봉인을 해제하는 여덟 개의 열쇠—그리고 이 책에서 소개한 규칙들—는 평범했던 나의 투자 실적을 뛰어나게 탈바꿈시킨, 내가 배운 모든 것의 정점에 있는 가르침이다. 나는 큰 수익을 얻기 위해서 꼭 시장에서 엄청나게 상승하는 비범한 종목들만 찾을 필요가 없었다는 걸 깨달았다. 물론 이들을 찾는 것은 여전히 내 궁극적 목표이긴 하지만, 그런 엄청난 상승 종목을 찾는 동안에도 여전히 작고 단단한 이익으로 돈을 불려 가며 상당히 견고한 수익률을 추구할 수 있다. 이 '차선책' 덕분에 올해 나타날지 안 나타날지 모를 대어를 기다리는 대신 15~20% 수익률 종목을 연간 세 자릿수 수익률을 기록하는 종목으로 탈바꿈시킬 수 있다.

생계를 이유로 트레이딩을 시작했을 때 나는 시장에서 지속적으로 수익을 뽑아낼 방법을 찾아야 했다. 나는 현명하게 시장에 들어갈 시기를 맞추고, 포트폴리오를 몇 개 종목에 집중하고, 적절히 매매 횟수를 늘리며, 강세에 매도해서 수익을 확정한 후 다음 투자 기회로 이동하면서 작은 가격 움직임을 큰 규모의 수익으로 매집할 수 있다는 걸 배웠다. 이런 방식으로 트레이딩하면 견고한 수익률이 누적되면서 상승 움직임을 받쳐 준다. 나는 수익으로 위험을 취할 자금을 조달하는 동시에 손실을 제한하면서 하락 위험으로부터 기존 수익을 보호한다.

작은 위험으로도 큰 보상을 얻을 수 있다. 두 세계의 장점만 취하면 된다. '케이크를 갖고 있을 수 있으며 동시에 먹을 수도 있다.' 그렇게는 안 된다는 사람들의 말은 듣지 말자. 원칙과 이를 따르는 훈련이 필요하겠지만 나도 했고 아직 하고 있으므로 여러분도 할 수 있다.

Chapter

11

챔피언
트레이더의
정신

THINK
& TRADE
LIKE A
CHAMPION

재렉 로빈스Jairek Robbins는 내가 존경하는 친구다. 그는 동기부여 강사로 국제적으로도 알려져 있고 따르는 추종자도 많지만, 나는 아직 그가 덜 알려진 보석이라고 생각한다. 재렉은 개인 역량 코치로서 개인 및 기관들이 더 빠르게 결과를 내고, 목적을 갖고 더 나은 삶을 살 수 있도록 도와주고 있다. 인간 행동을 연구하는 그는 스스로를 망치고 성과를 저해하는 부정적인 감정에 대해 잘 이해하고 있다. 또한 그는 트레이딩뿐만 아니라 내 인생 전반에 큰 변화를 가져온 매우 강력한 기술인 신경언어 프로그래밍NLP, neuro-linguistic programming의 전문가이기도 하다. 그의 저서로는 베스트셀러인 『현재를 산다!Live It!』가 있다.

2016년 마스터 트레이더 프로그램 워크숍을 준비하면서 나는 재렉과 대부분의 사람이 초고수익을 만드는 데 어려움을 겪을 때 관여하는 감정적인 덫, 심리적인 유발 요인, 트레이더들이 이를 극복할 수 있는 방법 등에 대해 오랜 시간 논의했다. 우리는 주식 트레이더로서 개인의 성과를 향상시키고, 스트레스를 낮추고, 더 나은 삶의 질을 향유하는 데 도움을 줄 인지적 조건화와 NLP 기법에 대한 얘기를 집중적으로 나눴다. 우리가 나눈 대화는 큰 영향력을 갖고 있었고, 그래서 나는 이 책에 꼭 포함해야겠다고 생각했다.

마크 미너비니

수년 동안 트레이딩을 하면서 저는 트레이더가 스스로 원칙을 무너뜨리는 배경에 두려움이 있다는 걸 깨달았습니다. 기회를 놓칠 거라는 두려움 때문에 주식을 쫓아가고, 주가가 이미 인식했던 매수 시점을 지났는데도 삽니다. 손실에 대해 우려할 이유가 없는 종목인데 너무 빨리 팔기도 합니다. 그리고 실수할까 봐 결정적인 순간에 방아쇠를 당기지 못하기도 해요. 어떻게 하면 트레이더들이 두려움에 대처하고 더 효과적으로 트레이딩을 할 수 있을까요?

재렉 로빈스

'분리'라는 감정 상태가 있습니다. 결과에서 스스로를 분리하면 전적으로 확신을 갖고 전략에 들어갈 수 있는 능력이 생깁니다. 거래에서 성공할 때도 있고 실패할 때도 있다는 걸 여러분은 알고 있습니다. 주문을 넣고 나서 벌어지는 일에서 스스로를 분리하세요. 분리는 동양철학에 근간을 두고 있는데요, 두려움과 같은 부정적인 감정에서 스스로를 보호합니다. 분리 상태에 도달하기 위해서는 제가 '감정적인 힘의 장場'이라고 부르는 걸 만들어 내야 합니다. 이를 위해 저는 '날마다 채우고 충전합니다'.

비유를 들어 설명해 보죠. 실없게 들릴 수도 있지만 참고 들어 보세요. 여러분이 탄산음료 캔이라고 상상합니다. 여러분이 반만 차 있다면 아이들도 캔을 찌그러트릴 수 있습니다. 그런데 여러분이 꽉 차 있고 바깥쪽으로 미는 양압의 힘으로 밀봉되어 있다면 힘센 어른도 찌그러트리지 못하죠. 꽉 찬 밀봉된 캔은 찌그러트리는 것이 불가능합니다. 트레이더들이 매일 스스로에게 해야 하는 일이 이겁니다. 매일 트레이딩을 준비하면서 트레이딩하는 장소에 발을 들여 놓기 전에 무엇으로 충전하고 압력을 넣을지를 생각해야 합니다. 그중 하나가 마크도 매일 이걸 하는 걸로 아는데, '정신적인 예행연습'입니다. 무하마드 알리가 경기마다 준비했던 것이고, 많은 유명 운동선수가 이 방법에 의지합니다. 설명을 계속하기 전에 한 가지 구분해야 할 것이 있는데요. 정신적인 예행연습은 시각화하는 것이 아닙니다. 많은 사람이 잘못하는 부분인데요. 긍정적인 시각화란 최상의 결과를 시각적으로 떠올리는 겁니다. 현실이 아닌 거죠! 트레이더가 시각화를 한다면 모든 거래가 내가 원하는 대로 진행되는 것을 그려보는 것일 텐데 이건 불가능합니다. 모든 것을 긍정적으로 시각화했을 때 손실이 생기면 신경계가 과도하게 반응할 것이고, 모든 두려움이 현실이 됩니다.

두려움을 정복하려면 정신적인 예행연습이 필요합니다. 마음속에 거래가 잘 될 때 보고 싶은 정신적인 그림부터 시작합니다. 계획을 따라서 단계별로 힘들이지 않고 자연스럽게 시장에 들어갔다가 나옵니다. 그리고 똑같이 반복하는—성실하게 계획을 따르고 완벽한 가격 조건이 충족되는 지점을 찾아내는—자기 자신을 그려 봅니다. 그런데 이번에는 시장이 나에게서 등을 돌리는 상황을 그려 봅니다. 주가가 내가 예상한 대로 길을 가지 않습니다. 거래가 작은 손실을 기록하며 자동으로 손절매됩니다. 손실을 받아들이는 자기 자신을 보고, 심호흡을 하고, 털어내고 다음 거래를 찾아내기 위해 다시 앉습니다. 정신적인 예행연습에는 긍정적인 결과를 얻는 나와 난관에 부딪히고 손실을 보기도 하는 내가 포함됩니다. 예행연습을 더 많이 해서 결과가 어떻든 원칙과 계획을 고수하는 나를 많이 볼수록 불안감을 더 잘 길들일 수 있습니다. 주식을 쫓아가고 싶은 유혹에 저항하는 자신을 보게 될 겁니다. 스톱을 잘 유지한다면 작은 손실만 기록하며 거래에서 나올 수 있습니다. 모든 트레이더에게 일어나는 이런 일들이 나에게도 발생할 거라는 걸 압니다.

매일 트레이딩에 들어가기 전 이런 상황의 전개를 정신적으로 예행하면 여러분은 어떤 일이든 준비된 상태로 맞이할 수 있습니다. 무하마드 알리는 링에서 펀치가 날아왔을 때 정신적으로 우위에 있었기 때문에 계속 싸울 수 있었고, 이것이 그를 최고로 만들어 주었습니다.

마크 미너비니

매우 실용적인 조언이 담긴 훌륭한 설명이었어요. 저는 이렇게 설명하겠습니다. 여러분은 결과에서 과정으로 가야 합니다. 운동 경기를 예로 들어 설명하면, 타석에 들어섰을 때 전광판의 점수에 정신이 빼앗겨 있으면 홈런을 치지 못할 겁니다. 야구에서 목표는 득점을 하는 것이지만, 득점이 아닌 당면한 과제에 온 신경을 집중해야 잘 칠 수 있을 것이고 점수도 이를 반영할 겁니다. 제 개인 수익률은 마침내 '돈이야 될 대로 되라지' 하고 마음먹었을 때 평범한 수준에서 놀라운 수준까지 올라갔어요. 할 수 있는 한 최고의 트레이더가 되는 데 초점을 맞추고, 모든 결정을 현명하게 해야겠다고 마음먹었더니 좋은 결과가 나타났습니다. 돈은 치밀한 계획을 효과적으로 수행한 결과 또는 부산물로 쥐어집니다. 반대로 돈이나 결과에 초점을 맞추면, 원하는 결과를 얻기 위해 해야 할 일을 제대로 할 수 없습니다. 돈은 계획을 실행한 후에 따라옵니다. 그러니까 이게 제가 집중하는 것들입니다.

자, 재렉, 질문이 또 하나 있습니다. 트레이딩을 하기 위해서는 준비

—몸과 마음의—가 필요합니다. 이 준비를 최적화하기 위해 트레이더들이 무엇을 해야 할까요?

재럭 로빈스

매일 신체를 활성화하고 정신적·감정적 상태를 최적화해야 합니다. 정신적인 예행연습과 더불어 몸을 활발하게 움직여야 합니다. 리바운더 **rebounder**라고 불리는 작은 트램펄린이 좋은 도구인데요. 몸을 움직이게 하는 효과적인 방법 중 하나입니다. 횡경막 호흡—얕은 호흡과 달리 횡경막을 사용하여 심호흡을 하는 방법—은 활력을 줍니다. 이런 유형의 호흡법은 일반 호흡에 비해 체내 림프를 3, 4배 더 많이 움직여 줍니다.

제가 전직 해병대 특수 부대원에게 배운 기술을 알려 드리겠습니다. '박스 호흡**box breathing**'이라고 부르는 건데요, 코로 4초 동안 숨을 들이쉬고, 4초 동안 숨을 참고, 입으로 4초 동안 숨을 내쉬고, 4초 동안 숨을 멈춥니다. 이걸 5분 동안 합니다. 이 과정을 거치고 나면 호흡에 집중하게 되면서 정신도 집중하게 됩니다. 5분 동안 박스 호흡을 하면 다른 모든 것에서 내가 분리됩니다. 호흡에 전적으로 집중하고 있다면 마음이 두려움과 불안 혹은 부정적인 생각을 만들어 내지 못하고 산소를 뇌로 보내게 됩니다. (많은 사람이 두려움을 느끼면 숨 쉬기를 멈춥니다.) 여러분은 감정적으로 중심을 다시 잡고 산소로 재충전된 겁니다!

마크 미너비니

정말 맞습니다. 저도 제 밑에서 일했던 트레이더들에게 눈 감고 숨소리만 들으면 트레이딩이 어떻게 되고 있는지 알 수 있다고 말하곤 했습니다. 힘을 들여 숨 쉬는 소리가 들리기 시작하면 압박이 있다는 뜻입니다. 저는 제대로 숨 쉬는 것이 얼마나 중요한지 압니다. 제 아내는 레이키**Reiki: 靈氣**(일본에서 시작되고 미국을 거쳐 퍼진 치유 기법이다. 눈에 보이지 않는 생명의 힘을 이용해 손을 얹어 스트레스를 해소하고 치유한다고 한다—역주)를 하고 매일 호흡법을 수행합니다. 의도적으로 호흡하면 보다 집중할 수 있고, 불안감을 조절하는 훈련을 할 수 있으며, 스트레스를 받는 상황에서 일을 수행하는 방식을 개선하는 데도 큰 도움이 됩니다.

저도 최근에 리바운더를 구입했는데 정말 좋습니다! 활력을 유지하기 위해서 저는 낮에는 테니스를 치고, 사무실 밖에 윗몸일으키기 기구를 두고 트레이딩이 한가할 때 운동을 합니다. 리바운더로 혈액을 순환시키는 방법이 하나 늘었네요.

재렉, 지금까지 감정과 신체의 준비에 대해 말했는데요. 정신적으로, 특히 두려움을 정복하는 데 있어 트레이더들이 할 수 있는 게 또 있을까요? 수년간 트레이더를 가르치고 감독하고, 이제 세미나까지 하면서 느낀 것은 규칙을 전달해 주는 것만으로는 부족하다는 겁니다. 우선 사람들이 항상 규칙을 따르지 않습니다. 트레이딩이 확실성을 가진 게임은 아니지만 확률의 게임은 맞습니다. 규칙은 확률을 유리하게 움직이는 것이죠. 저의 전략 그리고 이를 기계적으로 작동하는 방식은 알려 줄 수 있지만 사람들은 각자의 습관을 갖고 집으로 돌아갑니다. 그렇게 자신감을 잃고, 어떤 경우 근시안적인 상태로 회귀해서 최근 거래에만 초점을 맞춥니다. 그렇게 객관적인 시각 혹은 제가 전체적인 맥락과의 관계라고 부르는 것을 잃어버립니다.

재렉 로빈스

원칙을 벗어나지 않고 규칙을 준수하는 데 도움이 되는 방법이 하나 더 있습니다. 매일 트레이딩에 들어가기 전에 전날 일어났던 일을 되새겨 보는 것입니다. 전날 트레이딩에서 발생한 좋았던 일들, 예를 들면 단순히 수익을 낸 거래들뿐만 아니라 원칙대로 스톱 가격에서 손절하면서 작은 손실만 낸 거래를 찾아냅니다. 이처럼 좋은 결과 또는 고통스러운 결과였지만 되새겨 보니 좋았던 것 두세 가지를 찾아봅니다. 그리고 매일 배운 바를 적습니다. 전날 배운 바를 적다 보면 같은 것을 반복하는 자신을 발견하는 트레이더도 있을 겁니다. 배워야 할 것이 무엇이든 그걸 정복할 때까지 계속 같은 일이 일어날 겁니다. 마지막으로 '오늘은 어떻게 향상시킬까?'를 자신에게 물어보세요. 스스로 개선해야 할 부분을 적어 보세요.

이 세 가지 질문—잘 된 것은 무엇인지, 어떤 배움을 얻었는지, 어떻게 나를 향상시킬 수 있을지—으로 하루를 시작하면 트레이더들이 투자 결과에서 배움을 얻고 개선할 수 있을 겁니다. 이 모두를 종합하면—정신적인 예행연습, 복식호흡, 신체의 활성화, 세 가지 질문—여러분은 트레이딩을 위한 하루를 더 잘 준비할 수 있습니다. 준비를 하면 풍요로움에서 출발할 수 있습니다. 풍요로움은 돈을 말하는 것이 아니라 관계, 건강, 시력, 청력 등 인생에서 돈으로 살 수 없는 것들입니다. 이 모든 것이 여러분이 트레이딩이라는 도전을 위해 필요한 부분을 충분히 갖춰 줍니다. 정신적으로나 감정적으로 풍요의 상태에서 출발한다면 더 나은 트레이딩을 할 수 있을 겁니다.

마크 미너비니

네! 스스로에게 힘을 실어 주는 것이 전부죠. 그러려면 자신을 잘 이해할 필요가 있습니다. 모든 트레이더는 다릅니다. 매수가 어려운 사람들이 있고, 반대로 매도가 문제 되는 사람들도 있습니다. 저는 항상 본인의 트레이드 차트를 인쇄해서 사고판 지점을 표시하라고 합니다. 이렇게 매매 내역을 공부하면 거의 매번 공통분모, 즉 반복하는 행동을 찾을 수 있습니다.

재렉은 NLP 혹은 언어가 뇌에서 어떻게 처리되는지에 관해 전문가죠. 25년 전에 저는 NLP에 대해 배우고, 제 트레이딩과 삶에 NLP를 접목했습니다. NLP에 대해서 수많은 책을 읽고 오늘날까지도 실천하고 있어요. NLP는 저에게 매우 효과적인 도구입니다. 자신의 삶과 트레이딩을 관리하는 방법을 향상시켜 주는 NLP 기법으로 어떤 종류를 추천합니까?

재렉 로빈스

인지 행동 코칭에 사용되는 NLP는 행동, 생각, 감정이 혼합된 것이라고 생각할 수 있습니다. 스스로를 훈련해서 올바른 패턴에 들어가도록 하는 것이 목적입니다. 듀크대학교 연구에 따르면 우리가 하루 동안 벌이는 패턴의 40%는 습관과 반복적인 일과라고 합니다. 이를 트레이딩에 적용하면, 여러분이 하는 일의 40%는 인지적인 것이 아닙니다. 하려고 결정했거나 의도적으로 생각한 바가 아닌, 이미 결정되어 신경계에 습관처럼 내장되어 있는 것입니다. 자문해 보세요, 내 트레이딩에 어떤 습관이 들여졌는지를. '나에게 도움이 되는 것은 무엇이고 해가 되는 것은 무엇인가?' 찰스 두히그Charles Duhigg의 책 『습관의 힘』을 보면 모든 습관은 세 부분으로 구성됩니다. 신호—혹은 촉매제—, 반복 행동, 보상. 반복하는 내 트레이딩의 부정적인 패턴을 찾는 것부터 시작하세요. 특정 트레이딩 방식이 여러분의 두려움을 자극할 수도 있습니다. 이건 두려움을 경험하는 것이 아니라 두려움을 수행하는 겁니다!

마크 미너비니

네, 맞습니다. 저는 찰스의 책을 아주 좋아합니다. 저는 자신이 틀렸을 때 나타나는 결과 때문에 트레이딩이 독특한 과제인 거라고 사람들에게 설명합니다. 어떤 일에 지원했는데 채용되지 않거나 원고를 썼는데 출판사가 "아니요, 관심 없습니다"라고 하면 사기는 꺾이겠지만 다시 시도할 수 있습니다. 그러나 트레이딩은 부정적인 결과가 나올 때마다 금전적인 손실이 발생합니다. 실수를 하면 5만 달러가 계좌에서 없어집니다! 어느 순간 트레이더는 시도하기조차 두려워질 뿐만 아니라 시도할 여력이 없습니다! 금전적인 손실이 두려움을 가중시키고, 결과적으로 자신감도 상실하고 맙니다.

재렉 로빈스

인지 행동 코칭으로 여러분은 자신을 위협하고 두려움을 자극하거나 만들어 내는 생각과 시나리오에 집중하게 됩니다. 시장이 여러분에게 어떤 일을 했는지를 넘어, 여러분은 여러분이 과도하게 반응하는 패턴과 시나리오를 어떻게 만들어 내는지를 확인할 수 있습니다. 여러분은 일종의 보상을 받는 겁니다. 그리고 그 보상이 무엇인지를 알아내야 합니다. 흥분된 상태 때문일 수도 있고, 실패했을 때 감정적으로 자책하는 것을 즐기고 있을 수도 있습니다. 또 있었던 일을 큰일인 것마냥 '전쟁 이야기'로 꾸민 채 집으로 돌아갈 수도 있습니다. 이처럼 일이 잘 안 풀린 날 스스로에게 '보상'을 주는 것일 수 있습니다. 하루 동안 있었던 일을 말하면서 배우자, 파트너 혹은 다른 사랑하는 사람들의 애정과 유대감이 솟구치는 것을 느끼고, 이런 사랑과 관심을 받으려고 스스로 손실을 자초하는 걸지도 모릅니다.

자신의 패턴과 행동을 검토하다가 이런 점을 발견했다면 반복적인 행동을 바꿀 수 있습니다. 손실로 자극을 받고, 과잉 반응을 하고, 엄청난 '전쟁 이야기'를 써 나가는 대신 다른 반응을 몸으로 훈련하는 겁니다. 우선 스톱 주문 사용하기, 손실을 작게 유지하기 등 손실을 둘러싼 규칙을 생각하세요. 이 규칙에 따라 작은 손실을 확정했다면 스스로를 축하해 줍니다! 의자를 박차고 나와 즐겁게 춤을 추고 사랑하는 사람에게 가서 얘기하세요. 여러분의 몸을 자극해서 작은 손실을 확정하는 것이 엄청난 승리인 것처럼 느끼게끔 해야 합니다. 여러분은 지속적으로 늘어나던 손실 때문에 의기소침해지고 그에 따라 두려움과 불안감에 빠지던 예전의 패턴을 대체하고 있습니다. 예전의 반복적인 일과를 구별해서 뿌리 깊게 박힌 패턴을 차단하고 이를 새로운 일과로 대체한다면 다른 결과를 경험할 수 있습니다. 당장 최악의 시나리오를 그리는 대신, 예전의 반복적인 일과를 끊고 작은 손실을 엄청난 승리로 경험하도록 스스로 훈련하세요.

마크 미너비니

힘든 하루를 보냈을 때 스스로에게 보상하라는 광고가 있죠. 힘듦은 집에 가서 맥주 캔을 딸 이유를 선사합니다. '밀러 타임!'이라는 광고 문구처럼 말입니다. 저는 항상 트레이딩이 무기도 없이 정글에 들어갔는데 호랑이가 나에게 달려들 때 같은 신경학적 충동을 유발한다고 말했습니다! 똑같이 아드레날린이 솟구치고, 압박감을 느끼고, 심박수가 상승하고, 명확하게 사고하기에 어려움을 주는 것들이죠. 이런 현상들 때문에 종종 잘못된 타이밍에 들어가고, 공황 상태가 악화됩니다.

많은 스트레스를 유발하는, 감정적 압도emotional hijack 상황을 최소화하는 데 도움이 되는 방법이 있을까요?

재렉 로빈스

다시 한 번 나오는데요, 충전 혹은 '채우는' 겁니다. 그리고 '압력이 충전된' 상태를 유지합니다. 최고의 컨디션으로 거래에 들어갑니다. 상태를 1부터 10까지로 표시한다면 감정적, 신체적, 정신적으로 9 또는 10을 만들어야 합니다. 수면 부족이거나 제대로 먹지 못했거나 감정을 분리하지 못한다면 위태로운 상태입니다! 트레이딩의 압박감을 견딜 수 있도록 감정적, 신체적, 정신적으로 9나 10의 상태를 회복하세요.

마크 미너비니

맞습니다. 제게 트레이딩의 스트레스를 30년 이상 어떻게 견뎠는지에 대해 묻는 사람들이 있습니다. 저는 영양, 운동, 지각력 훈련 덕분에 비교적 스트레스 없는 트레이딩을 할 수 있었습니다. 핵심은 수명입니다. 트레이딩 업계에 오래 있고 싶다면 몸과 마음을 관리하는 것이 중요합니다.

제가 깨달은 바로는 경험에 어떤 의미를 부여하는지가 매우 중요합니다. 손실은 피할 수 없어요. 잘하는 트레이더도 거래 절반에서 손실을 봅니다. 손실이 날 때마다 무너진다면 스스로 패배를 자초하게 됩니다. 자신에게 부여한 규칙이 '아무리 작더라도 손실은 실패야'라면 손실을 인식하면서 비참해질 수밖에 없습니다. 손실에 부여하는 의미를 바꾸지 않으면 결국 트레이딩을 그만두겠지요. 문제는 자존심 때문에 트레이더가 손실을 감내한다는 겁니다. 틀렸다는 것을 인정하고 싶지 않기 때문에 더 '파고듭니다'. 작은 손실이 큰 손실이 될 때까지 손실 포지션에 매달리게 돼요. 결국 고통을 더 이상 견디지 못할 때 팝니다.

이걸 바꾸는 방법, 즉 트레이더들이 겪는 고통과 쾌락의 순환 구조를 본인에게 유리하도록 작동하게 할 수 있을까요?

재렉 로빈스

고통과 쾌락의 순환 구조는 고전적 조건 형성classical conditioning과 모두 들어 본 바 있는 파블로프Ivan Pavlov와 그의 개 이야기까지 거슬러 올라갑니다. 이반 파블로프는 러시아의 생리학자로 침 분비와 위장 작용의 상관관계를 연구했고, 개를 실험한 그의 작업으로 알려져 있죠. 파블로프는 유명한 실험에서 외부 자극—메트로놈 소리—을 이용했는데, 밥을 줄 때마다 소리를 들려줬고 이에 개는 소리만 들어도 침을 분비하기에 이르렀습니다. 트레이딩에서도 원리는 같습니다. 앞서 언급했듯이, 규칙에 따라 손실을 억제했을 때 스스로를 축하해 주도록 훈련하세요. 손실을 작게 제한하는 순간 기쁨을 느끼는 쾌락기를 활성화함으로써 손실과 고통이 연결된 주기를 끊는 겁니다. 정말로 기쁘게 축하하는 것이 핵심입니다. 춤을 추거나 좋아하는 음악을 틀거나 좋아하는 유튜브 영상을 5분 동안 보세요. 나에게 기쁨을 주는 무언가를 해서 스스로를 기분 좋게 만드세요. 한 번만 하면 안 됩니다. 내가 다른 반응을 보여서 고통과 쾌락의 순환 주기를 재설정할 수 있도록 훈련을 꾸준히 해야 합니다. 규칙을 따르고, 손실을 작게 유지하고, 축하해 줍니다. 규칙을 따를 때마다 반복하세요. 그러면 여러분의 몸이 작은 손실을 유지하는 행위와 정말 기분 좋은 상태를 결합하기 시작할 겁니다.

마크 미너비니

저는 작은 손실을 취할 때 기분이 좋습니다. 고통과 연계되어 있는 것은 큰 손실이거든요. 저 역시 트레이딩을 시작했을 때는 큰 손실을 피하기 위해 손실이 난 종목을 유지하면서 주가가 다시 오르기만을 기다렸습니다. 결과적으로 저는 피하려던 것을 얻었죠! 규칙을 만들고 이를 지키는 것이 중요하다고 말하는 이유가 바로 이겁니다. 그런데 규칙을 발전시킨 사람들 중에서도 이를 종교처럼 지키는 사람은 손에 꼽습니다. 다이어트, 운동, 트레이딩에서 모두 같은 현상이 일어납니다. 원칙을 장기간 지킬 수 있는 사람이 적은 이유가 뭘까요? 규율이 없는 상태에서 있는 상태로 갈 수 있는 방법은 무엇입니까?

재렉 로빈스

심리학에서도 정말 흥미로워하는 분야입니다. 행동심리학 측면에서 보면 우리는 기계와 다를 것이 없고, 특정 방식으로 행동하도록 '기계를 프로그램'하는 능력이 있다고 해요. 인지심리학 측면에서 보면 우리는 감정적인 존재이고, 알맞은 감정을 생성하는 능력에 따라 우리의 행동양식이 결정됩니다. 인지행동심리학은 이 두 접근법을 통합한 것입니다. 인본주의심리학은 행복, 구체적으로 인간을 최고의 행복 상태에 이르고 가장 건강한 상태로 만들어 주는 것들에 중점을 둡니다. 어느 쪽을 따라야 할까요? 사실 모두 맞습니다. 때에 따라서요.

인지심리학에서는 트레이딩의 규칙을 준수하는 등 올바른 일을 할 때 감정적으로 매우 좋은 기분을 느끼는 것을 목표로 합니다. 다만 그렇지 않았을 때는 부정적인 결과를 낳겠죠. 규율을 지킬 때 내 삶에 나타날 모든 긍정적인 보상과 이익에 대해 깊게 생각해 보는 것도 한 방법입니다. 보상과 이익의 목록을 작성하세요. 매일 다섯 개 이상 긍정적인 결과를 써 보는 겁니다. 추가적으로 부정적인 목록도 쓰고, 규칙을 따르지 않았을 때의 고통스러운 결과도 기록합니다. 그리고 매일 두 목록을 처음부터 끝까지 소리 내서 읽고, 긍정적인 결과와 부정적인 결과를 느낍니다.

인본주의심리학에서는 가장 건강하고, 가장 행복하고, 역량을 최대로 발휘한 가장 만족스러운 모습이 되는 것을 목표로 합니다. (매슬로우의 욕구 단계 이론에 따라 가장 기본적인 욕구를 충족시키는 것부터 시작합니다.) 규칙을 준수하는 능력을 지지해 줄, 최상의 행복과 건강한 상태에 도달하기 위해 필요한 것이 무엇인지는 자기 인식self-awareness을 통해 알아냅니다. 여러분은 잘 먹고 있나요? 정서적으로 균형 잡힌 상태인가요? 환경은 좋은가요? 올림픽에 출전하는데 식사량의 반만 제공받고, 하루에 네 시간만 자고, 난방 기능도 없는 곰팡이 핀 지하에서 생활하는 선수들에게 좋은 성적을 기대할 수는 없을 겁니다. 절대 안 되죠. 올림픽에 출전하는 선수라면 당연히 최고의 자기 관리와 지원 환경이 주어져야 합니다. 트레이딩에 요구되는 것들이 올림픽 선수가 견뎌야 하는 것—특히 정서적·정신적인 스트레스 면—보다 덜하다고 볼 수 있을까요? 트레이딩을 잘하고 규칙을 지키려면 신체적, 정서적, 정신적으로 최상의 상태여야 합니다.

마크 미너비니

인터넷, 소셜미디어, 24시간 동안 하는 뉴스로 정보 과부하가 일어날 수 있는데요. 저에게는 제게 굉장한 성공을 가져다준 전략이 있습니다. 결과적으로 그 전략 덕분에 제가 하는 것에 대해 엄청난 자신감을 갖게 되었고, 이후에 다시 전략을 고수하고 외부의 영향이나 '목소리들'을 무시할 수 있게 되었는데요. 어떻게 하면 초보 트레이더가 자신의 규칙을 따르고 외부의 영향에 휘둘리지 않는 믿음을 가질 수 있을까요?

재렉 로빈스

저는 TV를 보지 않고 뉴스도 제한적으로 읽습니다. 광고심리학 때문인데요. TV 프로그램은 여러분을 정신적·정서적으로 TV 시청에 중독시키는 데 목적이 있습니다. 시청할수록 해당 프로그램은 광고로 더 많은 돈을 법니다. 그리고 그 광고는 여러분으로 하여금 더 사고 싶게 하는 것이 목적이죠. 그 모든 과정은 여러분을 정서적으로 또 정신적으로 중독시키도록 설계되었습니다.

물론 트레이더에게 정보는 필요합니다. 하지만 모든 것을 받아들이는 것보다는 더 나은 선택지를 제안하고 싶습니다. 정보 과부하를 피하기 위해 필요한 정보만 수집하도록 정보를 거르는 것부터 시작합니다. 정보의 원천과 타이밍을 통제하는 겁니다. (유튜브나 스트리밍 서비스는 자유롭게 시청하세요.) 필요한 것만 취하고 나머지는 차단하세요. 내가 무얼 찾고 있는지 사전에 명확히 정하고, 그 정보를 찾았다면 넘어가세요. 산만하게 쓸모없는 정보에 휩쓸리고 잠식되거나 더 안 좋은 경우 다른 사람의 의견 때문에 본인의 의사 결정을 뒤집으면 안 됩니다. 쇼핑몰에 가서 원하는 것만 사고 나오는 사람이 되어야 합니다. 새 신발이 필요하다고 해서 서점이나 생활용품점에 들어가지는 않잖아요. 여러분이 매장 전체를 돌아다니면서 모든 것을 구경하는 사람이라면 집중력을 잃고, 의사 결정을 하는 데 있어 다른 사람들의 '의견'—상품—의 영향을 받을 가능성이 높습니다. 정보와 관련해서는 잡음과 방해 요소를 차단하는 필터를 갖추고 분별력을 발휘하세요.

마크 미너비니

대부분 트레이더는 한 가지 전략과 투자 방식을 고수하지 못합니다. 전략에 문제가 생기면—모든 전략이 그럴 겁니다—포기하고 바꿉니다. 업계에서 우리는 이걸 '스타일 표류Style Drift'라고 합니다. 그 결과로 모든 걸 할 줄 알지만 하나도 잘하지 못하는 사람이 됩니다. 전략 또는 원칙을 장기간 지키고 믿어서 어려운 시기를 넘기고 결국 숙련의 단계에 가려면 어떻게 해야 할까요?

재렉 로빈스

로버트 그린Robert Greene의 책 『마스터리의 법칙』에서 '숙련mastery'과 '취미dabbling'의 차이에 대해 설명합니다. 그의 연구 결과는 깨달음을 주는데요. 새로운 것을 시작하고 발전을 거듭하다가 더 이상 진척을 못하는 정체기에 부딪혔다고 합시다. 그다음에는 어떻게 될까요? 취미로 한번 해 보는 사람dabbler은 처음에는 재미를 느끼다가 어려워지는 순간 사기가 꺾입니다. 접근법을 바꿔 보고 완전히 다른 것을 시도해 보기도 하죠. 한동안 배우는 것이 재미있었지만 제대로 풀리지 않으면 다른 것을 시도합니다. 반면 숙련된 사람은 행동이 다릅니다. 정체를 맞이하면 숙련된 사람은 한 발짝 물러서서 지금 일어나는 일은 배움의 여정 중에 일어났어야 했다고 받아들인 후 배움과 연습에 정진합니다. 이 정체기를 경험을 다듬는 기회로 받아들일 때 숙련의 경지에 오를 수 있습니다. 성과는 별로 없겠지만 이 시기에 얻은 배움, 나 자신에 대한 인식 그리고 원칙이 정체기를 넘어설 수 있는 동력을 부여합니다. 이런 식으로 접근하는 사람들은 발전 과정을 반복하고 전문성을 연마해서 숙련의 단계에 도달합니다. 취미 삼아 잠시 해 보듯이 정체기가 시작될 때마다 몇 십 개의 전략을 거칠 때까지 이것저것 바꿔 가며 시도하다 보면 나중에는 한 가지 전략을 오래 고수할 수 없습니다.

마크 미너비니

저는 이것이 저의 장점 중 하나라고 생각합니다. 저는 그냥 해 보지 않습니다. 완전히 빠져서 연습합니다. 저는 이걸 '변명 요소 제거하기'라고 하는데요, 모든 것을 걸고 하겠다고 마음먹으면 가볍게 시도할 때와는 완전히 다른 구도가 형성됩니다. 취미로 해 볼 때는 '진지하게 하는 건 아니야', '그랬다면 아마 더 잘했을 거야' 같은 변명이 저변에 깔립니다. 정말 잘하고 싶다면 헌신해야 합니다. 어떻게 자신의 '상반된 믿음'을 발견하고 그 믿음을 목적을 위해 재설정하거나 재조정할 수 있을까요?

재렉 로빈스

상반된 믿음은 이런 겁니다. '초고수익을 만들고 싶고 수백만 달러도 벌고 싶지만 배우는 데 시간을 들이거나 숙제를 하고 싶지는 않아.' 이것은 달리 말하면 'NBA에서 뛰고 싶은데 농구 연습은 안 하고 싶어' 하고 말하는 것과 같죠. 노력하지 않으면서 결과를 바라는 것은 보편적인 상반된 믿음입니다. 자신의 생각과 행동을 잘 관찰해야 합니다. 목표를 추구하며 열심히 노력하는 사람은 추구한다는 것이 달력에 보입니다. 여러분도 그런가요? 목표를 이루기 위해 시간을 들이고 있나요? 필요한 노력의 110%만큼 시간을 들이고 있나요? 숙련의 단계를 진심으로 추구하는 사람은 진심인 만큼 시간을 투자합니다. 결과를 원하지만 열심히 하는 것은 싫다는 사람은 본인은 건강하다고 말하지만 말과 일치하지 않는 신체를 가진 사람처럼 바로 눈에 보입니다. 트레이딩에서는 현실을 직시해야 합니다. 트레이딩 계좌를 열고 얼마나 '건강한'지 보세요. 내가 감수한 위험—손실—보다 높은 보상을 받으며 꾸준히 수익을 내고 있나요, 아니면 수익률이 오르내림을 반복하나요? 내가 원하는 것과 그걸 성취하기 위해 내가 기꺼이 감수하려는 것 사이에 갈등이 자리하고 있을지도 모릅니다.

또 다른 상반된 믿음이 원하는 것과 가능하다고 믿는 것 사이에 끼어들 수 있습니다. 성공하고 싶다고 말하지만 마음 깊은 곳에 그건 불가능하다고 믿는 사람들이 있어요. 그 상반된 믿음이 성취하고자 하는 바를 실현하는 데 제동을 걸 수 있습니다. 작가인 바이런 케이티Byron Katie는 두려움과 불안감처럼 사람들이 고통받는 것으로부터 해방시키고자 합니다. 그녀의 기법 중 하나는 질문을 연속적으로 던지는 겁니다. 성공을 원하지만 가능하지 않다고 생각한다고 가정해 보죠. 스스로에게 던지는 첫 번째 질문입니다. '정말 그런가?' 정말 성공이 목표임에도 불구하고 성공할 수 없는가? 대답은 '그렇다'이거나 '꼭 그런 건 아니다'이거나 혹은 '잘 모르겠다'일 겁니다. 이 질문을 던지기 전에는 상충되는 믿음이 드러나지 않습니다. 만약 '네, 불가능합니다'라고 대답했다고 가정해 봅시다. 이제 두 번째 질문이 등장합니다. '언제, 어디서나, 무슨 일이 있어도 항상 그런가요?' 솔직히 대답한다면 이 질문에는 절대 '예'라고 대답할 수 없습니다. 중력의 법칙조차도 언제, 어디서나, 무슨 일이 있어도 진실일 수는 없습니다! 자, 이제 또 다른 가능성이 열렸습니다. 세 번째 질문은 한계를 믿는 사람인지를 묻습니다. '나약하고 불안에 가득 찬 나로 행동하고 있나요? 아니면 자신감 있고, 힘 있고, 열정적인 나로 행동하고 있나요?' 보통 목표는 후자가 되는 것입니다! 네 번째 질문에서는 이렇게 스스로를 제한하는 믿음이 없다면 어떻게 될지를 묻습니다. 대개는 스트레스를 받지 않고 두려움도 없을 것이라는 대답이 돌아옵니다. 편안하고 자신감이 넘칠 것입니다. 이 네 가지 질문을 통해 여러분은 상황을 바꿀 수 있습니다. 여러분은 그렇게 할 수 있다는 것을 깨닫게 될 것입니다. 상반되거나 한계에 대한 믿음을 가진 자신을 발견할 때마다 이 네 가지 질문으로 그 믿음을 점검해 보세요.

마크 미너비니

긍정적인 태도에 도움이 되는 것으로는 무엇이 있을까요?

재렉 로빈스

마음은 매일 무엇을 양식으로 주는지, 무엇에 집중하는지, 자신에게 무엇을 말하는지 그리고 얼마나 굳게 결심했는지를 바탕으로 만들어집니다. 예를 한 번 들어 볼까요? 트레이딩에서 실수를 합니다. 자신에게 질문을 하죠. '도대체 왜 그랬지?' 뇌는 모든 데이터와 입력값을 분석하고 '왜' 그랬는지를 알려 줍니다. 금방 기분이 나빠지고 스스로에 대해 안 좋은 감정이 생깁니다. '나는 왜 이렇게 바보 같을까?' 같은 질문이 바보가 된 것처럼 느끼도록 유도할 겁니다. 그런데 실수를 했거나 규칙을 따르지 못했을 때 이렇게 물어보는 대신 다른 질문을 하면 어떨까요? '나는 왜 항상 일이 잘 풀리는 방법을 찾지?' 이런 질문을 하면 어떤 일이 생길까요? 이 질문이 상황을 많이 바꿔 놓을 겁니다. 스스로를 창의적이고 끝까지 문제를 해결하는 사람으로 보게 됩니다. 감정적으로 압도

당하는 상황이라면 궤도로 돌아올 수 있는 질문을 하세요. '내가 왜 그 랬지?'라고 물어보는 대신 '어떻게 하면 개선할 수 있지?'라고 물어보세 요. 그러면 자문하면서 처진 기분으로 시간을 낭비하는 일이 없어질 뿐 만 아니라 두 번째 질문으로 금방 배우고 개선되기 시작할 겁니다.

마크 미너비니

네. 강력한 질문을 하면 강력한 답을 얻습니다. 엉터리 질문을 하면 엉터리 답을 얻게 됩니다. 저 역시 큰 포지션을 거래할 수 있는 자신감 과 확신을 어떻게 갖느냐는 질문을 자주 받습니다.

재렉 로빈스

더 작은 단계에서 잘하면 됩니다. 1센트만 걸고 거래를 한다고 해 보 죠. 규칙을 완성하고 원칙을 따르도록 연마한 후 트레이딩을 몇 센트짜 리에서 몇 달러짜리로 늘린다고 (혹은 몇 천 달러로 늘린다고) 변하는 게 있 으면 안 됩니다. 금액의 문제가 아니라 원칙의 문제이기 때문입니다. 몇 센트에서 몇 달러로, 현금의 양을 제외하면 바뀐 것이 없습니다. 본 인의 체계에서 벗어나지 않으면 작은 게임을 하건 큰 게임을 하건 이길 수 있습니다. 작은 규모였을 때는 괜찮다가 큰 규모로 매매해서 '승률' 이 나빠졌다면—수익을 낼 때가 손실을 낼 때보다 더 적어졌다면—이 유는 돈이 아니라 체계를 따르지 않아서입니다.

마크 미너비니

공포와 마비를 피하고 신호를 보자마자 방아쇠를 당기는 방법은 무 엇인가요?

재렉 로빈스

우선 트레이더는 두려움이 자신에게 유리하게 작동할 수 있다는 걸 이해해야 합니다. 두려움은 내가 준비되었는지 묻고 있는 신경 체계 그 이상도, 이하도 아닙니다. 마비는 준비되지 않았을 때, 특히 정신적인 예행연습을 하지 않고 정신적으로 압도당했을 때 발생하는 겁니다.

더 자세히 설명하기 위해 여러분이 동굴에 사는 원시인이라고 해 보겠습니다. 여러분은 동굴을 나서면서 창을 보고 '오래 나가 있지 않을 거니까 창이 필요 없지'라고 생각합니다. 그러나 정글로 나가자 옆에 있는 나무가 흔들리기 시작하고 "으르렁!" 소리를 듣습니다. 방어할 준비가 안 된 여러분의 몸은 경직되고 마비가 됩니다. 이제 두 번째 시나리오를 생각해 보겠습니다. 동굴을 나서면서 믿음직한 창을 들고 나갑니다. 이번에는 옆에 있는 나무가 흔들리기 시작하면서 "으르렁!" 소리가 들려도 무섭지 않습니다. 여러분은 흥분됩니다. 저녁거리를 갖고 돌아갈 수 있기 때문입니다.

나를 약하게 만드는 두려움과 마비에 대한 최선의 방어책은 도구를 준비하고 사용법을 숙지하는 겁니다. 트레이딩을 위해 앉는 순간 두려움이 느껴진다면 준비가 안 된 겁니다. 거래를 하기 전에 매일 수행해야 할 모든 준비 사항을 확인하는 목록을 작성해서 신체적, 정서적, 정신적으로 준비가 되었다는 기분을 느껴야 합니다. 정신적인 예행연습을 하고 지금 논의한 다른 방법들을 연습했다면, 다시 말해 본인의 투자 체계를 이해하고 완전히 받아들이고 규칙을 따르도록 훈련이 되어 있고 장기 추세와 매수하고 싶은 종목에 대한 숙제를 마쳤다면, 두려움에 경직될 이유가 전혀 없습니다. 두 번째 시나리오처럼 여러분은 저녁거리를 집으로 가져가면 됩니다!

마크 미너비니

연속해서 손실이 발생할 때 트레이더가 자신감을 유지할 수 있는 방법은 무엇일까요? 슬럼프에 빠진 골프 선수나 3점 슛을 못 넣는 농구 선수에게도 일어나는 일입니다. 제자리로 돌아가기 위해 무엇을 해야 할까요?

재렉 로빈스

여러분의 체계를 따라가세요. 체계가 옳고 제대로 따르고 있다면 정상 궤도로 돌아가는 건 시간문제입니다. 트레이딩 규모를 바꾸고 싶을 수 있겠지만 검증된 체계이고 규칙에서 벗어나지 않으면 수익성을 회복할 수 있습니다. 자신에게 정직해야 합니다. 정말 체계를 따르고 있나요? 일부 무시하는 부분이 있거나 규칙의 일부만 실행하고 있다면 체계를 따르고 있지 않은 겁니다. 체계를 따르지 않으면 체계의 도움을 받을 수 없습니다.

마크 미너비니

만족할 만한 결과를 아직 내지 못하고 학습 곡선을 그리는 동안 어떻게 긍정적인 태도를 유지할 수 있을까요? 체계가 아니라 내가 문제라는 것은 어떻게 알 수 있죠?

재렉 로빈스

운동선수이건 다른 심리학자를 상담해 주는 심리학자이건 실적을 채워야 하는 영업직이건 간에 여러분은 제가 '지도를 받는 학습 곡선'이라고 부르는 것을 마주하고 있습니다. 어깨 너머로 여러분을 지켜보거나 때때로 의견을 주며 잘못을 찾고 시간이 흐르면서 더 나아지도록 도움을 주는 사람이 있습니다. 내가 보지 못하는 것을 봐 줄 외부인의 견해가 필요합니다. 누군가와 함께 일하고 있지 않다면 결과가 피드백 기계처럼 작동하도록 하면 됩니다. 회색은 없고 흑백만 있습니다. 수익과 손실의 실체를 볼 수 있도록 트레이딩 결과를 인쇄하세요.

마크 미너비니

바른 스승, 바른 코치인지 어떻게 알 수 있죠?

재렉 로빈스

간단합니다. 올바른 스승과 코치라면 결과와 태도가 개선됩니다. 코치를 고용하고 그의 조언을 꾸준히 따르면 결과가 알아서 보여 줍니다. 코치의 조언과 지침을 100% 적용하고 있는데 합리적인 시간을 가진 이후에 결과가 악화된다면 코치 또는 트레이너가 맞지 않는 겁니다. 코치의 철학이 안 맞거나 코치가 제시하는 방법이 여러분에게 '와닿지' 않을 수 있습니다. 이유가 무엇이든 간에 여러분은 성공을 도와줄 가장 잘 맞는 사람을 찾아야 합니다.

마크 미너비니

능숙해질 때까지 얼마나 많은 시간을 투자해야 한다고 생각하시나요? 포기해야 할 시점이 있나요? 저 개인적으로는 '무조건적인 끈기'를 가져야 한다고 생각합니다. 절대 포기하지 않겠다는 자신과의 약속, 좋을 때나 나쁠 때나 목표를 향해 갈 수 있는 확신을 가져야 된다는 거죠. 여기에 대해 어떻게 생각하십니까?

재렉 로빈스

우선 무엇을 달성하고 싶은지 목표를 정하고, 그걸 어떻게 해야 잘할 수 있을지를 생각해야겠죠. 가는 길에 장애물도, 정체기도 있다는 걸 우리는 압니다. 자신에 대해 배우든 기술을 연마하든 숙련 단계에 이를 때까지 무언가는 계속 잡고 있어야 해요. 숙련은 곧 과정입니다. 사람들이 숙련에 이르기까지 걸리는 시간을 과소평가할 때가 많습니다. 트레이딩으로 보자면 트레이딩에 과학과 심리학이 얼마나 많이 결합되어야 하는지, 얼마나 많은 것이 필요한지에 대해 과소평가해서, 학습 곡선이 얼마나 길어질지 모르고 전혀 준비가 되어 있지 않기 때문에 너무 일찍 포기합니다. 환자를 볼 때까지 의사가 얼마나 오래 교육받고 성실히 준비해야 하는지 생각해 보세요. 6개월밖에 걸리지 않을까요? 학교를 12개월만 다닌 변호인을 믿고 법률 자문을 구하시겠습니까? 어떤 분야이건 인증을 받거나 박사 학위를 받거나 그와 비슷한 숙련 단계까지 이르는 데는 8년 내지 10년의 시간이 걸립니다. 그 정도의 시간을 투자할 의향 없이 어떻게 박사 학위급의 성과를 기대할 수 있을까요? 연구 결과도 있듯이 숙련 단계에 이르는 데는 1만 시간 동안의 연습이 필요합니다. 준비 시간이 아니라 실제 연습 시간을 말하는 겁니다. 그렇다면 이것이 시작점일 때 몇 시간을 트레이딩 연습에 쏟을 생각인가요? 초고수익을 달성하려면 여러 해 동안 장기간에 걸친 노력이 필요합니다.

마크 미너비니

재렉, 정말 감사합니다! 재렉과의 대화 덕분에 독자들은 트레이딩의 기계적인 면 너머를 볼 수 있을 것이고, 이 책에는 또 다른 요소가 가미되었네요. 정말 좋았어요! 다시 한 번 감사합니다.

MARK
MINERVINI

감사의 말

    가장 먼저 매일 최선의 제가 될 수 있도록 저를 이끌어 주는, 세상에서 제게 가장 중요한 두 사람, 아내 엘레나Elena와 딸 앤젤리아Angelia에게 감사를 표하고 싶습니다.

    패트리샤 크리사펄리Patricia Crisafulli의 귀중한 의견과 편집 능력에 감사를 표하고, 훌륭하게 책을 디자인해 준 패트리샤 왈렌버그Patricia Wallenburg에게도 감사를 전합니다. 트레이딩에 대한 열정을 갖고 우리 고객이 매일 그리고 매해 최상의 서비스를 받을 수 있도록 최선을 다하는 밥 웨이스만Bob Weissman에게도 고마움을 전합니다.

    마스터 트레이더 워크샵에 참가하기 위해 전 세계에서 와 준 이들, 미너비니 프라이빗 액세스 멤버들과 트위터 친구들 모두 고맙습니다. 이 책의 내용이 제 삶과 트레이딩에 영향을 준 것만큼 여러분에게도 의미가 있기를 바랍니다.

    오랫동안 저를 지지해 준 가족과 친구들, 특히 고인이 된 어머니와 아버지, 레아Lea와 네이트Nate에게 감사드립니다. 이들 없이는 아무것도 하지 못했을 겁니다.

Better Investing.

Minervini Private Access

A Click Away

www.minervini.com

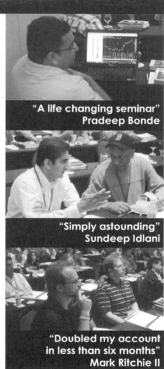

챔피언처럼 생각하고 거래하라

초판 1쇄 발행 2024년 8월 15일
초판 3쇄 발행 2024년 8월 26일

지은이 마크 미너비니
옮긴이 송미리
감수자 김대현

펴낸곳 ㈜이레미디어
전화 031-908-8516(편집부), 031-919-8511(주문 및 관리) | **팩스** 0303-0515-8907
주소 경기도 파주시 문예로 21, 2층
홈페이지 www.iremedia.co.kr | **이메일** mango@mangou.co.kr
등록 제396-2004-35호

편집 이병철 | **디자인** 유어텍스트
마케팅 김하경 | **재무총괄** 이종미 | **경영지원** 김지선

ISBN 979-11-93394-45-8 (03320)

· 가격은 뒤표지에 있습니다.
· 잘못된 책은 구입하신 서점에서 교환해드립니다.
· 이 책은 투자 참고용이며, 투자 손실에 대해서는 법적 책임을 지지 않습니다.

당신의 소중한 원고를 기다립니다.
mango@mangou.co.kr